小学语文教材中的儿童文学研究

黄　清　著

Xiaoxue Yuwen Jiaocaizhong de
Ertong Wenxue Yanjiu

上海三联书店

CONTENTS | 目 录

前　言

　　语文课程是基础教育中最基础、最重要的课程之一。小学语文是儿童系统接受语文教育的起始阶段,儿童在小学阶段语文学习的感受,对于培养他们的语文学习兴趣、养成他们的语文基础素养将产生重要的影响。语文教材是学校开展语文教育活动的重要依据,教材的质量将直接影响着教师教学和学生学习成果,影响着语文教育的成败。儿童文学是小学语文重要的课程资源,儿童文学与现代教育的本质是相通的,儿童文学的自由主义精神是建立在现代教育基础之上的,面向儿童的教育和面向儿童的文学都是儿童重要的精神生活,优秀的儿童文学作品可以为儿童的成长提供优质的精神营养。小学教材中的儿童文学作品是儿童接触儿童文学作品重要的途径和载体,研究小学语文教材中的儿童文学,在小学语文教育研究与儿童文学研究领域都具有典型性。

　　不同历史发展阶段的小学语文教材反映着不同时代小学语文教育的价值观,体现着各自不同的时代特征。通过对各历史时期尤其是民国时期和共和国时期小学语文教材中儿童文学作品的类型和内容的梳理,可以清晰地展现出社会发展与儿童文学的互动关系,呈现出社会、政治等因素对儿童文学的影响。了解这种影响对我们理解当前小学语文教材中儿童文学的现状有重要的意义。

　　本书在剖析小学语文教材中儿童文学发展历程的基础上,对小学语文教材中儿童文学的课程价值、儿童文学进入语文课程的理论依据和现实必要性、儿童文学的教育功能和审美价值等进行了理论分析,同时对当前教材中儿童文学选文和教学的现状进行了较为全面的分析。笔者认为,现阶段儿童文学在小学语文教育中已经受到了越来越多的重视,我们可以从儿童文学在语文教材中的占比和类型多样化、从儿童文学教学手段和方法的丰富等多方面感受到这种重视。从世界教育发展的大势看,儿童本位是教育研究的重要主题,儿童的"被发现"是教育发展历程中具有里程碑意义的进步,在改革开放的背景下,中国的教育与世界先进教育理念的冲撞、融合将进一步推动中国教育的发展。从中国儿童文学的发展历程看,现阶段对于儿童文学的重视也是对五四以来"发现"儿童的教育精神的继承和重启,相信随着此种教育精神在教学实践中的不断推广与深化,将对中国教育乃至中国社会的发展产生意义深远的影响。

　　然而,我们也应该清醒地认识到,现阶段小学语文教材中的儿童文学还存在着诸多问题,例如真正优秀、经典的儿童文学作品偏少而"教材体"儿童文学作品较多,这与小学语文教育中重工具化语言训练而轻文学教育、重简单的道德教化灌输而轻儿童情感和精神的体验等现状有关,究其实质,则是在社会政治因素扰动下对产生的儿童本位与文学性教育的重视不足所致。中国儿童文学的发展之路,依然漫长而艰难。

绪　　论

　　近年来,民间的儿童阅读运动悄然兴起,越来越多的儿童文学研究者、儿童文学作家积极投身于此,成为儿童阅读运动的践行者和推广者,将儿童阅读运动演绎得蓬蓬勃勃。然而,在儿童阅读运动热火朝天的背景中,却是学校语文教育遭遇的"世纪末的尴尬"①,本已在口诛笔伐下伤得体无完肤,还要直面新式"私塾"的羞辱,似乎学校语文教育剩下的便只是糟糕。但是,我们知道,尽管教育和想象这两种力量的冲突是儿童文学与生俱来的特点,教育性与想象性通常被视为儿童文学的两种相反性质,但这两种力量却并非必然处于敌对的状态。因此,当民间的儿童阅读与学校的语文教育表现出如此的南辕北辙时,对现阶段中国的儿童文学与小学语文教育的关系进行理性的思考无疑是有益的,同时也是必要的。

一

　　儿童文学起源于西方。儿童文学的出现是社会发展的产物,与许多历史因素相关联,比如启蒙运动、妇女解放运动等,其最明显的标志便是"发现"了儿童。1658 年,捷克教育家夸美纽斯出版了第一部儿童画册《世界图解》,在儿童文学的演进历程中,这是一个转折点,因为在这部书的观念中,夸美纽斯不再把儿童视为缩小了的成人,儿童读物也由此获得了特殊的地位。儿童的"发现"催生了适应其需要的文学的出现,18 世纪中叶以后,儿童文学以一种明显和独立的文学形式出现在文学的大家庭中。正是因为儿童文学是把儿童

---

① 详见孔庆东等编:《审视中学语文教育——世纪末的尴尬》,汕头大学出版社,1999 年版。

视为值得加以特别考虑的独立的人,关注到了儿童的特殊性,因此更能为儿童所接受,更能为儿童所喜闻乐见,儿童文学也就自然而然地被运用为儿童教育的手段,正如著名的儿童文学评论家玛丽亚·尼古拉耶娃所说:"儿童文学的作品大规模的产生,要归因于17世纪人们开始意识到,儿童时期是一个特殊的阶段,儿童有他们自己的特殊需要。儿童期的概念和阅读的教育作用极大地影响了儿童文学的发展,人们逐渐开始强调文学的教育层面,从而把儿童文学当作教育儿童的一个有效手段。"①在这种认知下,西方的儿童文学从产生之初就与教育密不可分。

传统中国"尊尊"、"亲亲"的文化传统并没有给儿童的"发现"留下任何空间,因此直到"五四"运动时期,中国的儿童文学才被声势浩大的"五四"新文化运动挟带而出,在西方儿童文学的影响下逐渐发展起来。尽管诞生比西方晚了数百年,但儿童文学在中国也算生逢其时,20世纪初"癸卯学制"的施行,使以近代化为旨趣的教育改革在全国范围得以推广,新式小学堂逐步取代私塾成为儿童教育的主流,这为新生的儿童文学营造出了发展的广阔空间。与西方儿童文学类似的是,中国的儿童文学从诞生之日起便与儿童教育联系在了一起,实际上,"儿童文学"最初便是以"小学校里的文学"为人们所认知的。周作人是中国最早提倡儿童文学的学者,1920年他在北京孔德学校演讲《儿童的文学》时开篇便称:"今天所讲儿童的文学,换一句话便是'小学校里的文学'"②。在周作人看来,在小学校里讲的文学,应该是"单指'儿童的'文学"③,这种对于文学的"儿童的"的强调,这种对于文学的"小学校"的强调,基于的正是周作人对于儿童文学教育价值的认知。在周作人之后,又有教育界、文学界知名人士如叶圣陶、郭沫若、郑振铎等人对儿童文学的教育性进行理论分析和专门研究,在当时掀起了研究儿童文学的热潮,"在文学运动的推动下,提倡富有文学情味的教学内容就成了当时比较流行的观点,有的书局甚至把国语教科书编成了文学读本。例如1922年商务印书馆出版了沈百英等人编的《儿童

---

① [瑞典]玛丽亚·尼古拉耶娃著,赵静译:《〈儿童文学的成熟——走向新美学〉导言》,《中国儿童文学》2000年第2期。

② 周作人:《儿童的文学》,《儿童文学小论》,北京出版集团公司北京十月文艺出版社,2011年,第41页。

③ 同上。

文学读本》八册,这证明了当时文学教学的盛行。"①正是在这种形势下,中国儿童文学逐步在学校体制中落实,"儿童文学"最终以"教材"的面貌出现在儿童的面前。

纵观中国儿童文学百年发展史,我们不难看出,中国儿童文学自产生之初起便与语文教育紧密相连,中国儿童文学是立足于教育的基础上产生的,是伴随着语文学科的发展而发展的。小学语文教材是中国儿童文学的发源地,是儿童文学作家、理论家所关注的焦点,也是他们实践自己儿童文学主张的重要阵地。20世纪二三十年代,儿童文学作品成为中国小学语文教材的主流,以叶圣陶、吴研因为代表的一批语文教育家提倡教材要关注儿童的生命个体需求,他们编写出了《开明国语读本》等一批包含丰富多样儿童文学作品的小学语文教材,使我国的小学语文教材在产生之初便立于一个很高的起点。

然而,尽管中国儿童文学在诞生之初便与小学语文教育之间有着良好的互动,但儿童文学界和语文教学界在历史实践中,却并非一直是两个互相交融、相得益彰的领域。20世纪初的思想启蒙运动使得中国的传统教育产生了革命性的变革,现代意义上的语文学科由此得以确立。但是,语文学科在建立之初就背负了太多的重压,不仅要完成语言教育的本分,还要担负起文化传承和道德教育的使命,甚至还要应对意识形态的渗透。而五四以来中国社会发展的多变与动荡,使得语言、文化、道德、意识形态也始终处于变幻之中,其结果便使中国的语文教育不得不长期陷于被关注、被审视、被质疑的尴尬境遇,每每遭遇时代变迁、社会变革、思想风潮兴起,语文教育就会成为众矢之的,在动荡中举步维艰。

而儿童文学同样难以摆脱社会动荡的影响,曾经被"发现"的儿童在一波又一波的全民运动中被再度遗忘,尤其在20世纪中后期,作为教学之本的语文教材中多年难觅儿童文学的踪影,儿童文学被迫与语文教学分离,这种状况对小学语文教育的冲击尤为突显。时至今日,当年将儿童文学与语文教育分离的遗祸依然存在,有学者曾痛心疾首地表示:"今天极大多数中小学语文教师已不知儿童文学为何物,在他们的知识系统中没有'儿童文学'的构成,不知道哪些作家作品是真正优秀的儿童文学,更不知道如何向学生推荐儿童文学

---

① 周晓波主编:《当代儿童文学与素质教育研究》,上海少年儿童出版社,2004年。

作品,即使有的还是响当当的'特级教师'。"①

新世纪之交,随着教育改革的不断深化,社会对教育事业也越加关注。20世纪末的语文教育人文性与工具性的大讨论使人们逐渐认识到语文教学中人文性流失的严重后果,儿童文学的重要性重新被语文教育界所认同,人们期待儿童文学重新走入小学语文教材和语文课堂。随着中国语文教育界新一轮的课程改革的全面展开,人们的教育观念也不断地在更新,挣脱了政治桎梏的各种版本的小学语文教材也纷纷以新的面貌出现在人们眼前,在这些根据新课程标准编写出版的小学语文教材中,文学作品选文数量都占了教材总篇目的绝大部分,其中儿童文学占了非常高的比例。以现行人民教育出版社出版的九年义务教育六年制小学语文教材为例,儿童文学作品数量就占了总篇目的80%以上,可见小学语文教材的儿童文学化已经重新得到社会的关注和认可。

尽管如此,历史上的人为割裂所造成的儿童文学与语文学科长时间的彼此隔膜状态很难在短期内得到根本性地改变,结果使得一方面"儿童文学研究领域中取得的一些成果也没有被有效地转化到语文教学中去",而另一方面,由于缺乏对儿童文学本质的正确认知,语文教学的文学教育中往往"过于强调文学知识的培养,强调对人类文学经典的学习,过多地把成人文学作品作为教学的重点"②。可见过去把儿童文学与语文教育割裂开来的做法,对于语文教学界和儿童文学界来说,都是莫大的损失。

语文教材作为语文教育的载体,反映着一个时代、一个民族、一个国家对语文教育的期待和要求,也集中而具体地反映了编写者的教育观和语文教学方法论,优秀的小学语文教材是提高小学语文教育效率的前提和保证。然而,怎么样的教材才是优秀的小学语文教材?毫无疑问,评判的标准只能是以最适合儿童需要为标准。儿童文学是适合儿童需要的文学,从这个意义上讲,拥有丰富多彩的儿童文学作品的教材才是儿童喜爱的、有利儿童成长的优秀教材。但是,尽管从数量而言,现今的小学语文教材中儿童文学已经占有了相当高的比例,然而儿童阅读与学校语文教育现状的巨大落差无疑说明了小学语文教材与儿童文学的融合还有很长的路要走。从国内目前相关领域的研究现

---

① 王泉根:《儿童文学如何走进中小学语文数学?》,《中华读书报》,2006 年 12 月 6 日,第 12 版。
② 赵静:《儿童文学与课程资源》,见朱自强《儿童文学新视野》,中国海洋大学出版社,2004 年,第 502 页。

状来看,已有部分儿童文学理论家和语文教育工作者家关注到了儿童文学与语文课程的整合研究,试图从儿童文学的角度重新审视我国的语文教育,为儿童文学的课程化进程而努力,但总体而言,相关研究尚处于起步阶段,儿童文学与语文课程的整合研究还较为薄弱。有鉴于此,本人选择小学语文教材中的儿童文学为研究对象,试图融通儿童文学与小学语文教育这两个学科的隔膜,通过对小学语文教材的历史追溯、对儿童文学教育性的探讨、对儿童文学的体裁和文本的剖析,以及对教学中儿童诗、童话、寓言等文体教学案例的考察,分析现行儿童文学教学与语文教材中存在的一些问题,并从儿童文学的视角进行思考研究,探索儿童文学与小学语文教育的融合路径。

二

从学科分类上来看,小学语文与儿童文学分属两个不同的学科,小学语文属于教育学科而儿童文学则属于文学学科,两者之间有着不同的学科性质、评价标准与研究旨趣,但两者却又有着密切联系,儿童文学从诞生之始便与教育紧密相连,因为他们所服务的对象都是儿童,所具有的功能都是语言学习与人文教育。如何为少年儿童提供质优的精神食粮,使他们感悟文学之美、母语之美,促进儿童精神生命的健康成长,是儿童文学与语文教育共同的文化担当与终极目标。

儿童文学是小学阶段儿童主要阅读的文学作品,儿童文学也是语文教育的一种课程资源。在教育越来越强调以人为本、重视学生全面发展的今天,人们已经认识到儿童文学对儿童发展的重要意义,认识到儿童文学作为一种课程资源,有着其他资源不可替代的价值和功能。小学语文教材作为文学和教育相结合的主要载体之一,其绝大部分的内容都是儿童文学作品,儿童文学是小学语文教材选文的最佳资源,这点也被语文教育研究者与儿童文学研究者所认同。

然而,目前我国的小学语文教育中的儿童文学教育依然存在着诸多问题。例如,长期以来,我国的小学语文教育,往往过于强调知识与能力的培养,强调文学经典与文化传统的学习,而忽略了对儿童审美能力与感悟能力的培养,在小学阶段不是让学生死记硬背古典诗词,就是只把儿童文学作为识字的工具,忽略了对儿童文学能力的培养。再如,翻开小学语文课本,我们经常会发现一些貌似浅显易懂的成人作品被作为儿童文学选入教材,实际上,这些"伪儿童文学"不能与儿童的经验世界相连接,因而也就不能激发孩子内在的阅读冲动,而仅仅成为一种教学工具,究其原因,在于编选者缺乏对儿童文学本质的认识,选文显性或隐性地显示出成人化的倾向。这种对儿童文学认识的缺失也表现在我们的师范教育中,对小学教师的岗前和在职培训就常常被忽略了,狭隘地把儿童文学理解成低幼文学,似乎儿童文学只是幼儿园里才需要的东西,以至于造成小学教师普遍缺乏儿童文学素养,在实际教学中,除了完成教学大纲的任务之外,就无法有效地指导学生阅读,更不要说培养学生的文学素养了,这显然是造成我们语文教育整体水平不高的一大原因。

儿童文学与小学语文课程之间本应有着非常密切的相关性,然而遗憾的是,长期以来,我国的儿童文学研究和小学语文教育研究是两个相对独立、缺乏足够联系的领域。一方面,我国的儿童文学研究领域偏重于文学层面的研究而较少对教育层面的研究,以致对儿童文学的教育功能认识和研究的不足。另一方面,在小学语文教学实践中,往往存在着低估学生的实际学习能力的现象,只把儿童文学作为识字的工具而忽略了对儿童文学能力的培养。课程与教学领域和儿童文学研究领域的隔膜,使得儿童文学这一能够连接儿童与课程的重要资源不能够充分地、合理地进入语文教育中,儿童文学研究领域中取得的一些成果也没有被有效地转化到语文教学中去,这对于文学与教育两方面来说都是一种缺失。

从文学角度看,在儿童文学阅读越来越受到重视,观念逐步深入,研究日益深化的今天,如何与语文教育更好地相结合这一点上,有很多问题值得我们去研究探讨:儿童文学在语文教育中的功用属性? 儿童文学怎样才能通过语文教育得到阅读的推广和创作的繁荣? 儿童文学如何担当起营塑人文精神和品格培养的重任而不是仅仅沦为语文教育的工具?

从学科角度看,新课改以来,虽然小学语文教材的面貌在新的理念下有了很大的改观,但对小学语文教材的研究越加深入,其中的不足也越来越凸显出来,对于小学语文教材的编选也有诸多问题亟待解决:教材的选编如何才能充分地发挥儿童文学的功能,全面提升中小学语文教育水平? 现今的教材体现了怎样的价值观念? 在不破坏儿童文学的文学价值和美学价值的前提下,如何挖掘教材并利用语文教学手段进行文学素养和品格素养的培养? 这一系列问题成了儿童文学研究者、语文教育专家、中小学语文教师、中小学生、家长,甚至是全社会普遍的关注。

文学教育并不是语文教育的全部,但却是非常重要的部分,它不能代替语文教育,但在语文教育中承担着重要的职能。作为语文教育组成部分的文学教育,究竟应该如何做? 作为小学文学教育的主体的儿童文学,究竟如何才能在语文教育中保持其独立品质? 本书试图在跨立于文学与教育两大学科的基础上,力图以更广阔的视角,多方位地审视文学教育与语文教育之间的关系,把儿童文学作为一种课程资源引入到小学语文课程的框架内,在小学语文教材的范围内对其中的儿童文学作品进行分析探讨,寻找两者相辅相融的途径,并在具体的教学实践中做到协调统一,直指语文教育的目的又不失却儿童文学的审美品格,以利于儿童的成长,也为目前正在进行的语文课程改革与语文教材编写设计提供一些具有建设性价值的建言,这是研究这一课题的目的和意义所在。

本书之所以选择小学阶段的语文教材为研究对象,是因为小学阶段的儿童文学教育更具代表性。小学语文教材的内容绝大部分是由儿童文学作品组成,小学阶段的"儿童"也具有一定的阅读能力、理解能力和表达能力,他们构成了儿童文学最主要的读者群体。他们不像婴幼儿阶段的儿童,需要教师的领读或家长配合下的亲子阅读,也不像青少年,阅读范围变得相对宽广,阅读内容变得相对复杂,因此,选择小学语文教材作为研究对象,所研究的内容更丰富、更具典型性。

三

在中国,儿童文学与小学语文相结合可谓是由来已久。20 世纪初叶,当现代语文教育在中国兴起时,便与儿童文学结下了难解之缘。而中国儿童文学的提倡也从来就是与儿童教育联系在一起的,早期热心于儿童文学的大多也都是儿童教育者,为中国儿童文学奠基的几位巨人如周作人、郑振铎、叶圣陶等,大多如此。如周作人对儿童文学的关注就是从教育开始的,他于 1920 年在北京孔德学校作了题为《儿童的文学》的演讲中就把儿童的文学称作"小学校里的文学",在他看来,儿童文学是小学语文教育中的文学组成部分,认为儿童应该读文学的作品,明确肯定了儿童文学在教育上的价值。现代儿童教育家严既澄也在《儿童文学在儿童教育上之价值》一文中指出:"人生在小学的时期内,他的内部生命对于现世,都没有什么重要的要求,只有儿童文学,是这时期内最不可缺失的精神上的食粮。因此,我以为真正的儿童教育,应当首先注重这儿童文学。"①可以说,儿童教育是中国儿童文学的根,是流淌在百年中国儿童文学躯体里的血脉,也是中国儿童文学今后发展的基础。

从五四新文化运动以后,直至三四十年代,儿童文学一直与语文教学紧密相联,在民国时期的小学语教材中儿童文学作品成了课文的主体,"儿童文学化"一度成为小学国语教材的主流。20世纪30年代,吴研因著《清末以来我国小学教科书概观》一文,对当时的小学语文教材有比较详细的论述。"民十左右,儿童文学的高潮就大涨起来。所谓新学的小学国语课程,就把'儿童文学'做了中心,各书坊的国语教科书,例如商务的《新学制》,中华的《新教材》、《新教育》,世界的《新学制》……就也拿儿童文学做标榜,采入了物话、寓言、笑话、自然故事、生活故事、传说、历史故事、儿歌、民歌等等。"②魏寿镛、周侯予在《儿童文学概论》中描绘了这样的情景:儿童文学成为当时的教育界、文学界、出版界"最时髦、最新鲜,兴高采烈,提倡鼓吹"的新生事物——"教师教,教儿童文学;儿童读,读儿童文学。研究儿童文学,讲演儿童文学,编辑儿童文学,这种蓬蓬勃勃、勇敢直前的精神,令人可惊可喜"。③

现代著名教育家、文学家叶圣陶先生是现代中国儿童文学的开拓者和奠基人之一,他曾于20世纪30年代编写了小学语文教材《开明国语课本》,在当时教育界引起轰动,产生了深远的影响。叶圣陶在《我与儿童文学的关系》一文中对儿童文学与语文教学的关系作过相当精辟的论述:"给孩子们编写语文课本,当然要着眼于培养他们的阅读能力和写作能力——因而教材必须符合语文训练的规律和程序。但是这还不够。小学生既是儿童,他们语文课本必是儿童文学,才能引起他们的兴趣,使他们乐于阅读,从而发展他们多方面的智慧。"④尽管当时也有人反对儿童文学,但儿童文学受到广大小学教师的支持,并没有因此而受到影响,吴研因称:"近几年来,虽然有人因为反对所谓'鸟

① 严既澄:《儿童文学在儿童教育上之价值》,见王泉根《中国现代儿童文学文论选》,广西人民出版社,1989年,第47页。
② 吴研因:《清末以来我国小学教科书概观》,《中华教育界》第23卷第11期,1935年5期。
③ 魏寿镛、周予同:《儿童文学概论》,商务印书馆,1923年,第1页。
④ 叶圣陶:《我和儿童文学》,见叶圣陶、冰心等著《我和儿童文学》,上海少年儿童出版社,1980年,第9页。

言兽语',反对整个的儿童文学(鸟言兽语不能代表整个的儿童文学),恨不能把儿童文学撵出小学教科书。可是据教育部去年拟了问题发交各省市小学教育界研究的结果,小学教育界仍旧全国一致地主张国语课程,应当把儿童文学做中心"。其原因是要与国际教育接轨——"我们环顾欧美各国的小学教科书,差不多早已'儿童文学化'了。美国的小学教科书尤甚,苏联文坛近来也竭力提倡儿童文学,创造儿童文学,可见儿童文学绝不会跟小学教科书分起家来。即使有时被强迫而分家,也只是一时的现象。"①

　　进入新世纪,随着"工具性与人文性的统一,是语文课程的基本特点"被肯定与传播开来,儿童文学的重要性又重新被语文教育界所"发现"和"接受"。目前我国正在进行的第八次基础教育课程改革,其中的重中之重就是中小学语文教学改革,而中小学语文教学改革以及新课标全面实施的重要举措,就是使儿童文学重新走进语文教材和校园文化建设。据统计,以现行的人民教育出版社出版的九年义务教育五年制小学语文教科书为例,儿童文学作品就占了总篇目的80％以上。教育部《九年义务教育全日制小学语文教育大纲》规定:"低年级课文要注重儿童化,贴近儿童用语,充分考虑儿童经验世界和想象世界的联系,课文类型以童话、寓言、歌、故事为主。中高年级的课文题材、风格、体裁应该多样,要有一定数量的科普作品。"②《大纲》中规定的童话、寓言、诗歌实际就是儿童诗、故事以及科学文艺等,都是儿童文学文体。这充分说明:小学语文课文的"儿童文学化"已成为一种必然趋势。这是中国学生之幸,中国语文教育之幸,中国儿童文学之幸。

　　随着儿童文学被语文教育界重新肯定与推广,如何养成、提升广大语文教师的儿童文学素养,如何理解语文教学与儿童文学之间的关系,包括儿童文学能否成为语文教学的课程资源、儿童文学如何走进学生与课堂、儿童文学的具体文体又该如何进行教学等等,自然都是今日语文教学研究必须面对和加以探讨的课题。

　　在进入新世纪的语文课程改革中,儿童文学在小学语文教育中的重要性受到充分地肯定,小学语文教材的儿童文学化成了小学语文教学改革以及新课标全面实施的重要举措。在儿童文学界,有作家、儿童文学研究者、评论者、

---

① 吴研因:《清末以来我国小学教科书概观》,《中华教育界》,第23卷第11期,1935年5月。
② 《九年义务教育全日制小学语文教学大纲》,人民出版社,2000年。

儿童文学出版工作者等,在教育界,有教师、教育学专家、课程教学论研究者、教育出版社工作者等,他们纷纷发表专著论文,从不同的方面对小学语文与儿童文学相结合予以关注和研究。

从研究现状看,来自文学界与来自教育界都各有相关研究,各有侧重。

在儿童文学界,研究主要侧重于与小学语文相关的儿童文学作品的研究或两者之间关系的研究。梅子涵等的《中国儿童文学五人谈》[1]围绕十二个论题展开论说,几乎包含了儿童文学界众所关注的理论与实践问题,既有深层次的理论阐述,又有具体的有文本依据的形象表达,是一部有独特品位和价值的儿童文学理论著作。梅子涵等的《中国儿童阅读6人谈》[2]围绕童年阅读、儿童文学、读文读图、亲子阅读、班级阅读等十个话题展开讨论,既有学理上的真知卓见,又有对现实问题的深入思考,对儿童文学研究者、儿童教育工作者都有很好的指导作用和借鉴意义。朱自强的《儿童文学概论》[3]分为上下两编,上编为儿童文学原理,下编为儿童文学文体论,具体从儿童文学本质论、发生原理论、读者论等方面对儿童文学进行了较为系统的介绍,本书对儿童文学文体分类方法清晰,准确地勾画出了儿童文学在文类上不同于成人文学的独特面貌。朱自强的《小学语文文学教育》[4]是一本以儿童文学为视角和方法,试图将儿童文学与小学语文教育相融合的研究专著,指出小学语文文学教育的理念与方法,其资源就是儿童文学,并且是优秀的儿童文学作品。陈晖的《通向儿童文学之路》[5]一书从儿童文学的基础理论、儿童文学的主要体裁和品种、儿童文学作品的阅读教学、儿童文学阅读活动的指导、儿童文学作品导读资源库等多角度给小学语文教师以儿童文学专业知识的指导。方卫平、王昆建主编的《儿童文学教程》[6]旨在帮助师范生提高儿童文学理论知识和儿童文学鉴赏水平的教材,主要内容包括儿童文学的基本原理、儿童文学的创作主体与接受对象、儿童文学的文本特征等,论述了儿童文学在小学语文教育中的作用。王泉根、赵静等的《儿童文学与中小学语文教学》[7]从比较教育的角度为切入

[1] 梅子涵等:《中国儿童文学五人谈》,新蕾出版社,2002年。
[2] 梅子涵等:《中国儿童阅读6人谈》,新蕾出版社,2008年。
[3] 朱自强:《儿童文学概论》,高等教育出版社,2009年。
[4] 朱自强:《小学语文文学教育》,东北师范大学出版社,2001年。
[5] 陈晖:《通向儿童文学之路》,新世纪出版社,2005年。
[6] 方卫平、王昆建主编:《儿童文学教程》,高等教育出版社,2004年。
[7] 王泉根、赵静等:《儿童文学与中小学语文教学》,广东教育出版社,2006年。

点,研究了中美两国母语教材在儿童文学本体价值、个体价值、社会价值和语文学科价值等方面的不同,指出我们的母语教材在儿童文学选文方面值得改进。朱自强的《朱自强小学语文教育与儿童教育讲演录》①是一部汇集了他近十年讲演内容的讲演文集,其内容大多是立足于儿童文学的立场,对小学语文教育、儿童教育中存在的重大问题和发展路径提出了自己的思考。

在教育界,研究主要侧重于从语文学科角度对儿童文学教学作相关研究。刘晓东的《儿童教育新论》②是一部儿童教育学专著,作者试图建构以儿童为本位的教育学体系,从儿童自身的诸种精神现象的特点及其发生发展规律出发来建设儿童教育学的理论体系,对儿童的哲学、科学、伦理学、艺术等方面的内在精神世界做了深入阐释,并力图据此探索儿童教育学的理论与方法。孙建国在《儿童文学视野下小学语文教学研究》③中探讨了儿童文学与小学语文教育、儿童审美教育、儿童素质教育的问题,对小学阅读教学、作文教学的问题,及小学语文教材中童话、寓言、诗歌和散文的教学作了探讨与研究。倪潜梅的《在成人与儿童之间寻找支点——童话教学呼唤审美体验》④,强调了儿童文学阅读中审美体验的重要性。李宣平的《童话教学的现实处境与理想追寻》⑤,提出在童话教学中要全面理解儿童,支持和帮助儿童在学习中发展其生命。朱自强、王荣生等著的《小学语文教材七人谈》⑥一书,将关注的焦点集中在小学语文教材上来,讨论的主要意图是探讨教材中存在的较为严重的问题。

从现有的研究成果看,对小学语文教材中的儿童文学的研究还相对较少,系统的小学语文儿童文学作品研究较缺乏,大都停留在对语文教材中儿童文学作品局部问题的探讨,缺少相对系统的高质量研究。而将两个学科进行整合研究的相关研究则还处于起步阶段,儿童文学研究成果进入语文课程的进程任重而道远,语文教学中的儿童文学教学这一领域还有待两个学科的理论工作者共同的不懈努力。

---

① 朱自强:《朱自强小学语文教育与儿童教育讲演录》,长春出版社,2009年。
② 刘晓东:《儿童教育新论》,江苏教育出版社,2008年。
③ 孙建国:《儿童文学视野下小学语文教学研究》,光明日报出版社,2010年。
④ 倪潜梅:《在成人与儿童之间寻找支点——童话教学呼唤审美体验》,《小学青年教师》,2006年第9期。
⑤ 李宣平:《童话教学的现实处境与理想追寻》,《湖南教育》2006年第5期。
⑥ 朱自强等:《小学语文教材七人谈》,长春出版社,2010年。

第一章　我国小学语文教材中儿童文学的历史回溯

　　我国小学语文教材的编纂历史悠久，二千多年前的周代便已出现了识字读本，在漫长的历史长河中，小学语文教材随着社会政治经济的变迁而不断发展，历经蒙学读本、国文教材、国语教材、语文教材等四个发展阶段，可谓源远流长。了解过去，是为着现在和未来。纵览小学语文教材的演变历史，梳理儿童文学在各历史阶段小学语文教材中的发展脉络，可以明晰对语文学科的认识、了解我国语文教材的发展历程，有助于我们对小学语文教材中文学教育发展的认知，对于我们探索儿童文学与小学语文的相互关系，探索小学语文教材中儿童文学的变革之路有着重要的价值。

　　回顾二千多年来小学语文教材的历史演变，按时间顺序可大致分为三个阶段来叙述。第一阶段是在语文学科名称产生之前的古代传统的语文教材，这一时期的语文包含了文、史、哲等各类内容，针对儿童教育的教材也以蒙学读物的形式在二千多年的历史长河中缓慢演进。第二阶段是从清末民初语文学科单独设科开始一直持续到民国结束，历时五十多年，这一时期的小学语文教材经历了从语文独立设科到"国文"到"国语"的演变。第三阶段是新中国成立后的小学语文教材，从现代语文学科名称正式确立直到当今时代，小学语文教材进入新课程标准时期。本章将依据这三个阶段对我国小学语文教材及教材中儿童文学的发展进程进行梳理与探讨。

第一节　我国古代传统的小学语文教材
——蒙学读物

我国古代的语文是"大语文"概念,包含了文学、历史、哲学、政治等多学科的内容。古代把语文教育分为"大学"和"小学"两个的阶段,"小学"专指七八岁至十五六岁儿童的基础教育阶段,"大学"是指十六岁以上年龄的教育。"小学"教育阶段是对少年儿童的启蒙教育,称为"蒙养",意为"蒙以养正"①或"养正于蒙"②,意思就是对蒙昧无知的儿童进行正确的培养,使童蒙成为贤才,在儿童智慧蒙开之际及时施以正当的教育,启迪儿童使之健康成长。

蒙养教育文化的载体称蒙养读物也叫做蒙学读本,是专为学童编写或选编的在蒙学场所中进行启蒙教育的课本,又称蒙养书、小儿书,迄今已有两千多年的历史,自古至今,历朝历代都编写有大量的蒙学读本,很多传统读本对后世影响巨大,如《百家姓》、《三字经》、《千字文》、《千家诗》、《幼学琼林》等,这些蒙学读本荟萃了前人的经典之作,构成了相当完整的知识体系、思想体系、价值体系和艺术体系,并以其丰富广博的内容,优美和谐的语言文字表现形式,知识的启发性、拓展性和趣味性等长处影响着一代又一代的少年儿童,在儿童成长与成才方面更是有着不可替代的作用。

一、蒙学读物的基本分类

自周秦始,各朝各代都编写了一些有影响的蒙学读本,在历代学者的不断增删撰辑、注解阐发下,蒙学文献数量繁多,难以确切计数。蒙学读本从功能上大致可以分为以下几类:

1. 以识字认字为主的综合性识字读本

中国最早的蒙学识字是周代的《史籀篇》,秦汉时有《仓颉篇》,在汉代,以

---

① 出自《易经》,"蒙以养正,圣功也"。
② 出自北宋理学家程颐《伊川易传》卷一,"养正于蒙,学之至善也。"

《急就篇》最为流行,但流行最广、影响最大的集中识字读本是《三字经》《百家姓》《千字文》,人们合称"三、百、千"。"三、百、千"成书于不同时期,一经编出即流行开来,受到社会普遍欢迎,而且经久不衰。这三本经典的蒙学识字课本,可谓家喻户晓、老少皆知。

2. 以经书为主的读文读本

古代非常注重对儿童的思想教育,通过读书,让学童"明理"、"学做人",这是读书的主要目的。

(1) 以宣传伦理道德与行为规范为主的训诫类蒙学教材

训诫类蒙书,是以符合统治者的思想意识形态为目标的伦理纲常与道德行为规范的伦理学教材。在语言形式上,多为韵语、文言,有的类似格言,也有的掺杂俗谚。这类蒙学读物发展的高峰期在宋代,主要有宋代朱熹学生程端蒙所作的,宣传程朱理学的《性理字训》《毓蒙明训》,有我国最古老的治家格言《太公家教》,有明代方孝儒所撰《幼仪杂箴》,有吕德胜、吕坤父子《小儿语》和《续小儿语》,有《弟子规》《女四书》《女儿经》等。

(2) 以介绍典故与知识为主的蒙养教材

这类教材种类繁多,数量不亚于伦理类。如姚广祚《广蒙求》,萧良的《龙文鞭影》(原名《蒙养故事》),有介绍历史人物,也有不少神话故事,内容活泼,又对偶押韵,念起来流畅顺口,流传甚广。程登吉《幼学故事琼林》(又名《成语考》《故事寻源》),把常用的词句、成语、典故,用对仗的形式加以分类组合。其他流传较广的还有宋代王令《十七史蒙求》、朱熹《小学》、吕本中《童蒙训》、元代许衡《编年歌括》、陈栎《历代蒙学》,明代《五言鉴》等。

3. 以语言写作训练为主的读物

撰文作诗是古代文人的基本技能,同时也是展示其才华的重要手段,这方面知识和技能也需要从儿童就开始培养。最基础的训练是从属对开始,逐步引入诗词歌赋类教材,选择适合的诗词歌赋对儿童进行文辞、情感、美感教育,通过诵读别人的范文、浅显易懂的诗及属对的佳例,使儿童在熏陶中逐渐领会其中的奥秘,以培养写作技能。

文字训练为主的读物,主要有王筠《文字蒙求》、龙启瑞《字学举隅》等。诗歌类的初级读物,主要有朱熹的《训蒙诗百首》以及《神童诗》《千家诗》、清编《五言千家诗》《小学千家诗》《小学弦歌》等;略高层次的读物主要有王尧衢《古唐诗合解》,刘文蔚《唐诗合选》和孙洙《唐诗三百首》等。

二、蒙学读物的历史演变

我国古代蒙学读本的发展演变是随着历史的进程而不断发展与演变的。一般来说,先秦至秦汉时期,是蒙学读本的形成期,或称奠基期,识字读本体系初步形成。魏晋南北朝隋唐五代是蒙学读本的融合深化期,这一时期的蒙学教材形成了识字读本与读文读本两大体系。宋元明清是蒙学读本的成熟完善期,是蒙学集大成时代,蒙学教育理论体系已经相当完备。

我们按时代顺序加以疏理,可以基本看出古代蒙学读本的历史发展脉络。

1. 先秦时期

中国有史料记载的最早的蒙学读本是公元前 7 世纪前后周朝太史籀编写的《史籀篇》。此书是有文字记载的中国第一部识字教学的启蒙读本,《汉书·艺文志》中记载:“《史籀》者,周时史官教学童书也。”[①]《史籀篇》的面世,既揭示了中国蒙养教育的“源远”,也开启了蒙养读物编撰史的“流长”。

2. 秦汉时期

秦、汉是中国封建中央集权制度正式建立时期,为加强中央集权统治,汉代统治者大力办学,在建立太学、下令开办地方官学的同时,也鼓励地主、商人、封建士大夫设立私塾,称“书馆”,至唐宋得以大量发展。书馆和私塾的基本课程主要是识字、写字,所用的教材主要是以识字为主的读本。

汉代比较有影响的蒙学识字读本有《苍颉篇》和《急就篇》。《苍颉篇》成书于西汉初,合秦朝丞相李斯所作《苍颉》、车府令赵高所作《爰历》、太史令胡毋敬所作《博学》三篇而成,以 60 字为一章,共 55 章,“文字多取史籀篇”[②]。而西汉中期史游所作《急就篇》则是汉代蒙学读本中最为流行的也是影响最大的。《急就篇》成书时间约在纪元前 40 年。今天我们所见到的《急就篇》,全书共二千来字,大致由当时常用的单字编集起来,以识字为主,由三言、四言、七言韵语组成,以便记诵,尽可能避免重复字,又包括各方面日用常识,如陈说姓名,介绍丝织、植物、动物、农产品、自然常识、疾病药物、身体器官、乐舞礼器、官职名称等各种杂物品类,切合实用,如一部小百科全书,在识字教学的过程中教

---

① 毛礼锐、沈灌群主编:《中国教育通史》第二卷,山东教育出版社 1986 年版,第 111 页。
② 《汉书》卷三十,《艺文志》。

授儿童日用常识。"汉魏以后,童子皆读史游《急就篇》。"①可见其历史影响深远。后世许多蒙养读物如"三、百、千"、《史姓韵编》、《名物蒙求》等可以说都是继承了《急就篇》的经验而有所发展的。唐代以后,蒙养读物增多,《急就篇》的内容显陈旧过时,"自唐以下,其学渐微"。②

　3. 魏晋南北朝时期

魏晋南北朝时期是多元文化融合时期,儒、玄、佛、道四学并存,文学、史学、艺术和科学教育等均有成就。虽然道、佛、玄学盛行,但儒学一直为各朝统治者所重视和提倡。国家重视经学教育,蒙学便出现了初读经书的教育环节,使得蒙学教育明显地形成了识字教育和读经教育的两个阶段,及至隋唐五代时期,蒙学读本逐步发展为识字读本与读经读本两大类。

这一时期主要的识字读本是南北朝时期由梁朝周兴嗣编撰的《千字文》。《千字文》,顾名思义,是由一千个汉字组成,是一篇四言长诗,内容广泛,涉及百科,通篇首尾连贯,音韵谐美,读起来朗朗上口。《千字文》用一千个汉字勾划出一部完整的中国文化史的基本轮廓,同时也是一部袖珍百科知识全书,它是我国最优秀的一篇训蒙教材。它的编排方法是采用整齐的韵语,这显然是吸取了《急就篇》的经验,我们可以看出它们之间的继承和发展关系。该书自南北朝时期一经问世,便广泛流传,唐以前一直与《急就篇》并存,是当时主要的启蒙识字读本,唐代开始逐步取代了《急就篇》,并一直流传使用到清代末年,成为世界上现存出书最早、使用时间最久、影响范围最大的识字读本,堪称世界教育史上的一大奇观。

《论语》和《孝经》则是这一阶段的启蒙经书。这两部书内容和形式,都很接近人们的生活实际,并且语言流畅,便于学童诵读,也便于书师教学,尤其是《论语》,篇章分明,适于教学,汉代以后,无论私学还是官学,《论语》都是经学教育的基础教材。

　4. 隋唐时期

隋唐时期科举考试制度确立,为了适应科考的需要,开始出现作文训练读本,如《蒙求》和《兔园册》等。《蒙求》选取经书、史传以及诸子等书中的历史故事、人物轶事,每四句为一主谓句,讲一人一事,两句为一对,对句之间相互协

① (明)顾炎武:《日知录》,卷二十一。
② 同上。

韵,琅琅上口,便于记诵。全书介绍上自古史传说时代,下及隋唐之世大约600个历史故事。自中唐至北宋,最为通行,历代学者,对此书多有注释。后来有些蒙书也采用《蒙求》的名称和编法,以至于以"蒙求"命名的蒙书形成一个完整的体系。《兔园册》,又名《兔园策府》,有学者认为,该书是以对偶骈体的文字分门别类地叙述各种知识,在内容和形式上,与后世《幼学琼林》相类似,是进行读文训练和属对训练的蒙学读本。

5. 宋元时期

宋元时期是中国封建社会蒙学发展进程中的一个重要阶段,尤其是宋代程朱理学兴起,国家尊孔崇儒,经学教育得到空前发展。因此,与之相关的蒙养教育十分重视伦理道德的培养,蒙学读本开始出现以介绍历史知识、向儿童进行思想教育为主的读本,如朱熹编撰的《小学》和《童蒙须知》、吕本中编撰的《童蒙训》等。宋元时期是蒙学读本的发展的最重要时期,蒙学读本呈现千帆竞发,百舸争流的繁荣景象,蒙学"集中识字——阅读韵语读物——阅读经书"的教学路径已经基本形成,蒙学的识字、读书、作文的教学内容已经明确,从而促使着蒙学读本趋向系统化,并形成蒙学识字读本、蒙学语言训练读本、经书和故事读本三大体系。

宋元时期流行最广的蒙学识字读本就是我国历史上有名的、流传最广泛、影响巨大的蒙养读物经典"三、百、千",即:《三字经》《百家姓》,以及自梁朝便开始流行的《千字文》。

蒙学语言训练读本包括读书和作文两个方面,以读书为主。读书主要是韵文类,即诗歌读本,影响大的有《神童诗》和《千家诗》。《神童诗》,相传出自北宋末"神童"汪洙之手,所集录的34首诗,皆为五言绝句,其格律工整谨严,音韵和谐上口,文字浅显易懂,极适宜学童吟诵;内容也较为丰富,反映的思想也较为复杂,作为以诗歌形式进行思想、知识教育和语言训练的读本。《千家诗》,初由南宋诗人刘克庄编选,全名为《分门纂类唐宋时贤千家诗选》,辑录唐宋诗作22卷,分为时令、节候、昼夜、百花、竹木、天文、地理、宫室、器用、音乐、禽兽、昆虫、人品,共14类。作为蒙学读本的《千家诗》,是在此基础上编录的,分上下两集,上集收七言绝句94首,下集收七言律诗48首,共142首。《千家诗》不仅在它初编之时的宋元时期广为流传,而且到了明清两代流传更广,曾与《三字经》《百家姓》《千字文》合称"三、百、千、千",可见其影响力也是很大的。除韵文类外,还有故事类读物,流传较广、影响较大的当属元代虞韶编撰的十卷《小学日记切要故事》。作文主要是属对,属对在宋元时期是蒙学基础课程,广泛使用的教材称《对类》,这种读本由于不署撰人名氏,因而作者无从查考。《对类》不仅编列了许多属对的材料,而且还详细地讲述了属对的方法。

经书和故事读本多为散文类。宋元时期,理学成为官方哲学,因而儒家经典"四书"、"五经"备受重视。为了向儿童进行思想教育,为"四书"、"五经"的教学奠定基础,朱熹编了一部以辑录前人话语为主的读本《小学》,主要目的是教蒙童做人,同时让他们进一步识字和学习语言。在编撰《小学》的过程中,朱熹可谓煞费苦心,书成之后也备受理学家们推崇。类似读本还有宋吕祖谦《少仪外传》、吕本中《童蒙训》等,但由于未能充分考虑蒙童特点,只是将理学知识和道学观念强灌硬输给学童,因而在蒙学中流传不广。

6. 明清时期

明清时期是中国封建社会没落时期。这一时期国家继续推行尊经崇儒、八股取士的政策,因而促使书面语言教学走向成熟和完善。而随着科学技术的进步,教育对象不断扩大,蒙学教材从内容到形式也更为多样化。

识字类蒙学读本除经典的"三、百、千"外,"三、百、千"的续编本及改编本在不断地出现。如清人王相又在宋《千家诗》基础上重新编订了《新镌五言千家诗》,皆选五言绝句和律诗,时人并称"三、百、千、千"。

从内容上看,有重伦理道德教育的蒙养读物《小儿语》、《弟子规》;有扩大知识面的百科全书式的《幼学琼林》;有掌故类读物《广蒙求》、《记事珠》;有专门学习作诗的《声律启蒙》、《小学弦歌》;还有专门为女子编写的《女儿经》、《女四书》、《女诫》等。

此时期还出现许多图文对照的故事书。世界上最早的图文对照读物是我国宋末元初出现的《对照识字》,这种编制形式在明清时期得到进一步推广。嘉靖年刊刻的图文对照读物《日记故事》,由元代虞韶所编,包括近 300 个故事,如司马光击瓮出儿、铁杵成针等,是现存最早的插图故事书;陶赞廷《蒙养图说》,白话解说并配有插图,一个故事配一幅图。这些故事都比较简单,力求适合儿童的特点,使儿童"易文义力",并能"望图晓义"。这种图文结合的编法在中国蒙学读本编写史上,无疑是一个很大的进步。

明清时期的蒙学读本总体上形式多样,内容丰富,知识面宽。体裁上不仅保存有传统的韵语形式,还涌现出看图识字、散文故事和诗歌汇集等新体裁。内容上以思想教育为重,也能结合生活实际,通俗易懂,便于接受。

清末民初是时代变幻风起云涌之际,也正是语文教育变革的重要时期。

第一次鸦片战争以后,伴随着近代资产阶级维新变法改良运动的兴起,我国的教育掀起了一场自上而下的改革浪潮。1902年《钦定学堂章程》及1904年《奏定学堂章程》颁布,国家开始制订教育法规,确定教育目的,前者称为"壬寅学制",后者为"癸卯学制",这标志着我国的语文教育进入了一个新的历史时期。儿童的启蒙教育由传统的私塾教育逐步被新式的学堂教育所取代,而传统的蒙学教材——蒙学读本这一名称也逐步变更为国文教科书。

通过对古代蒙学读本形成与发展的追溯,可以看出,古代蒙学读本形成与发展历史悠久,连续性、稳定性强,构成了一种独具特色的教育文化模式。随着年代的推进,古代蒙学读本愈趋丰富化、条理化和系统化。这是一个继承与革新的过程,它一方面沿袭已有的读物传统,另一方面又根据时代的需要加以改编,甚而编写新的教材,既保证了读本的稳定性,又进行了改进,使之具有不息的生命力。

三、蒙学读物的编排特点

我国古代传统蒙学读物的编写历史悠久、名目繁多,书籍不下千百种,内容包罗万象。这些蒙学读物用浅显易懂的文字,琅琅上口的语言,传播中华民族文化历史的基本常识、人际关系的道德规范和典型故事,颇受广大家长和少年儿童的欢迎,因而流传极广、影响极大。我国古代广大人民群众所奉为人生指南的道德思想,往往是从阅读这些蒙学读物中获得的。

从教材编排的角度来看,我国古代蒙学读本有以下几个特点:

1. 把识字教育同知识、思想教育结合在一起。

古代蒙学读本文史哲不分家,把德、才、学、识、能等都纳入"四书"、"五经"、"六艺"以及蒙学读本中,因而中国古代蒙学各学科的教学处在互相包容、互相融合的浑然形态之中。

以《三字经》为例,这部蒙学读本在旧时可谓流传最广,影响最大。在短短千余字的篇幅中,包容了极其丰富的内容:

人为初,性本善。性相近,习相远。苟不教,性相迁。教之道,贵以专。

昔孟母,择邻处,子不学,断机杼。窦燕山,有义方,教五子,名俱扬。养不教,父之过。教不严,师之惰。

先讲教育和学习的重要性,接着提出封建道德教育的基本纲领,还有不少古人勤奋好学的范例。《三字经》既是蒙学集中识字的课本,又具向儿童进行知识和思想教育的任务。从知识和思想教育来说,知识教学占的比重更大一些。思想教育内容,除了进行儒家一般的三纲五常的宣传外,主要是进行勤勉读书、学习做人的教育,同读书识字和知识教育的任务结合紧密,适合初入蒙学儿童的特点。

2. 蒙学读本的内容与日常生活紧密相联。

蒙学读本的内容是否与日常生活紧密相联,是其成败的关键。"三、百、千"作为蒙学识字课本之所以能经久不衰,而且受到社会普遍欢迎,达到家喻户晓、老少皆知的程度,是因为它们与百姓的日常生活紧密结合。在识字上,注意筛选出常用字,删去古代字书中生僻难认的字;在介绍知识上,从宏观宇宙现象,到自然、社会以及日常生活方面的知识无不分类介绍,注意把最基本的知识或实用知识介绍给儿童;在语言方面,发扬古代蒙养教材整齐押韵的优点,并有所前进。在篇幅方面,篇幅短小,《千字文》1000 字,《三字经》1000 字多一点,《百家姓》仅 400 余字,短小精悍,便于诵读,初学者容易保持学习积极性。总之,"三、百、千"适应社会需要和群众文化需求,比较符合儿童年龄心理特点和启蒙识字的要求。这是它们广泛流传、盛行不衰的根本原因。

3. 重视汉语文字的特点,考虑儿童的兴趣特点,附合儿童认知规律

汉字与英、法文等不同,汉字是单音节字,一个字一个音,必须一个一个地认读,这就给儿童识字带来一定的困难。但也正由于汉字是单音节的字,所以特别容易排列组合成整齐、押韵的词组和短句,古人就是充分利用汉字的这个特点,在编写教材的时候采取韵语或对偶式,使之读起来顺口,听起来悦耳,既方便诵读和记忆,又能提高儿童的兴趣。

爱听故事,爱看图画,爱大声朗读,是儿童的特点。古代蒙学教材中简短的故事图书和浅显的诗歌读本,正是适合儿童这些特点的教材。如《日记故事》、《蒙养图说》,白话解说并配有插图,一个故事配一幅图,充分考虑到了儿童的阅读兴趣。

古代蒙学的教学环节是识字、习字、读书、作文层层深入,形成认、讲、写、

用的步骤。儿童初入学时,用较短的时间教儿童集中识字,然后采用各种办法,巩固集中识字的成果,进一步扩充识字的范围,为下一步读写训练打下基础。在集中识字之后,就逐步进入以读写训练为主的阶段,在这个阶段,开始教学生读中国传统文化的基本读本《四书》《五经》,这是古代士子的应试教科书,更是中国传统文化的思想源泉。配合读经,教学生阅读简短的散文故事和浅显的诗歌,教学生属对等浅近的文字、音韵知识,这是作文的开始,也是作诗的基础。千百年来,前人一直采用这个办法,这是依据汉语汉字的特点——字形不能直接地表示读音而字形可以分析总结出一个有效的作法,并且,这也符合儿童的认知规律。

四、 蒙学读物对儿童教育的借鉴与反思

蒙学读本是专为学童编写或选编的,长时间的历史发展中,以其"齐整押韵的语句、丰富多彩的内容"达到教育孩童的目的,是我国教育史上珍贵的遗产。在今天,总结和研究传统蒙学读物中有益的内容和经验,并同现代的语文课程理念结合起来,探讨我国传统蒙学对现代语文教育的启迪与借鉴,对提高和改进我们的启蒙教育有着重要意义。

1. 对儿童进行道德规范与基本礼仪的培养训练

小学教育内容的重点是伦理道德规范的训练和基本知识技能的学习,就传统蒙学读本来看,不论是初级阶段识字用的语录体、家训体、格言诗等蒙学读物,还是经学、文学读本,编选者都非常注重伦理道德、思想修养等方面的教育。

传统蒙学的道德教育基本是一种外在规范的养成教育,蒙学教育在于打基础,形成良好习惯。由于儿童心智未全,"蒙时未知向方",极易受到外界的熏染,因此,道德教育必须先入为主,使儿童从小接受纯正的儒家伦理思想,以端蒙养之基,为今后成圣贤之人,打下良好的基础。由于儿童可塑性强,"使之则为,使止则止",先入为主易于使儿童从小养成良好的行为习惯,渐至习惯成性。传统蒙学强调从生活细微处培养儿童的道德习惯。朱熹在《蒙童须知》中详细规定了道德规范、行为细则、日常生活习惯、学习态度等,开遍就讲到:"夫童蒙之学,始于衣服冠履,次及言语步趋,次及洒扫涓洁,次及读书写字,及有杂细事宜,皆当所知",只有在小学阶段就"于洒扫进退之间,持守坚定,涵养纯

熟",长大以后,才能穷就事理,通达事务。要求儿童从小培养良好的生活习惯、学习态度,打好基础,这是可取的。

事实证明,我国古代蒙学的伦理道德教育是非常成功的。儒家思想在两千多年的发展中深入人心,成为一代又一代中国人,特别是读书人的立身之本,有效地起到了维护封建统治秩序的作用,这在很大程度上得力于传统蒙学的伦理教化功能。

凡对中国教育史稍加关注,不难发现这样一种现象:《诗》、《书》、《礼》、《易》、《春秋》、《论语》、《孟子》等书,自汉代起构成一套完整的儒学教材,一直沿用至清代,始终占据着教材的主导地位。究其原因,有学者认为"根本原因是这套教材蕴含了中华文化的核心内容和本源因素,是中华文化命脉所系。"[①]由此可见,蒙学读本对中国道德教育史、思想史、文化史的发展,甚至对整个中华民族的发展都起到了十分重要的作用。

2. 对儿童心理特点与认知规律的关照

传统蒙学教材经过长期的实践证明是适应古代孩童的心理发展要求的,尽管时代已经发生了很大变化,但是大部分儿童的心理发展变化的需求并不大,依旧喜欢从大人那里获取生活中最质朴的道理,并以此为依据面对生活中的小问题;依旧喜欢历史故事与古代的英雄事迹,听结果编故事;依然对文字游戏乐此不疲,包括对对子写诗歌。这些内容在传统经典蒙学教材中都有所体现,学习这些能够让儿童学会语文"知识",锻炼语文"能力",进而形成自身发展所必备的语文素养。

儿童少年时期,是机械记忆能力最强而人格独立性最弱的时期。前人深知此理,并据以指导少儿学习。宋代教育家认为儿童时期记忆力最强,应利用这一有利条件,熟读牢记,古人云:读书千遍,其义自见。朱熹也说:"读多自然晓",这和后来的呆读死记是不同的。早期学习的内容暂用不上也不算浪费,一旦将来用得上时,学习者恢复学过的内容,要比没有过类似学习经历者方便得多。因此,"儿童入学年龄要提前,知识内容要层层下移。"[②]

中国古代还没有系统的儿童心理学知识,但都有着丰富的儿童发展心理学的思想。蒙学读物的编排非常注意适合儿童的心理特点,如编写多用韵语,

---

① 马智强:《语文,请向人类精神文化靠拢》,《语文教育》1997 年第八期。

② 柳海民主编:《现代教育原理》,中央广播电视大学出版社,2002 年,第 89 页。

读来朗朗上口，听来铿锵悦耳，有的还配以图画，浅显易懂、形象具体、生动活泼、切于实用。而且各书都注意以典型人物、历史故事、民间谚语、流行语作为重要内容。

传统蒙学遵循儿童的生理和心理特点，在道德教育内容的安排上，体现由浅入深、由近及远的原则；在道德教育方法的采用上，因人而异，因势利导，量力而行，留有余地。传统蒙学的道德教育虽然也讲封建伦理纲常，但不究其义理，只是从浅近处着手，先教之以小学规矩，使儿童于洒扫应对进退之间习之。及至智慧渐开，性情已就，才可近乎明德新民，以止于至善。蒙学还可根据不同的学童采取不同的训蒙方法："极慧者，必摘其短以抑之，则不骄；极钝者，必举其长以扬之，则不退。倦者必加以礼貌，则不鄙；稍长必砺以蒙工，则不佻"[①]。道德教育的内容要精，贵乎简约，不可庞杂。

应该说这也是许多蒙学教材久远流传、长盛不衰的重要原因之一，也是蒙学读本所表现出的对古代少年儿童启蒙教育的宝贵经验。

3. 教学方式符合一定的教学规律

古今语文教学有许多不同点，但更多的是相通点。小学语文教学，是教师对小学生进行语和文的识别与书写、理解与运用的知识传授和技能训练的一系列活动。语文本身，几千年来有许多发展，但语文的基本材料和基本用法，却没有根本的改变。随着时代的发展，学习者的心理素质和思维特征古今有显著差异，但语文作为社会交际工具的性质和功能，却没有根本的转变。

蒙学语文教育已初步形成了包括教育思想、教育课程、教学内容、教学原则、教学方法等在内的一整套教学理论，包含着前人的智慧和经验，其中不少经验带有规律性的因素。如在教学中根据汉字特点，主张先集中识字后进入阅读的办法。最初的集中识字阶段，只求儿童能认得字、背得全文，并不要求讲得出选文意义。集中识字的同时进行写字训练，写字与识字同期进行，分开教学，可收互相巩固之效，是前人对写字和识字学习规律认识的结果。在读书教学上采取读、背、温的方式，重视对基本知识的熟读牢记，背诵一定数量的名篇佳作，对培养和锻炼儿童的记忆力、积累词汇、加强语感有很大帮助。在作文教学中循序渐进，从属对开始，由一到多，则简到难。作文训练中采取"先放后收"的方法，先"以放为主"，鼓励儿童大胆写，等有一定基础后，再要求精练

---

① 崔学古：《幼训》。

严谨,即谓之"收"。等等。

4. 缺少儿童文学性

通过对古代儿童读物的研究分析,我们不能否认这些教材中知识性、艺术性等古代智慧结晶的成就,以及对现代小学语文教育的借鉴作用。然而针对儿童心理和接受能力和兴趣来说,这些古代的儿童蒙学读物则显得道德倾向过重,功利性太强,不符合当今社会的实际需求,而且这些蒙学读物很难说是一种文学作品,更谈不上是儿童文学。郑振铎在《中国儿童读物的分析》一文中激烈地批判了封建的儿童教育和儿童读物,他说:"腐烂灵魂的反省的道学的人格教育,而同时,更以严格的不羁的雄心和反抗的意思,以莫测高深的道学家的哲学和人生观,来统辖茫然无知的儿童。而所谓的儿童读物,响应了这种要求,便往往的成了符咒式的韵语,除了注入些'方块字'的形象之外,大都是使他们茫然不知所谓的。"①这段话尖锐地指出了封建社会童蒙读物的基本特征,批判了蒙学读物对于儿童教育的危害。当然,作为知识来说,这些读物具备很多有益的价值,只是对于儿童语文教育来说,儿童文学价值难以得到重视和体现。

所有这些蒙学教材和历史上出现的任何事物或现象一样,总带有历史的烙印,因而有其精华也有其糟粕。换个角度看,现代人对蒙学读物的学习和研究,其目的已不在于复古而在于了解中国传统文化、知晓我们的根本。古代蒙学读本的适用范围在今天已经远远超出启蒙,正如朱自清先生在《经典常谈》序言中所言"在中等以上的教育里,经典训练应该是一个必要的项目。经典训练的价值不在实用,而在文化。有一位外国教授说过,阅读经典的用处,就在教人见识经典一番。这是很明达的议论。再说做一个有相当教育的国民,至少对于本国的经典,也有接触的义务。"②尽管传统蒙学读物中的伦理思想与德育思想受时代的局限,也有腐朽落后的东西,但只要批判地继承,去粗取精,这些蒙学经典读物仍然可以成为我们当今时代儿童教育的辅助读物。

时代在发展,今天是昨天的发展同时又是明天的基石,传统文化对今天和未来都有其积极的意义。蒙学读本是中华传统文化的重要组成部分,其精华历来为人们所称道。传统蒙学读本中好的作品以其丰富广博的内容、优美和

---

① 转引自鲁兵:《教育儿童的文学》,少年儿童出版社,1982年,第136页。
② 中央教育科学研究所编:《朱自清论语文教育》,河南教育出版社1985年,第8页。

谐的语言文字、知识的启发性、拓展性和趣味性等长处显示出它的活力,影响着一代又一代的少年儿童,其编写经验对今日小学语文教材的编写也有一定的启迪与借鉴。从这个意义上说,古代蒙学读物在当今社会中依然具有一定的价值。

第二节　清末民国时期的小学语文教材

清末与民国时期是小学语文发端与形成的重要时期。伴随着政治体制的巨变,现代意义上的"语文"学科在这一时期从传统蒙学中脱离出来,成为一门独立的学科,小学语文教材经历了从蒙学读本到国文教科书再到国语教科书的演变过程。对这一时期的小学语文教材的演变过程作一个梳理可以让我们清晰地看到中国的蒙学读物是如何完成历史性的蜕变,真正成为一门现代意义上学科的教材。这一时期大致可分为三个阶段:清末蒙学变革时期(19世纪末20世纪初)、清末民初国文教科书时期(1902—1919)、民国国语教科书时期(1920—1949)。

一、蒙学变革时期(19世纪末20世纪初)

1. 对教育的认识

自1840年鸦片战争以后,西方列强凭借其坚船利炮打开了古老中华帝国的大门,我国的封建社会开始解体。为救亡图存,洋务派提出"师夷长技以制夷"①的主张,开始了设学堂、派留学生去国外学习等一系列培养人才的措施。随着西学东渐,从19世纪七八十年代起,教育界开始出现了改良主义教育思想,有识之士对当时的学校教育发出了质疑与抨击,认为学校所教的传统的四书、五经、古文是无用的,整日从事"章句之学""帖括之艺",而对"天算、动物、形声、格致之学,皆茫然无知","读书六七年徒以多记为功,不辨菽麦"②,提出

---

① 语出魏源:《海国图志》。
② 见郑观应:《盛世危言·学校下》。

学术应为经世实学、教育应经世致用的主张。

1895 年中日甲午战败后,中国被迫向日本割地赔款,国内御辱图强的声浪高涨,有识之士在痛定思痛后纷纷把目光投向教育,谋求教育变革成为风气。他们认为,救国之道首先应该改革教育、普及教育,提出"废科举,兴学校"的主张,强调学习"西学",打出"中学为体,西学为用"的旗号。1895 年严复在《救亡决论》上指出:"救亡之道当如何?曰:痛除八股而大讲西学。"[①]指出当时文化为少数人垄断。同样,接受过私塾教育后游历西方的梁启超也对教育高度重视,把兴办学校、办教育作为关系到国家强弱,民族盛衰的头等大事,呼吁改革儿童教育,并对传统蒙学教材的内容提出了批评,认为传统的蒙学教材如《三字经》《千字文》"事物不备,义理亦少",提出要把现代成人生活所需的各种知识加入小学教育内容之中。林纾在《闽中新乐府》中有"强国之基在蒙养。儿童智慧须开爽,方能凌驾欧人上"[②]等句,寄希望于对下一代的教育。邹容在《革命军》中说:"革命之前,须有教育;革命之后,须有教育"[③]……我国近代进程中各阶级和各派别对于如何实现现代化的主张和做法尽管有很大差异,但运用教育、普及教育这点是完全相同的,"开民智"已成为先进人士的共识,兴学校,普及教育的意义被更多人士所接受。

2. 新式蒙学课本

我国旧时学塾读书,只用一本书,读完再读第二本,即单科教育。从识字、认数开始、多科齐进的新式教育,始于光绪四年(1878 年)上海张焕纶和沈成浩、徐基德等人创办正蒙书院,后名梅溪书院,教育科目为国文、舆地、经史、时务、格致、数学、诗歌,他们的分级和所用课本已不可考。这一时期,一些有识之士纷纷热心于举办、推广普及教育,尤其以上海为中心的经济发达的江、浙最为普遍。新式教育的兴起催生了新式教材的出现,为适应新型课程的需要,清末相继出现了一批新式的蒙学课本。

(1) 上海三等公学课本《字义教科书》

1896 年,供职于上海江南制造局的华亭人钟天纬受盛宣怀资助"创办上海三等公学,用新法教授。1898 年与朱问渔、戴调侯、徐伟仁、朱葆元,立学会

① 严复:《严复集》(第 1 册),中华书局 1986 年版,第 43 页。
② 宋原放主编:《中国出版史料·近代部分》(第 1 卷),湖北教育出版社 2003 年版,第 37 页。
③ 邹容:《革命军》,华夏出版社 2002 年版,第 35—36 页。

于沪北格致书院,谋改良教育;又设四小学于高昌乡,名棠荫、董威、湖海、平心小学,皆以新法教授。曾编《字义教科书》(又名《蒙学镜》)、《教授心法》,上海一新书局刻本。"①三等公学收 8 岁儿童入学,前三年称"蒙馆",后三年称"经馆"。蒙馆有识字、读书、讲书、写字、算法、体操。经馆有英文、华文、讲书、作文、算法、体操等。

　　所谓用新法教授,是不同于传统仅教认字而不讲解字义。钟天纬将字按语法功能分实字、形容字、称谓字、动作字、发语、帮助字、接连字、语助字、呼声字九大类,它虽称"字义",实际以"词"的语言功能分字类教字,是对汉语认识的一大进步。各类中如含词数量大则又分小类,如实词最多,又分天文、时令、地理、山水、国姓、宫室、人伦、文事、武器等 31 类,为 31 课。这种分类显然受传统类书的影响。如此"识一千余字,即可讲解文义浅近之书。已识二千余字,即可学做句子"②。这虽说也是"集中识字",也带有传统启蒙读物《三字经》、《百家姓》、《千字文》的烙印,但和传统有很大不同,一是以词教字,课文中每个字都教学生组成词;二是讲解字义,如"天",用小字注"天地";"辰",用小字注"时辰"。不能组词的,则作简要解释,如"娣",用小字注"女弟";"姒",用小字注"母死曰姒",等等。兹录片段,以见一斑③:

　　第一章　实字　第一课　天文(课文)

　　天天地　穹穹,苍天也　昊曼天　昊昊天　宇上天下地曰宇　宙往古来今曰宙

　　乾天也　坤地也　阴阴气　阳阳气　星星宿　宿星宿　日太阳　月月亮

　　霄九霄云　辰时辰　霜落霜　雪落雪　雹冰雹　电电气　雨落雨　露露水

　　风风吹　云白云　虹蝁也,长虹　霓红霓　霞云霞　雾迷雾

　　这种教法,学童不仅理解字义,还增加兴趣容易记。关键在用新法教授,即讲解。钟天纬认为,教学童认字,必须讲解字义,如果学童不懂字义只是背

---

① 陈学恂主编:《中国近代教育史教学参考资料》(上册),人民教育出版社 1986 年版,第 303 页。
② 朱有瓛:《中国近代学制史料》(第一辑下册),华东师范大学出版社 1986 年版,第 586 页。
③ 同上书,第 593 页。

诵,那是浪费光阴。就近代教育和教科书出版历史来讲,《字义教科书》是旧式启蒙读物向前迈出的第一步。

(2) 上海南洋公学课本《蒙学课本》

当时有些接触时务的官员对学校教育也很重视,影响较大的便是盛宣怀。1897年,时任上海海关道和招商局总办的盛宣怀奏请并获准在上海创办南洋公学,从办师院起,并按国外师范习惯设附小(称外院),既能使师范生能实习,又为中院(中学)解决合格生源。1897年出版的《蒙学读本》是由师范生陈懋治、杜嗣程、沈庆鸿等编纂的,共三编。该教科书第一编第一课:

> 燕、雀、鸡、鹅之属曰禽。牛、羊、犬、豕之属曰兽。禽善飞,兽善走。禽有两翼,故善飞。兽有四足,故善走。

该书内容明显偏难,程度不是后来一般通常初小一、二、三年级学生所能接受的。蒋维乔在《编辑小学教科书之回忆》一文中说该书:"如第一编第一课,决非初入学儿童所能了解。"[1]该书的第二编甚至有课文字数多达计451字,内容更是超出正常二年级学生的认知水平,致使学生无法接受。于是1901年又出版了由朱树人对其修订编纂的、适合普通学生水平的《新订蒙学课本》三编。新教材初编第一课为:"天、地、日、月、山、水"6个字;最后一课为:"有物曰留声器,器中能发人笑语声、小儿啼哭声……"38个字。课文体裁多为记叙、议论、说明和应用文等文体,内容多为实用知识。其中的"故事"是很多是"臆撰"之文,即"故事"的内容是德、智、体等各种知识,只不过在表述时不用平实的记叙、议论和说明等,而采用虚构的手法,如第1课《母鸡护雏》:

> 某儿出游,见雏鸡独行,狸猝至,欲攫之。雏惊叫,母鸡闻声驰至,喙啄狸,狸乃去。旁有老者,告儿曰:"鸡之护其雏,犹母之护其子也。"

将所要掌握的常识和需尊崇的德行通过一个虚拟的事件,并假托人物之口说出。虽然"故事"中也有"某儿"出现,但其所充当的都是接受成人的告知

---

① 张静庐辑注:《中国出版史料补编》,中华书局1957年版,第139页。

的角色。这些常识和德行虽然是现实生活中所必需的,但其立足点是在于成人,而非儿童的。和传统蒙学教材以灌输人伦等常识教化相比,这种虚拟、假托的笔法已使课文具有一点文学的色彩了。

（3）无锡三等公学课本《蒙学读本》

1898 年,俞复、吴稚晖等人在无锡办三等公学堂,课本"随编随教",当时仅抄写而没有印刷。1902 年由文明书局汇集出版,名《蒙学读本全书》。

《蒙学读本全书》共有七本,因编制质量较高、插图配合较好而被广泛采用,也是这时期课本的代表。此套教材课文内容具有文学因素,讲述的却不限文学而包含更广泛的知识。从教材编制情况看,课文或用韵文:"天上有虹,其弯弓"（《蒙学读本全书》卷一第四十五课）;注意对仗:"夏日之晨,宜早起。日光初出,夜露未干"（《蒙学读本全书》卷二第二十三课）;或用散文,近似白话:"今晨自家至学堂,路经野中,见马匹。有立者,有卧者,有两相啮者"（《蒙学读本全书》卷二第九课）;或用排比:"蚓居土中,蛙居水中。新雨之后,蚓与蛙争鸣。蚓声似笛,蛙声似鼓"（《蒙学读本全书》卷一第五十四课）;或讲授历史;或讲授地理。

总体看,这套《蒙学读本》文字简练有趣,不仅兼及地理、历史、物理各科之大端,在内容上还能注意"发起精神,激扬思想",特别是在这部教材中还有童话形式的萌芽。一些具有儿童文学特质的作品开始进入教材。

1896 年上海三等公学的《字义教科书》（又名《蒙学镜》）、1897 年上海南洋公学的《蒙学课本》、1898 年无锡三等公学的《蒙学读本》,名称虽都冠以"蒙学"两字,而实际上它们都已粗具国文教科书的雏形。它们都脱胎于"三、百、千",但在此基础上革新了内容和形式,增加了新的知识,学生阅读时兴趣也更浓了。这种模式是以前的蒙学读物所没有的,却是后来的语文课本所遵循的。它们虽然名称不叫语文或国文,实际上已经基本具备了真正意义的语文课本的主要特质。或许,我们可以把它们看作是连接蒙学读物与国文教科书的桥梁。

二、 国文教科书时期(1902—1919)

为了抵抗外侮、增强国力、开启民智,清朝在最后的十多年里开始了一系列的教育改革。1898 年,由康有为、梁启超为代表的维新派开展的维新变法运动中,进行了一系列重要的教育改革,包括兴学堂、建学制和停科举等一系列重大改革举措相继实行,并开始制订教育法规,确定小学语文教育目的。随着新学制的建立及相应教科书的编订,现代意义上的"语文"学科逐渐从一元的蒙学中独立出来,成为一个独立的学科——国文科。小学语文教材的编写注意到儿童的兴趣,追求实用化和通俗化,儿童文学开始在学科独立的过程中扮演着重要的角色。

国文教科书时期可分为清末时期和民初时期前后两个时期,清末国文教科书时期从 1902 年壬寅学制颁布开始到 1911 年清王朝灭亡为止,民初时期从 1912 年民国政府成立至 1919 年五四运动为止。

(一) 国文教科书前期——清末时期(1902—1911)

1. 教育背景

(1) 壬寅学制与癸卯学制

清军与八国联军之役战败后,1901 年 1 月,"辛丑新政"实行,重提改革,改书院为学校,并多设"蒙养学堂",即多办初级小学。1902 年 7 月,清廷颁布了由管学大臣张百熙主持制定的《钦定学堂章程》,时为壬寅年,称为"壬寅学制",是我国最早的国家学制。《钦定学堂章程》将初等教育划分为"蒙学堂"和"小学堂","小学堂"又分为"寻常小学堂"和"高等小学堂"。规定蒙学堂的教授科目为:修身、字课、习字、读经、史学、舆地、算学及体操。寻常小学堂的教授科目,除改字课为作文外,余跟蒙学堂相同。高等小学堂的教授科目,加读古文词,理科、图画三科,余者跟寻常小学堂同。这项改革,开创了小学中分科教学的先例。

次年,张之洞协同张百熙对《钦定学堂章程》进行了修订,1904 年 1 月,清廷颁布《奏定学堂章程》,时为癸卯年,称为"癸卯学制"。《奏定学堂章程》将初等教育分为"初等小学堂"和"高等小学堂"。初等小学堂章程中,规定的教授科目为:修身、读经讲经、中国文字、算术、历史、地理、格致及体操。高等小学堂的教授科目为:修身、读经讲经、中国文学、算术、中国历史、地理、格致、图画及体操。两等学堂所授科目较"壬寅学制"所定,都有变更。除读经讲经仍独立一科目,并注重讲解外,将识字、作文、习字等科目,合为一科,在初等小学堂里称"中国文字",在高等小学堂里称"中国文学"。其中"中国文学"一科需讲授"中国古今文章流别、文风盛衰之要略",更要注意"文义"、"文法"及"作文"。从此,读、写、作三者,就发生了联系。"中国文学"一科首次以国家认可的形式出现,奠定了国文单独设科的基础。"癸卯学制"规定了师范、农工商、艺徒学堂等双轨的非直升学制,较为接近现代教育。

癸卯学制与壬寅学制虽然是一脉相承,联系紧密,但两者还是有明显区别的。壬寅学制虽称学制,实际是是培养官员的"单轨制",规定了从初小开始逐级向上输送学生,逐步升入京师大学堂,然后分配官职。壬寅学制后因没有编出相配学制的教材,因此壬寅学制其实并没有得以实行。而癸卯学制则是个完整的近代学制,培养的不仅有高级人才,也还有技术人员和工农。癸卯学制确立了包含普通教育、师范教育、职业教育、专门教育、高等教育的完整结构。癸卯学制公布后各省纷纷办学,学校教育有了很大的发展,与之相配的小学语文教材也相继出现。

1902 年颁布却未施行的《钦定学堂章程》和 1904 年颁布并且施行的《奏定学堂章程》,以国家法令的形式规定了各级学堂的课程目的、学科门类、学业年限、课程内容以及实施方法等。一般认为,这两份课程文件的颁布、施行标志着现代"语文"独立设科的开始。范守纲先生在《中国现代语文教育百年事典》中题为"让历史回答未来"的序文开题就说:"1904 年'癸卯学制'颁行,语文在新式学堂中独立设科,中国现代语文教育由此发端。"[1]

（2）国文科的名称确立

癸卯学制颁布后,商务印书馆的《最新初等小学国文教科书》随即出版,受到人们的普遍欢迎,短短五、六天就销售四千部,不得不一版再版,一时洛阳纸贵,"国文"一词大行其道。

1907 年（光绪三十三年）正月,清廷公布《奏定女子小学堂章程》,规定的教授科目中有国文科,而无读经科。"国文"科的名称,始见于法令。同年,在清廷官方文件《学部颁订京师初等小学划一课程表》中也出现了"国文"字样,规定国文为每周 9 学时。

1909 年,《学部奏请变通初等小学堂章程》颁布,国文不仅在统一的课程表里出现,学部已把国文科正式列入到章程里,并且将国文课课时增加：5 年制初小为每周 18 小时;4 年制为 22 小时;3 年制一年级 18 小时,二、三年级均为 22 小时。这意味着学部正式承认国文科目的合理性并给予国文科目以合法地位。"国文"科的名称正式确立。小学语文称之为"国文"这一说法一直沿

---

① 顾黄初主编:《中国现代语文教育百年事典》序文,上海教育出版社 2001 年版,卷端。

用到 1920 年,是年北洋政府教育部改"国文"为"国语"。

2. 国文教科书前期最重要的小学语文教材——《最新国文教科书》

由于癸卯学制的颁布适合社会需求,加以当时经济有所发展,学校教育得以迅速发展,对教科书和其他用书需求旺盛,社会上出现了许多出版教科书的单位和为满足开展新式教育需要而编的教材,其中最为重要的小学语文教材为商务印书馆出版的《最新国文教科书》。

1897 年,商务印书馆创立于上海。该馆创立后不久,就注意了学校教科书的编辑与出版工作。按癸卯学制的要求,商务印书馆的蒋维乔、庄俞、高梦旦、张元济等统筹编撰教科书。经过几年时间,完成了有质量、成套的中小学课本《最新教科书》,为新兴的学校教育提供了了最基本的条件。晚清唯一一套完整的、最重要、最有影响的中小学教科书就是这套商务印书馆的《最新教科书》。《最新教科书》由各年级、各课程组成,包括国文、算术、历史、修身等,由于每种、每门、每册书上都有"最新教科书"五个字,所以称"最新教科书"。它的核心是《最新国文教科书》,又分为初等小学堂用十册,高等小学堂用八册。由商务印书馆在 1904 年至 1908 年间陆续出版。同时还编印了供教师使用的各章课文的教授法和详解。

这一套教科书,由于经过当时不少专家如蔡元培等人的悉心研究,先拟订编书原则,然后逐章反复讨论,细致编写,所以质量较好,在当时教育界产生了很大的影响。近代教育家蒋维乔 1935 年在《出版周刊》第 156 号发表的《编辑小学教科书志回忆》中称:"此书既出,其他书局所编之儿童读书,即渐渐不复流行。"①

3.《最新初等小学国文教科书》的特色

《最新初等小学国文教科书》在编辑上有如下的特点:

第一,以识字为主,字之简而易者编在前,繁而难者编在后。主张要读书先识字,识了字再读句,读了句再读篇章文字。

第二,以儿童生活为本位,凡内容切近儿童生活的编在前,离儿童生活远的编在后。各种材料彼此交互错综,无形中前后联络,以便儿童记忆。

第三,全书各课皆附有精致图画,图画布置须生动而不呆板,并且尽量使之与课文密切配合,借以引起儿童学习的兴趣。

---

① 吴洪成:《中国小学教育史》,山西教育出版社,2006 年版,第 187 页。

《最新国文教科书》相较之前的新式蒙学教科书有着明显的传承关系,从编排形式到文字内容上都有相似之处,如:

《新订蒙学课本》初编第1课:天地、日月、山水

《最新初等小学国文教科斗书》第1册第1课:天地、日月、山水、土木

而其不同之处在于:

第一,更强调教科书用字编排的科学性。

从识字和写字的角度来说,一般认为教科书应先按字的笔画多少来安排其先后,以做到由易到难,符合识字、写字的心理过程;从识字和用字的角度来说,教科书应先选用生活中常见、常用的字,以便于学以致用,这也符合识字、写字的基本目的。这套教科书中的用字方式正是以此来编排的,和以前相比,更显得科学。

第二,更强调教科书内容应符合人们的现实生活。

南洋公学的《新订蒙学课本》不仅在形式上直接照搬西方教科书,而且其内容也多直接译自西方教科书,在其课文中就出现许多西方现代器物,如初编第77课出现了"时钟",第88课出现了"留声器"。其内容远离了中国人的现实生活,这在《最新初等小学国文教科书》的编者看来是不适合中国儿童阅读的,所以编者在《最新初等小学国文教科书》第1册的"编辑大意"中特别标明"本编不采古事及外国事"。

第三,更强调教科书课文的文学色彩。

《最新初等小学国文教科书》正如蒋维乔所说的,虽然"杂采各种材料",但"以有兴味之文字记述之"。如第1册后半部分有"庭外海棠,窗前牡丹,先后开花","雨初晴,池水清。游鱼逐水,时上时下"等这样具有文学色彩的课文。更有纯粹的儿童文学作品十多篇出现在了第2册课文中。其"编辑缘起"中提到,"书中行文以平实为主,间取游戏歌曲启发儿童之兴趣,而隐寓劝诫之意。"如第2册第九课《采菱歌》:

> 青菱小,红菱老,不问红与青,只觉菱儿好。好哥哥,去采菱,菱塘浅,坐小盆。哥哥采盈盆,弟弟妹妹共欢欣。

儿歌描写的是江南水乡儿童采菱的欢乐场景,正如第2册"编辑缘起"所说的,"本编杂用歌词体例,便于儿童唱和,以取兴致"。这篇课文纯粹是一篇

儿童文学作品。

除儿歌外,第2册中还有一些以动物为主人公的寓言故事,如《守株待兔》、《犬衔肉》、《鸭与鸦》等,还有一些以儿童为主人公的人物故事,如《孔融》、《杨布》、《文彦博》等这样一些儿童文学作品被编入教材。

由于这套教材充分尊重了儿童的生理、心理特征,不仅在内容上摒弃封建的纲常礼教,从居家、处世、治世方面取材,以儿童周围事物和见闻立意。在编排方法上,各课皆附精美的图画,以引起学生的兴趣,增强学生学习效果。因此,一经出版便深受儿童喜爱,在教育界盛行十余年,行销数百万册,影响既深且巨。虽然在这部教材里,仍以介绍知识为目的,而且仍沿袭文言文的表达方式,但显然,编者已经注意到了儿童阅读情趣的培养,儿童文学的内容在这套教材里已经占有一个相当的比例。

（二）国文教科书后期——民初时期（1912—1919）

1911年辛亥革命的胜利,宣告了两千多年的中国封建专制制度的结束。1912年,中华民国成立,中国历史进入了一个新的时期——民国时期。进人民国,国家政治体制发生了根本变化,原先旧体制下的教材显然已经不适应社会需要,一些适合共和政体的教科书相继出版。

1. 教育背景

（1）蔡元培的教育宗旨

现代国家的教育必须使一定年级的学生达到一定水平,并使全国各地同年级学生水平基本一致,才能适合现代社会的要求。国家教育部门有课程标准的设定,以达到这一要求。

民国成立,蔡元培任教育部部长。1912年1月19日,蔡元培发布了《普通教育暂行办法及课程标准》,确立了我国普通教育的大纲,使我国普通教育步人了统一的轨道,我国开始了第一个课程标准。

《普通教育暂行办法》共14条,最重要的有:男女同校、小学废除读经和废止奖励出身,这三者使普通教育进入了现代;规定"中学校为普通教育,文理不必分科";规定了初小、高小、中学和师范学校各自的科目和课时,以及各级各科应该教授的内容和程度;提出教育要培养共和国民,而培养共和国民的要求是军国民教育、实利主义教育、公民道德、世界观教育、美育五者。[①] 五育中军

---

① 高平叔编:《蔡元培全集》(第2卷),中华书局1984年版,第130—135页。

国民教育在一切教育之首。

同年9月,教育部训令第二号《教育宗旨》规定:"注重道德教育,以实利教育、军国民教育辅之。更以美感教育完成其道德。"①

民国时期前后有过几个教育宗旨和课程标准,这是其总纲和有关教科书的宗旨,由此时起,课程标准开始主导教科书。

(2) 袁世凯的教育宗旨

1915年,袁世凯以总统令发布《特定学务纲要》和《教育宗旨》。《教育宗旨》规定"爱国、尚武、崇实、法孔孟"四条为教育宗旨。在《特定学务纲要》中规定:以道德教育为经,以实利教育与尚武教育为纬,以道德、实利、尚武教育为体,以实用主义为用。② 强调实用主义教育。

袁世凯的《特定学务纲要》最重要之处,一是小学改为两类:负担义务教育的国民学校和为升学的预备学校;一是开始规定中学文理分科;最重要的是规定师范学校的发展,以适合义务教育的需要。

2. 国文教科书后期的主要的小学语文教材

(1) 中华书局出版的《中华小学国文教科书》

中华书局是由陆费逵和陈寅于辛亥革命发生后创办的。中华书局的《中华小学国文教科书》于1912年1月出版,是民国第一部小学国文教材,《中华初等小学国文教科书》由华鸿年、何振武编撰,《中华高等小学国文教科书》,由汪渤、何振武编撰。由于符合共和政体,所以一经出版,就使商务印书馆的旧教科书相形见绌,各校纷纷采用,中华书局由此而崛起,打破了商务印书馆在教科书的独占地位。

这部教科书的最大特点就是其政治性,"以养成中华共和国完全国民为宗旨,以独立自尊平等自由为经,以生活上必须的知识为纬。"课本合乎共和体制,紧跟时代,如第三册第47课题名《中华》。在社会政治发生大变化的时候,出版物介绍新政治是最受读者关注的。这一特点使其课本站在了当时政治的制高点,在政体发生大变化的时候,本能获得更多教师的青睐。

(2) 商务印书馆的《共和国新国文教科书》

清末商务印书馆编印的《最新国文教科书》一枝独秀一直发行到国民初

---

① 教育部编:《教育法规汇编》(1911—1919年),第87页。
② 汪家熔:《民族魂——教科书变迁》,商务印书馆,2008年,第143页。

年，由于编者张元济等人是维新派，不相信孙中山领导的旧民主主义革命会成功，因而对改编适合共和政体的教科书毫无准备，以致被中华书局的《中华小学国文教科书》抢去市场，商务印书馆这才赶编了《共和国国文教科书》，与中华书局抗衡，挽回了失败的局面，并且凌驾在中华书局之上，进而执编辑发行国文教科书的牛耳。

《共和国新国文教科书》由庄俞、沈颐编纂，高凤谦、张元济校订，1912 年 4月出版，至 1924 年再版重印达 2218 次，春秋季各八册，供初等小学用。此书文字浅显，教材所涉及的内容都是儿童日常所见的事物，符合小学程度。

商务印书馆和中华书局又各自出版了内容比较精简、文字比较浅浅显的教科书，如商务的《新制国文教科书》、中华的《实用国文教科书》和《新式国文教科书》等。

（3）其他一些出版机构的出版的课本

中国图书公司推出《新国民国文课本》、新学会社推出《初等小学民国新国文教科书》、新教育社推出《中华民国国文教科书》、彪蒙书室推出《中华大民国新国文教科书》等①，多家版机构推出各自的教科书在市场上展开了激烈的竞争。

3. 国文教科书后期的小学语文教材的主要特色

进入民国，国家的政治体制发生了根本的改变，从而对教育进行了一系列适应资产阶级要求的改革。当时制订的新学制在教育宗旨上第一次取消了"忠君"、"尊孔"，提出了培养"健全国民"的方针。在语文教材中去除了忠君、尊孔的思想内容，加进了民主政治的资产阶级自由思想，这在我国语文教材的发展史上是一次重大的改革，具有划时代的意义。为了适应当时教育发展的需要，出现了许多出版教科书的出版社和适合新政体的教科书。这些初级的国文课本内容都很简单，很难判断孰优孰劣。从内容上看，主要有以下几个特点：

（1）内容上都紧扣"健全国民"教育宗旨，围绕着蔡元培"五育并举"的教育思想而展开。选文去除了"忠君"、"尊孔"的思想内容，加入了民主政治的"自由平等精神"等思想内容，注重与时代精神相联系。

如吴研因编写、中华书局出版的《新式国文教科书》中，就编有《国会》、《宪

① 汪家熔：《民族魂——教科书变迁》，商务印书馆，2008 年，第 131 页。

法》等反映资产阶级民主的课文,还有《鸦片之战》、《中日之战》等抗击外来侵略、反映民族精神的课文,还有强身体、讲卫生、破迷信等课文。

（2） 选文注重弘扬传统道德教育、文化传承教育

商务印书馆《共和国小学教科书》编辑要点中就有"注重表彰中华固有之国粹特色"。反映传统道德、宣扬纲常伦理、敬老爱老的课文很多,如庄俞编《国文教科书》中,有《爱亲》、《孝亲》、《亲恩》等等。注重我国的固有文化,如《国文教科书》中的《日时》、《夏之谚》、《守株待兔》、《杞人忧天》等表现我国传统文化知识的课文。

（3） 选文注重实用性和趣味性,注重启发智慧教育

民初首任教育总长蔡元培明确提出教育要"从受教育者本体着想"。对学生进行实利主义教育时往往注意从儿童实际同发,结合儿童的生活经验,如《蝴蝶》一文,既讲解了蝴蝶的生物特性,又介绍了卫生保健知识,使儿童在趣味中学到了实用的东西。

　　　　园花盛开,花上有蝴蝶,六足,四翅,色甚美。妹举扇扑之,姐姐曰,蝴蝶之翅有毒粉,能伤目,不可扑也。妹从之。

选材中注重儿童的趣味性,往往借助鸟言兽语来引起儿童的阅读兴趣。如《青蛙遇到蚯蚓》。许多课文用动物故事来启迪儿童智慧,如《老鸦喝水》:通过老鸦机智喝到水的故事,启迪儿童遇到困难,要动脑筋想办法,发挥聪明才智,解决问题。

总之,清末民初小学语文教材的改革,对当时的教育起了一定的进步作用。它反映了我国资产阶级在教育方面的一些要求,在中国教育的进程中起到了积极的影响。但是小学语文教材在国文时期里,仍有一些不足之处。这些不足之处,主要有两种表现形式:一是先天不足。国文教科书的编写,过去强调继承"三、百、千"及四书、五经的传统,仍然是文言文,对学生的理解力和基础教育的普及推广都起了一定的阻碍作用。二是后天失调。这一时期的小学语文教材内容大多以成人本位实用主义为立场,强调对儿童在政治、道德思想的训育和日常生活、各种知识与能力的灌输,教材中纯粹的儿童文学作品很少,课文往往缺乏文学色彩和童真童趣。

三、国语教科书时期(1920—1949)

1920 年 1 月 12 日,北洋政府教育部明令改"国文"为"国语",标志着我国小学语文教材,从"国文教科书"阶段进入了"国语教科书"阶段。这一阶段又可分为前期和后期。前期从 1920 年北洋政府教育部明令改"国文"为"国语"开始到 1928 年为止,北洋军阀把持中央政权时期;后期自 1929 年国民党政府教育部公布《小学课程暂行标准》开始到 1949 年为止,国民党政府统治时期。

(一)　国语教科书前期——北洋政府时期(1920—1928)

1. 教育背景

(1)　白话文运动对小学语文教材的影响

1919 年,爆发了震惊中外的"五四"新文化运动,揭开了我国新民主主义革命的序幕。这场运动,提倡科学与民主,提倡言文一致。新文化运动主将胡适认为,中国文学的革命首先要取得语言文字的解放,语言文字的解放就是要用白话文。关于语文教材,也展开了一场激烈的文言与白话的斗争。复古派主张沿用文言文,革新派大力提倡白话文。蔡元培在《国文之将来》一文中说:"国文的问题,最重要的就是白话文与文言文的竞争,我想将来白话文一定占优胜的。"[①]最终革新派获胜。当时的北洋军阀政府,在革命斗争形势的压力之下,不得不在 1920 年明令把国文科改为国语科,以白话文取代了文言文。这个胜利,开创了我国语文教材发展史上的新篇章。教科书的文体不再以文言的面貌出现而代之以日常生活所用的白话文。用生活化的语言来表达,使教科书极具亲和力,不再让人望而生畏。这样的教材更贴近生活,更容易激发儿童的学习兴趣,更适合儿童学习和使用。很多优秀的白话文著作被引进语文教材,小学语文教材的儿童文学作品较之以前大为增加。这是语文教材的一项重大变革。

(2)　杜威实用主义教育学说对小学语文教材的影响

民国八年五月,美国实用主义教育家杜威应邀来华讲学,发表了"儿童本位"和"兴趣主义"理论,主张在教育中儿童是起点是中心,教育者必须站在儿童的立场上去进行教育活动,发展儿童的个性、智力和能力。这些理论影响了

---

① 蔡元培:《蔡元培全集》第 3 卷,浙江教育出版社,1997 年,第 358 页。

我国语文教材的编写者,尤其是当我国语文教材编写者看到美国的小学语文教材是充满着兴趣的,认为值得我们模仿,于是我国的语文教材就从"成人本位"转变为"儿童本位",教材的编写,从形式到内容,都从儿童的兴趣出发,借以引起儿童的学习兴趣,提高学习效果,让儿童能够真正自动地去学习。

（3）　文化界、教育界知名人士提倡儿童本位教育

1917 年初,胡适的《文学改良刍议》和陈独秀的《文学革命论》在《新青年》发表。这两篇文章均主张反对旧文学,建设新文学。1918 年 4 月间,胡适在一篇题为《建设的文学革命论》的文章中说"我们所提倡的文学革命,只是要替中国创一种国语的文学。有了国语的文学,方才可以有文学的国语。有了文学的国语,我们的国语方才算得真正的国语。"[①]接着周作人在北京孔德学校发表了《儿童的文学》的演讲,认为儿童有自己独立的心理、生理特征,虽然儿童最终会长大成人,但这是一个自然生长的过程,教育应该顺应这个生长过程而不是相反,提倡"儿童文学","儿童所需要的是文学,并不是商人杜撰的各种文章,所以选用的时候还应当注意文学的价值。"[②]自此以后,《儿童世界》、《小朋友》以及各种儿童文学丛书,就如雨后春笋纷纷破土而出。于是 1923 年刊布的新学制小学国语课程纲要,就以"儿童文学"为中心,各书坊编印的小学国语教科书,因受到这股潮流的影响,而大大地改观了。

2.　国语教科书前期的主要的小学语文教材

（1）　商务印书馆《新法国语教科书》

1921 年 4 月商务印书馆出版。1920 年北洋政府教育部明令改"国文"为"国语",但对于语文教学的目的和语文教材的编辑原则及内容,均未相应地作出明确而具体的规定。因此这套书仍是以我国语文教学的传统——识字为主。为了适应新学制,课文以语体为主,但文言文尚留有尾巴,没有完全舍弃,凡属语体文排在前,夹杂文言文的课文排在后。形式上首创了《首册》的形式,它附有一本《首册》教学注音字母。这套书连《首册》共九册,兹略举第一册的某些课文如下:

---

① 胡适:《建设的文学革命论》,《中国新文学大系·建设理论集》,良友图书印刷公司,1935 年,第 128 页。
② 周作人:《儿童文学小论·中国新文学的源流》,北京十月文艺出版社,2011 年 5 月,第 50 页。

第十课：这本书，是他的，不是我的。

第三十课：书里有图，大家看，看了图，就得认字。

第四十课：小弟弟，在母亲怀里，看见我鞠躬，他也鞠躬。

(2) 商务印书馆《新学制国语教科书》

1922 年 2 月商务印书馆出版。当时新学制课程纲要刊布后，对于语文教学的目的、语文教材的编辑原则及教材内容，规定得比较明确而具体，因此而带来小学语文教材从形势到内容的深刻变化。这套教科书初小共八册，有图 32 开。形式上图文并茂，内容上以儿童文学为主，编排方式上打破以前用的识字为主的课本编辑方法，纯取儿童文学材料，依照韵文的多少，课文的长短，文体组织的繁简排列。强调儿童本位，增加物话故事材料，借以扩充儿童的想象，唤起儿童的兴趣；加进长课文，以增强儿童的阅读。兹略举第一册某些课文如下：

第一课：狗，大狗，小狗

第二课：大狗叫，小狗跳，大狗小狗叫一叫，跳两跳。

吊三十课：两只脚，踏踏踏。嘴里喝，拉拉拉，路上看见好姐姐，头点点，手拉拉。转过身来，走到花树下。眼睛看看花，耳朵听说话。

第四十课：猫欢喜，一只老鼠到嘴里。狗欢喜，两根骨头丢下地。鸡欢喜，三个小虫一把米。羊欢喜，四面都是青草地。人欢喜，五个朋友在一起。

（3） 其他还有一些采用了白话文编写的课本有：商务印书馆编印的《新体国语教科书》和《共和国教科书》、中华书局编印的《新教育国语教科书》、《新式教科书》等，小学教科书中的文言文教科书逐渐被淘汰了。

3. 国语教科书前期的小学语文教材的主要特色

一个时代的教育内容，总是具体地反映这个时代的科学和文化的发展情况的。当时的小学语文教材，反映那个时代的特色，主要表现在形式和内容两个方面。

（1） 形式上用白话文取代文言文。小学语文教材采用白话文的结果，小学生的阅读能力确实提高了。由于"言文一致"，要说什么就写什么，怎样说就怎样写，作文也不感到困难了。白话文的采用，使小学语文教学获得了新生命,并为以后普及白话文铺平了道路。这在我国小学语文教材史上不能不说是一个重大的发展。

(2) 内容上强调文学化与趣味化,儿童文学作品成为新学制国语教科书的主体。1923 年《新学制国语课程纲要》颁布后,教材中便一改原先国文教科书时期的语文课文大半是说明文的枯燥面貌,更多地编入了和儿童生活比较接近的故事、诗歌,"新学制小学国语课程,就把'儿童的文学'做了中心,各书坊的国语教科书,例如商务的《新学制》,中华的《新教材》《新教育》,世界的《新学制》……就也拿儿童文学做了标榜,采入了物话、寓言、笑话、生活故事、传说、历史故事、儿歌、民歌等等"①。一切从儿童的兴趣出发,着重儿童文学的欣赏。教材中识字量减少了,内容浅显了,而且强调故事和童话,这在一定程度上给我国小学语文教材带来一些进步因素。所以那时的语文教材从"成人本位"转变为"儿童本位","总看教材的变迁,可用一句话来包括净尽,就是从成人本位变到儿童本位。"②

在这一时期内,由于军阀混战,列强入侵,及"五四"运动的爆发,唤醒了我国人民,为救亡图存,进行了各方面的改革。教育改革运动从学制、教材到教学法,都有很大的更动。1922 年所颁布的"新学制",一年后公布的《新学制课程标准纲要》,一直沿用了二十多年。其间虽有某些小的变动,但是基本原则则是这一时期奠定下来的。这一时期小学语文教材的形式和内容上都发生了根本性的变化,打破了我国识字教学从单字开始的传统,提倡在阅读中识字,为后来的语文教材编写作出了重要的贡献。

(二) 国语教科书后期——国民党政府时期(1929—1949)

1927 年到 1949 年是国民党政府统治时期,从 1929 年 8 月国民党政府教育部颁行《小学语文课程暂行标准》起,到 1949 年新中国成立为止,这一时期作为国语教科书后期。这一时期,暂行课程标准及四次正式课程标准的颁布,意味着小学语文教材的编写逐步规范,进入了成熟期。

1. 教育背景

(1) 提倡三民主义、民族主义的教育宗旨

---

① 吴研因:《清末以来我国小学教科书概观》,见《小学教科书评论》附录,正中书局,1937 年,第 170 页。

② 吴研因、沈百英:《小学教学法概要》,《教育杂志》,1924 年第 1 期。

　　三民主义是国民党的指导思想和原则,这一时期的小学语文教材中反映了三民主义的教育宗旨。早在 1924 年,国民党对内政纲第十三项有"以全力发展儿童本位教育"的规定,明确提出小学教育应以儿童为本位。1928 年 2 月,教育部颁布的《小学暂行条例》规定:小学教育应根据三民主义,按照儿童身心发展的程序,培养国民之基本知识技能,以适应社会生活。"这是三民主义渗入于小学教育的开始。"①1929 年 4 月,国民政府正式公布的教育宗旨关于小学教育的为"普通教育,须根据总理遗教,陶冶儿童及青年'忠孝仁爱信义和平'之国民道德,并养成国民之生技能,增进国民之生产力为主要目的。"②1931 年 9 月,国民党中央通过了《三民主义教育实施原则》,其中关于初等教育的目标有如下规定:"(1)使儿童整个的身心,融育于三民主义教育中;(2)使儿童个性,群性,在三民主义教育指导下平均发展;(3)使儿童于三民主义教导下,具有适合于实际生活之初步知能。"在其实施纲要中,关于课程部分,又规定:"应以三民主义重要的观念,为编定全部课程之中心;应注意伦理知识及实践,以助长儿童忠孝仁爱信义和平之德性……"③三民主义以法令的形式成了这一时期小学语文教育的宗旨,此后颁布的关于小学教育的法令和小学课程标准都是以这一原则为基准制定修订的,小学语文教材的编写也体现了这一教育宗旨。

　　1931 年,"九一八事变"爆发,日本侵占东北。1932 年,"一·二八事变"爆发,日本企图占领上海。1937 年,抗日战争全面爆发。这一时期,国民党政府加强了"三民主义"教育,在教育方面尤其注重民族主义思想的灌输。1936 年颁布的《小学课程标准总纲》规定,小学课程"以发展儿童身心,并培养儿童民族意识,国民道德基础……为主旨"。④ 同时颁布的《小学国语课程标准》直接将"指导儿童从阅读有关国家民族等文艺中,激发救国求生存的意识和情绪"作为课程目标之一。⑤ 由于社会形势的变化,政党思想教化被视为国语教育的重要目标。

---

① 李伯棠:《小学语文教材简史》,山东教育出版社 1985 年 3 月,第 59 页。
② 同上书,第 60 页。
③ 同上。
④ 课程教材研究所:《20 世纪中国中小学课程标准·教学大纲汇编·课程(教学)计划卷》,人民教育出版社,2001 年,第 132 页。
⑤ 课程教材研究所《20 世纪中国中小学课程标准·教学大纲汇编·语文卷》,人民教育出版社,2001 年,第 30 页。

（2）课程标准对小学国语教材的要求

课程标准总纲对小学教材的编写提出了一系列的具体要求。从 1932 年起，课程文件要求，教科书中的儿童文学内容应涉及一些生活常识及历史、地理等学科知识。如 1932 年颁布的《小学课程标准国语》的课程"目标"第 2 条为"指导儿童学习平易的语体文，并欣赏儿童文学，以培养阅读能力和兴趣"。《小学课程标准国语》还规定"读书"一项的教材包括历史故事、生活故事和自然故事等，并以"附注"标明："重要的史地材料，应加入普通文实用文及诗歌内"，教材编选"依据增长儿童阅读能力的原则，想象性的教材（如寓言物语等），和现实性的教材（如自然故事、生活故事、历史故事等），应调和而平均"。[①] 还将课文材料分为公民、自然、历史、文艺、党义、卫生、地理 7 类。明确要求在教科书中加入实用文章，并将生活琐事、自然故事、历史故事、童话、传说和笑话等称为"想象性"记叙文，将日记和游记等称为"现实性"记叙文。可见，这一时期的课程标准对前期国语教科书中纯美的儿童文学教材内容要求有所调整，不再要求只学习纯美的儿童文学作品，只发挥其涵养性情的功能，还要求学习常识化、政治化的儿童文学作品，以发挥其德智启发功能，强调学习实文章，注重实用与审美兼顾。

2. 国语教科书后期的主要的小学语文教材

1927 年以后，革命空气弥漫全国，为了迎合革命潮流，小学语文教材充满了有关国民革命和三民主义内容，如商务印书馆的《新时代国语教科书》，中华书局的《新中华国语教科书》，世界书局的《新主义国语教科书》等。而 1931 年以后编印的小学语文教材，由于日本的入侵，中华民族处于危急之中，民族矛盾已上升为主要矛盾，此时的小学语文教材中关于国民革命和三民主义的调子降低了，而加进民族意识和爱国精神的内容，反映抗日救国的现实，如世界书局的《新标准国语教科书》，开明书店的《开明国语课本》，商务的《复兴国语教科书》，中华书局的《新小学国语教科书》，大东书局的《新生活国语教科书》等。

（1）商务印书馆《复兴国语教科书》

商务印书馆 1933—1935 年出版，分小学校初级用和小学高级用两套，沈

---

① 课程教材研究所：《20 世纪中国中小学课程标准·教学大纲汇编·语文卷》，人民教育出版社，2001 年，第 23—24 页。

百英、沈秉廉编著小学初级用,丁毅音、赵欲仁编著小学高级用。《复兴国语教科书》的优点主要在于一是图画多,二是文学性强。从儿童的兴趣出发,用图文结合的形式,以儿童喜爱的故事、童话等方式介绍科学知识及自然常识,充分体现了以儿童为本位的审美情趣,这在当时广受儿童欢迎,甚至在抗战期间仍被普遍使用。出版后的几年间被再版多达几百版次,可见其受欢迎程度。

(2) 中华书局《小学国语读本》

中华书局 1933 年 3 月出版,朱文步、吕伯攸等编。分初级小学用八册和高级小学用四册,文体有记叙文、说明文、应用文和少量议论文。初小的课本在编排上有几个特点:第一册以图画开始,符合儿童心理;生字有注音;有些课文前边冠以小号字的"前言",在课文之后附以小号字的"问题","前言"对课文起了提示作用,"问题"有利于儿童读后进行思考。初小第八册最后一课有《四年学习生活的总决算》,便于学生总结四年的学习生活,并为以后生活指明道路。

(3) 开明书店《开明国语课本》

由上海开明书店 1932 年至 1937 年间出版,叶圣陶编纂,丰子恺书画。分小学初级学生用八册和小学高级学生用四册。《开明国语课本》共有课文四百多篇,由叶圣陶亲自编写,全部是创作或再创作,"大约一半可以说是创作,另外一半是有所依据的再创作,总之没有一篇是现成的,抄来的"。[①] 这一套语文教材,突出了"儿童本位",有浓厚的"儿童文学"色彩,以发展儿童的阅读能力和表达能力为目标,内容紧系儿童生活,从儿童周围开始,逐渐拓展到社会。材料活泼隽趣,文体兼容博取,词、句、语调切近儿童口吻,以适应儿童学习心理。编排上图画与文字有机配合;每数课成一单元,单元之间注意前后照顾;每数课之后列有练习课,每册后附有《词汇》等,这个编排体系,有利于对学生进行读写训练,这在当时同类教科书中是很新颖的作法。

3. 国语教科书后期的小学语文教材的主要特色

(1) 以儿童为本位,选材儿童文学化

这一时期编印出版的小学语文教材,虽然种类很多,但是它们有一个共同的特点,就是以儿童为本位,选材以儿童文学为主。

① 叶至善:《老开明国语课本始末》,见《开明国语课本(下册)》,上海科技文献出版社,2005 年,第 2 页。

以儿童为本位,内容是以审美性为主,兼顾知识性、实用性。沈百英称《复兴初小国语》的"教材以儿童文学为中心,兼及含有文学性质的普通文和实用文。"[①]其第 2 册共有 40 篇课文,纯粹的儿童文学作品就有 23 课。很多课文中介绍科学知识,采用的是文学化的手法,如第 2 册第 30 课《蜘蛛不怕打破网》,以文学化方式来描写蜘蛛的形态与习性:

> 蜘蛛结网,结好了。大风吹来,把网打破。他不怕,等一会儿,再结一个新网。新网结好了。大雨打来,又把网打破。他不怕,等一会儿,再结一个新网。新网结好了,他便捉虫吃。吃饱虫,独自睡在网里,动也不动。

以儿童为本位,内容与儿童的现实生活相适应。如商务印书馆的《复兴国语教科书》第一册第九课:"大鸡走来,不吃草,要吃虫。小猫走来,不吃虫,要吃鱼。白羊走来,不吃鱼,要吃草。"就是以儿童自然熟习的语句为主,生字反复机会多。再如开明书店的《开明国语课本》第一册第 1 课:"先生早,小朋友早。"这是以儿童生活为本位。

这一时期的儿童文学教育相较前期更强调教授其日后作为一个成人生活所需要的常识和技能,以及培养与人相处交往、服务社会的品质。因此,许多常识化、政治化的儿童文学作品被选入教材中,还有许多实用性、科学性文章以儿童文学化的面貌出现在教材中,以发挥其德智启发功能。

（2）党义化主旨

在三民主义教育思想的影响下,为了体现教科书的思想性,一般都会加入相应内容的课文,如《新生活教科书国语》,就选入了《万众一心》、《不甘忍辱》、《蔡锷护国》、《最后的胜利》、《可爱的中华》等彰显民族精神的课文,以及《鸦片之战》、《甲午之战》等宣传国耻的课文,以激发儿童的爱国热情。反映党义、民族思想的课文在各套教科书中的数量有多有少,不过在整套教科书中所占比例一般在 10% 左右,比例有限。但有一些国语教科书政治色彩特别浓厚,如商务印书馆于 1928—1932 年出版的小学高级用《新时代国语教科书》其第 1 册第 1 课就是歌颂国民党青天白日旗的《国旗歌》,第 2、3 课直接用课文诠释孙中山的"世界大同"、"天下为公"和"博爱平等"等思想,涉及民族主义的课文

---

① 顾志贤、沈百英:《复兴国语教学法(第 1 册)》,商务印书馆,1934 年,第 10 页。

更是不吝篇幅,朱文叔在《关于小学国语读本的几个重要问题》一文中这样评价:"用教材化装的方法,把党义用文艺形式表现出来,或者在文艺教材中,渗入一些党义",希望能"冶党义和国语于一炉,使儿童从欣赏文艺中,濡染党义的熏陶于无形"[1],使国语教科书简直成了"三民主义"文学读本。

(3) 语体纯用白话文,兼译文言文

从语体上看,课文全部为白话文,对于古代、当代的一些优秀的文言作品一般采用翻译、改写的方式收入教科书。小学校初级用《复兴国语教学法》称:"本书全以浅显畅达的语体文编辑,并经国语专家逐字逐句仔细校阅。"[2]古代的如《复兴高小国语》第 2 册中的《苏武牧羊》、《吴季子挂剑》、《武松打虎》等,当代的如《返钏记》等。《复兴初小国语》第 8 册第 29 课《愚公移山》也是这样处理的,现摘录片段如下:

> 愚公年已九十零,老来志气更坚定。只因太行王屋门前挡,他要通行不行。要想把两座高山七百里,一力专工去铲平。带了他老妻和少子,阖家小共经营;挑的挑来畚的畚,一天到晚忙不停。这时候,奇闻传到相村中幸去,村中男女笑相评。都说愚公行径异,要想移山未免欠聪明。河东智叟亲来看,要把愚公早唤醒。……

课文删除了原作的最后一节,而且将文言译编成白话诗歌,读起来朗朗上口,相对于文言,更能引起儿童的阅读兴趣。

(4) 编写体例日趋成熟

1932 年的新课程标准实施后,初小国语教科书的编写体例有了较大的变化,"单元制"的体例开始普及。课本中每隔六、七课设置一个练习,通过练习把一本教科书分成五至一个单元,相关内容成一单元,各单元之间注意前后承接。如叶圣陶编纂的《开明国语读本》小学初级学生用,"本书每数课之后,列有练习课。有的注重于内容的讨论,有的注重于语法的整理,有的注重于写作的训练。练习课文字与图画并用,绝无枯燥、呆板的弊病。"[3]这样的编写体例

---

① 朱文叔:《关于小学国语读本的几个重要问题》,载《中华教育界》1931 年,19 期。

② 顾志贤、沈百英:《复兴国语教学法(第 1 册)》,商务印书馆,1934 年,第 13 页。

③ 叶圣陶编,丰子恺绘:《开明国语课本(典藏版)》第一、二册,开明出版社,2010 年,封底。

灵活实用,课后练习的设置,更是有助于儿童复习巩固所学的知识技能,"单元制"的编排模式,为以后的小学语文教材开创了一种体例模式,直到现在我们仍在沿用。

从晚清到民国,这是一个政治动荡的年代,各种思潮和运动风起云涌、此起彼伏,反映到教育领域,出现了众多的教育主张。这些主张反映在教材上,使教材成为了展示当时教育的一扇窗口。正如陆费逵在《中华书局宣告书》中所称"国立根本,在于教育,教育根本,实在教科书,教育不革命,国基终无由巩固,教科书不革命,教育目的终不能达到也"①,而语文教材更是与时代紧密相联、相互适应的,它不仅体现了当时的社会政治经济制度及教育方向,也是教育理论的载体,是教育改革的窗口。

从晚清到新中国成立前的语文教材是中国现代语文教材发展的重要时期。其小学语文教材,在新的政治与教育背景下不断演变,经历了晚清的蒙学变革时期、清末民初的国文教科书时期、民国的国语教科书时期三个阶段,一路曲折发展逐渐走向规范和成熟,为现代语文教材的发展奠定了良好的基础。

通过以上的疏理,我们可以看到,清末民国时期是中国社会发生翻天覆地的变化时期,是中国历史从古代向现代过渡的重要时期。这一时期不仅是现代语文学科的建立发展时期,也是中国儿童文学从古代"自发的自然状态"走向现代"自觉的文学时代"所不可或缺的转型期。对于这一时期的小学语文教材的罗列与剖析,我们还可以看到,小学语文教材中的儿童文学自发展之初就具备很高的艺术性。这与这一时期人们在向西方寻求救国救民真理的过程中发现了作为儿童具有与成人一样的独立人格与独立精神,进而在现代儿童教育观念的传播中接受了"以儿童为中心"的新教育观分不开,正是在先进的儿童观与五四新文化运动中我国萌生了具有现代意义的中国儿童文学。这一时期的小学语文教材,在五四文言之争和儿童观的影响下,冲破了古代蒙学教材的藩篱,具备艺术性、趣味性和语文教育价值的儿童文学作品取代了从前封建私塾的《四书》、《五经》这些儒家经典,以及《三字经》、《幼学琼林》等蒙学读物,在中国的小学语文教育历史上有革命性的进展。

---

① 王松泉、王柏勋、王静义主编:《中国语文教育史简编》,社会科学文献出版社,2002年,第97页。

第三节　新中国成立后的小学语文教材

　　新中国成立后,社会出现了翻天覆地的大变革,各项事业出现了蓬勃而曲折的发展,教育也在改革和摸索中前进,小学语文教材建设亦走过了一条艰难曲折、不断探索改革和发展之路。在这一过程,积累了许多宝贵的历史经验和教训,这些经验教训对于小学语文教材今后的发展有着重要的借鉴价值,值得我们认真地总结。

　　从新中国成立以来小学语文教材的发展大致可分为三个时期。从1949年新中国的成立到1966年"文化大革命"开始前,小学语文进入我国"现代语文教育期"。进入"十年文革"后,小学语文沦为了政治的附庸,小学语文教材建设出现了空白和倒退期。第二时期从1978年语文大纲制定至20世纪80年代末,小学语文教材进入了复苏和回归期。第三时期从90年代义务教育制实施至今,小学语文教材建设步入了改革的新时期。

一、 新中国成立十七年的小学语文教材的发展
（1949—1966）

　　这一时期是政治权力话语涵盖一切的时期,语文教育的发展常被政治所左右,语文教材被赋予了更多的政治内涵。这一时期的小学语文教材的建设伴随着政治形势以及整个语文教育形势的变幻风云,走过了一段艰难曲折、波浪式前进的发展历程。

　　1. 教育背景

　　（1）《中国人民政治协商会议共同纲领》提出新中国文化教育的任务

　　新中国成立初期,百废待兴,为培养大量的国家急需的各级各类人才,发展基础教育、提高人民文化水平成了一项紧迫的任务。1949年9月,《中国人民政治协商会议共同纲领》规定了新中国教育的性质和任务:"中华人民共和国的文化教育为新民主主义的,即民族的、科学的、大众的文化教育。人民政府的文化教育工作,应以提高人民文化水平,培养国家建设人才,肃清封建的、

买办的、法西斯主义的思想,发展为人民服务的思想为主要任务。"[1]强调人民政府将有计划、有步骤地改革旧的教育制度、教育内容和教学法。人民政府根据《中国人民政治协商会议共同纲领》对文化教育工作的规定对学校的课程,教材和教法作相应的改革。

(2) 改"国语"为"语文"

1949 年由叶圣陶主持的华北人民政府教科书编审委员会改"国语"为"语文"。叶圣陶认为:"语就是口头语言,文就是书面语言。把口头语言和书面语言连在一起说,就叫语文"。[2] "语文"这一名称得以确立。在随后 1950 年教育部颁布的《小学语文课程暂行标准(草案)》中,"语文"一词作为学科的名称正式在法规文件中出现,"国语"一词至此正式改为"语文",并一直沿用至今。张志公说:"用了'语文'这个名称,表明这门功课里面要向学生进行全面的语言训练。"[3]将"国语"改为"语文","强调小学语文教学既要重视书面语言的训练,也要重视口头语言的训练"。[4] 学科名称用"语文"命名,标志着语文教育进入了听说读写综合训练的时代。

(3) "国定制"教材编审制度

1950 年 9 月,全国出版会议上确定中小学教材全国统一供应的方针。12月,作为专门出版中小学教材的人民教育出版社成立,著名教育家、文学家叶圣陶任社长兼总编辑。1951 年,人教社开始编写出版教材。从此,中小学教材实行"国定制",全国各地陆续使用由人民教育出版社修订的小学语文教材,语文教材趋于全国统一,20 世纪上半叶语文教材发展百花齐放的局面归于"一纲一本"的一元化语文教材格局。

(4) 学制改革

新中国成立后,随着国家政治经济形势的发展变化,小学学制有过多次变革。

1951 年,政务院颁布了《关于改革学制的决定》,决定从 1952 年起,五年内小学一年级新生不再沿用"四、二分段制",一律开始实行"五年一贯制"。后

---

① 课程教材研究所编著:《新中国中小学教材建设史 1949—2000 研究丛书小学语文卷》,人民教育出版社,2010 年,第 26 页。

② 叶圣陶:《叶圣陶语文教育论集》,教育科学出版社,1980 年,第 138 页。

③ 张志公:《语文教学论集》,福建教育出版社,1981 年,第 20 页。

④ 鱼国超:《我国小学语文教材发展初探》,《探索与实践》2002 年第 2 期。

由于教材、师资等条件不足,于 1953 年第三次全国教育会议决定暂缓推行五年一贯制,继续实行六年"四二制"。1958 年,国务院公布了《关于教育工作的指示》,指为"多快好省"地发展教育事业的办学方针、实行多种方式并举的办学方式,兴办各类全日制、半工(耕)半读、业余学校。1960 年 11 月全国文教工作会议上提出,在中小学实行十年制和十二年制两种学制,都达到高中毕业的程度。其中小学五年制和六年制并存。1966 年,根据毛泽东"学制要缩短,教育要革命"的指示,小学开始全面实行"五年一贯制"。

2. 新中国成立十七年的小学语文课程标准

新中国成立后,国家多次编订颁布课程标准和教学大纲规范小学语文学科的发展建设。从新中国成立初期至文革结束,归纳起来,颁布的小学语文课程标准最主要的有以下三个:

(1) 1950 年《小学语文课程暂行标准(草案)》

新中国成立后,编订新的教学大纲成了当务之急。1950 年颁布的《小学语文课程暂行标准(草案)》,把学科名称由"国语"改为"语文",并根据《中国人民政治协商会议共同纲领》的精神,在语文课本内容实质一栏内,具体列出了思想教育的要求,并提出要求掌握"由三千个常用字组织的基本语汇"。

(2) 1956 年《小学语文教学大纲(草案)》

1956 年颁发的《小学语文教学大纲(草案)》是在 1955 年试行的《小学语文教学大纲草案(初稿)》的基础上修订后而成。这部大纲是在"学习苏联"的影响下制订的,明确提出"小学语文科是以社会主义思想教育儿童的强有力的工具"、"小学语文科的基本任务是发展儿童语言——提高儿童理解语言的能力和运用语言的能力"[1],对小学语文科的教学内容分为"阅读教学"、"汉语教学"、"作文教学"、"识字教学"和"写字教学",对这些主要的教学内容,大纲对每一部分都用了相当大的篇幅详尽说明,最后还列了分年级的教学要求,俨然成了一部小学语文教学法。这是我国现代语文课程独立以来一部篇幅最长的语文教学大纲。

这份《大纲(草案)》的特点,主要表现在阅读教学和汉语教学两个部分。关于阅读教学部分,《大纲(草案)》指出:"小学语文科阅读教学的任务是培养

---

[1] 课程教材研究所编:《20 世纪课程标准·教学大纲汇编·语文卷》,人民教育出版社,2001 年,第 117 页。

儿童独立地自觉地阅读的能力。""阅读课本的课文分为两类:一类是文学作品,一类是科学知识的文章。……到了第五、六学年,自然、地理、历史都单独设科,阅读课本就以文学作品为主。"①关于汉语教学:"汉语教学的内容,依照语言科学本身的系统应该是语音、词汇、语法、文字、标点符五项。"②并且规定"小学语文科汉语教学是和阅读教学密切结合的。"

当时试行的由人教社出版的六年制小学语文教材,就是根据这部《小学语文教学大纲(草案)》的原则精神编写的。

(3) 1963年《全日制小学语文教学大纲(草案)》

1963年5月,教育部在总结了新中国成立后十多年来小学语文教学实践的经验以后,制订并颁布了《全日制小学语文教学大纲(草案)》,指出小学语文的性质是工具学科:"语文是学好各门知识和从事各种工作的基本工具"、"小学语文教学的目的,是教学生能够正确地理解和运用祖国的语言文字,培养初步的阅读能力和写作能力"③,并强调了思想内容和语言形式之间的有机结合与辩证统一;在"教学要求"上,提出在小学阶段,要让学生认识3500个常用汉字。在"各年级的教学要求和教学内容"一项中,还分册列出了具体篇目。对小学语文教材的选材标准,提出"必须是范文,入选的文章要具有革命的思想内容,准确的科学知识,语言文字合乎规范"④,但同时也提出"课文应该是文质兼美的范文",这一表述是对语文教材选文只重政治思想内容不注重艺术形式的否定。

1963年5月颁布的《全日制小学语文教学大纲(草案)》继承了我国传统语文教学的传统,总结了新中国成立以来语文文教学的经验教训,吸收了20世纪50年代末60年代初语文大讨论的积极成果,比较科学地规定了语文性质、教学目的、教学内容等,是新中国成立到"文化大革命"十七年制定得最好的语文教学大纲,有力地指导了1963年后至1966年"文化大革命"开始前的语文教学,并且在1978年后成为当时拨乱反正的中小学语文教学大纲的蓝本,其中的不少语文教学观念沉淀至今,可见其作用的久远。

---

① 课程教材研究所编:《20世纪课程标准·教学大纲汇编·语文卷》,人民教育出版社,2001年,第120、121页。
② 同上书,第129页。
③ 同上书,第153页。
④ 同上书,第155页。

3. 新中国成立十七年里主要的小学语文教材

(1) 过渡时期的小学语文教材——修订版《小学国语课本》

新中国成立初期的小学语文教材,限于当时条件,多是在对老解放区教材、苏联教材编译本和商务印书馆、开明书店、中华书局等出版的比较流行的教材进行修订编写的基础上而形成过渡性质的教材。其中最主要的是《国语课本》,分为初级小学和高级小学两段。华北区《小学国语课本》由刘松涛等编写,1950 年 12 月由人教社出版修订版。以修订版华北区《初级小学国语课本》为例,这套过渡时期小学语文教材在编排上的特点为:

第一,采用"单元制编排法",每个单元由相关的数篇课文和一组练习组成。

第二,识字的编排,采用的是随课文识字的方法。

如第二单元的第 6 课:哥哥　哥哥是工人　在工厂里做工

　第二单元的第 7 课:爸爸　爸爸是农人　在地里种庄稼

第三,采用国语、常识两科合编的体式,这就决定了选文的广泛性和多样性,因而课文的内容丰富多彩。如:修订版华北区《初级小学国语课本》的 360 篇课文中,常识性课文 86 篇,占 23.9％;《高级小学国语课本》的 106 篇课文中,常识性课文 26 篇,占 24.5％。[1]

修订版《小学国语课本》,在内容上有两个突出特点:一是注重对儿童的政治思想教育,体现了 1950 年颁布的《小学语文课程暂行标准(草案)》中对语文课本内容实质的思想教育的要求,如增选了一些表现革命传统教育和军民鱼水关系教育的课文,对儿童进行爱国爱党爱领袖教育。二是强调学习苏联经验,选编了一些来自苏联阅读课本的材料,如,《列宁的少年时代》、《高尔基的精神》、《蜜蜂引路》、《园艺家米丘林》、《在福特工厂里竞赛》等课文选编进了修订版的初级和高级《小学国语课本》中。这些课文不仅使政治思想教育得到加强,也一定程度上增强了课文内容的多元性,丰富了课本的内容,适应了时代的要求。在表现手法上注意到了将自然学科的内容用国语课的活泼手法来表现,尽量使之成为儿童喜爱的课文。

总的来说新中国成立初期过渡时期的小学语文教材,一方面继承了中

---

[1] 课程教材研究所编著:《新中国中小学教材建设史 1949—2000 研究丛书小学语文卷》,人民教育出版社,2010 年,第 30 页。

央苏区、抗日根据地和老解放区及国统区主流语文教材教学的优良传统，另一方面又学习了苏联的教育理论和教学经验，从而使语文教材的内容起了质的变化。

（2）　人教社编写的第一套小学语文教材——五年一贯制《小学课本语文》

1950 年教育部公布《小学语文课程暂行标准（草案）》后，人民教育出版社于 1951 年开始组织编写了第一套小学语文课本——五年一贯制《小学课本语文》。由于新中国成立初期各方面条件极其有限，实行五年一贯制有困难，1952 年 2 月教育部又颁发了《四二旧制小学暂行教学计划》，因此这套教材从 1952 年秋季开始使用后，到 1954 年就停用了，一共只编出了第一至第三册。

人教社的这第一套小学语文教材——五年一贯制小学语文课本，是为适应教育改革、教学改革的新要求而编写的。从出版的仅有的三册小学语文课本来看，内容编排上主要特色为：

一是特别关注对儿童进行思想教育的全面性和系统性。编者认为，任何语文课本都不可能是单纯的语文课本，它必然有一定的思想内容，而这些思想内容，又必然是为一定的政治经济服务的。因此，课本在思想上和内容上，重视教育儿童热爱祖国热爱党，重视培养儿童对待劳动的正确态度，教育儿童用唯物主义的观点看待自然现象。在思想内容的安排上不仅全面而且具有系统性。对此，主持编写的刘御曾对《小学课本语文》第一册在《人民教育》杂志上作过详细说明。例如，指导儿童的学校生活和学习生活的课文有《好学生》、《红领巾》等；指导儿童的家庭生活的课文有《扫树叶》、《爸爸回来了》等；指导儿童的健康生活的课文有，《洗手洗脸》、《这样坐》等；关于认识自然方面的课文有，《秋天》、《马和牛》、《大雪》等；培养儿童的劳动观点的课文有《种瓜得瓜》、《工人》、《书和笔》等；激发儿童热爱祖国与领袖的课文有《国庆日》、《到北京去》、《东方红》等。

二是课文篇幅扩大，容纳文艺作品。"五年一贯制小学语文课本在编排形式方面的一个'新的萌芽'是，扩大课文的篇幅，选编部分文艺作品。"①课本汇总了不同版本课本中的精品课文，同时，也增选了一部分新的课文。编入的课文有反映生活的小故事，如，第一册的《公园里的花》、《拜年》，第二册的《皮球

---

① 刘御：《关于小学语文教材的几个问题——答吴研因先生对试用课本语文第一册的批评》，《人民教育》1954 年第 12 期。

浮上来了》、《在火车上》、《老婆婆》,第三册的《蓝树叶》、《八路军很多很多》、《小铁锤》、《渡船上的母女》、《在戏院里》;有寓言故事,如,第二册的《一个性急的人》;有童话,如,第一册的《大萝卜》、《听妈妈的话》,第二册的《两只羊》、《麻雀和老鹰》、《动物的争论》、《三只熊》,第三册的《猴子捞月亮》、《狐狸和乌鸦》、《狐狸和白鹤》、《狗找同伴》。另外,常识性课文的艺术性也增强了。如,第二册的《小蝌蚪的生长》,第三册的《白蝴蝶》、《呼吸》、《脏手受屈》。与此前的小学语文课本相比,故事、童话等课文增多了,课本的语言形象化了;课文的篇幅长了,课本的内容丰富多彩了。

总的来说,这套教材取材广泛、内容丰富、思想性强,编排形式多样,插图多,画幅大,有助于提高儿童兴趣,不足之处在于生字过多且分布不均,有的课文太长,有些课文内容脱离儿童的生活实际,要求过高。

虽然这套不完整的教材停用了,但却引起了一场关于小学语文教材编制问题的讨论。以该套教材的编写主持者刘御为一方,与教育部指导司司长吴研因为一方,围绕这套教材撰写多篇文章,在《人民教育》杂志展开了一场关于小学语文教材建设的大讨论,史称"刘吴之争"。这场争论涉及小学语文教材编写的原则方法以及小学语文教学思想等问题,它直接影响了当时的小学语文教学以及后来历次小学语文教学大纲的制订和教材编写。

(3) 根据 1956 年的《小学语文教学大纲(草案)》编写的六年制小学语文课本

1954 年,人民教育出版社即开始独立组织编写六年制小学语文教材。1956 年《小学语文教学大纲(草案)》颁布后,教材按教学大纲的要求进行编写并于同年出版。这套教材由蒋仲仁主编,儿童文学家陈伯吹参与,共 12 册,包括《初级小学课本语文》、《高级小学语文课本》和《语文练习》三种。这是新中国成立后人教社编写的第二套小学语文教材,但却是第一套比较系统的小学语文教科书,也是推行小学语文汉语文学教学改革的凭借。

这套教材在内容上充分体现了 1956 年《小学语文教学大纲(草案)》的原则精神,主要表现在以下几个方面:

一是在内容上体现了阅读和汉语分科的思想。教材按照教学大纲要求编入了汉语教学内容,意在让学生从语言规律学习语言;并且阅读教材为整套教科书的主体,很多文艺性强的课文编入课本,强调文学教育。初级小学的课文包括各种体裁的文学作品和以介绍自然、地理、历史知识为主的知识性文章,常识性科普类文章明显增加。高级小学课文则以文学作品为主,且篇幅都较长,文艺性有所增强。

二是内容上注重充实思想政治内容,体现了语文学科的思想教育性。如,有关于爱国主义教育的《中华人民共和国国歌》、《开国大典》、《万里长城》、《大运河》等;有关于热爱共产党,热爱革命领袖,热爱社会主义新中国的《吃水不忘开井人》、《工人代表》、《朱德的扁担》等;有用革命传统教育儿童的《井冈山是革命山》、《延安》、《过雪山》等;有培养儿童社会主义文明行为习惯的《团结》、《向秀丽的故事》、《两个好朋友》……。

此外,在学习苏联观念的作用下,教材中约有 20% 的课文是选用和改编苏联教材中的课文。在编排上多采用分单元编排的方式,每个单元由内容比较接近或相类似的课文若干篇组成。如第二册的第一单元有四篇课文:《我们要好好学习》、《我们的教室》、《上课的时候》、《书和笔》。从第三册起在每组课文的前面加了一个题目,集中概括出本组课文的主要内容。如第三册九组课文的题目为:开学、学校、菜、国庆、秋天、伟大的十月革命、动物、冬天、新年。在外形上注重形式美、装帧精美、设计新颖,封面改变以往的单色,用彩色图画,并且请知名画家绘制。课本里的插图,不仅图文配合得宜,而且质量上乘,颇有艺术价值。

总体而言,这套根据 1956 年的《小学语文教学大纲(草案)》编写的六年制小学语文课本,全面吸取苏联的先进经验,强调给学生系统、扎实的文化知识,使教材的科学性、思想性、文艺性大为加强,不仅给儿童读了许多优秀的儿童文学及名家名作,也教儿童学习基本的语言规律。不足之处在于教材考虑我国国情不够,在学习苏联的教育理论和教学经验时,一味地机械照搬,有些知识性的内容太多太深,思想教育性的内容太空,多从观念出发,脱离儿童生活实际,因此,这套教材在实际教学中使用效果不理想。然而在当时没有经验的情况下,学习苏联的教学理论和教学经验,使我国的语文教学向科学化迈进了一步,这在我国的小学语文教材发展史上,还是有着重大的意义。

(4) 根据 1963 年的《全日制小学语文教学大纲(草案)》编写的十二年制学校小学语文课本

1963 年,中共中央颁发了《全日制小学暂行工作条例(草案)》,教育部颁布了十二年制中小学教学计划和各学科教学大纲。人教社根据《全日制小学语文教学大纲(草案)》精神原则,在进行大量调查研究的基础上,编写了十二年制教材,其中小学阶段为六年,于 1963 年起供全国使用。小学语文课本共出版了六册,其余六册由于"文革"而停止出版。参加教材编写的有蒋仲仁等,由著名学者魏建功、吕叔湘等审阅,这是人教社编写出版的第四套小学语文教材,是在 1961 年出版的为纠正 1958 年"教育大革命"的偏差而编写的十年制学校小学语文课本(试用本)的基础上加以改进而成的。这套教材主要强调了语文的工具性、强化语文的基本训练、继承了语文教材多读多练的传统,主要特点如下:

第一,把识字作为小学阶段语文教学的首要任务。强调识字是基础,识字教材的编写,依据汉字特点,遵循汉字学习规律。生字由简到难,集中识字以看图识字的形式为主,注意字的使用频率,注意生字的重复练习。

第二,加强阅读基本训练,培养阅读能力。选文遵循文章好、范围广、篇幅短的原则,入选的文章注重思想性、科学性,力求体裁多样,短小精悍,适合朗读,易于背诵,便于教学。

第三,加强作文基本训练,培养作文能力。为提高学生运用语文的能力,课本给予作文教学以足够的重视,一、二年级要学生做一些用词造句的练习,三年级开始教学生作文。作文以写记叙文为主,并加强应用文的习作,有计划地逐步提高学生的作文能力。

这套小学语文课本重视基础知识传授和基本技能训练,注重识的系统性,得到广大教师的好评。对此,专家陈国雄曾给予了充分的肯定,认为课本"重视识字写字训练,并强调低年级要以识字为重点。在读写方面,强调多读多练,重视语文基础知识的教学和基本技能的训练,重视在语言文字的运用中领会和掌握语文规律。它继承和发扬了我国语文教学的优秀传统,重视吸收教改中涌现出来的新鲜经验,不仅纠正了 1958 年'教育大革命'在教学领域出现的偏差,而且有力地推动了语文教学改革的发展,使语文教学走上了正确的道路。"[1]我国著名的小学语文教材教法专家李伯棠认为,该套课本是根据教学大纲草案提出的"以培养学生的读写能力的顺序为主要线索而编写的","体现了我国语文教学的个性,也体现了我国语文教材的特点。这在我国语文教学

---

[1] 陈国雄:《不断探索,不断前进——新中国成立以来小学语文课本的编写》,见课程教材研究所:《课程教材研究十年》,人民教育出版社,1993 年,第 83 页。

和语文教材改革的历史上,可以说是一个里程碑"。[1]

综上所述,十二年制学校小学语文课本,重视加强基础知识和基本技能的训练,内容丰富、形式多样,科学性、思想性、系统性较强,有助于学生听、说、读、写能力的培养和提高,对于恢复学校正常的教学秩序、提高教育质量起了重要作用。但随着 1966 年"文化大革命"爆发,这套教材停止了编写和使用。

总体来看,新中国成立十七年的小学语文教材受政治影响较大。新中国成立初期,受苏联经验影响,强调汉语文学分科教学,注重对汉语文学系统知识的学习。1958 年教育大革命后,教材的政治化倾向更为明显,政治思想教育成为语文学科的主要目标。有学者评论:"五六十年代的语文教材过度强调政治思想意义,过分强化语文的文字因素,对语法等汉语知识要求过高。教材中的童话、寓言、故事仅占 10% 左右。"[2]教材内容缺少儿童情趣,教材形式也不够生动活泼,对儿童经验世界和生活世界的疏忽,以及道德说教的空洞等,严重隔绝了儿童文学与小学语文教育之间的沟通与对话。

1966 年爆发了"文化大革命",中小学教材被批判为"封资修大杂烩",持续十年的动乱,使语文教材的改革工作被迫停止下来,小学语文教材的发展遭到了一场空前未有的浩劫,语文科代之以"政治"课,并用"语录"取代语文教材。这十年,是我国小学语文教材发展史上的空白期,这里略之不述。

二、"文革"后的小学语文统编教材(1978—1990)

1. 教育背景

1976 年"文化大革命"结束,此后两年,我国的政治、经济、文化、教育等都处于拨乱反正的复苏时期。1978 年,中共中央召开了十一届三中全会,确定了发展国民经济建设的方针和改革开放的政治路线,由此带来了经济、政治、文化、教育等各项建设事业蓬勃发展,语文教材也和整个教育事业一样,迎来了百花盛开的春天。

教育部于 1978 年 2 月颁布了《全日制十年制学校小学语文教学大纲(试

---

① 李伯棠:《小学语文教材简史》,山东教育出版社,1985 年,第 136 页。
② 方卫平、王昆建主编:《儿童文学教程》,高等教育出版社,2004 年,第 17 页。

行草案)》。该大纲具有鲜明的时代特色,强调了语文学科作为一门基础工具学科的重要性,指出语文的"重要特点是思想政治教育和语文知识教学的辩证统一。"①对教材的选材提出"小学语文课本入选课文的思想内容,应当有助于向学生进行热爱领袖、热爱党、热爱社会主义祖国的教育;进行党的基本路线的教育,工业学大庆、农业学大寨的教育,从小学科学、爱科学、用科学的教育;进行为革命而学习的教育;……"②对小学的教学目的和要求、教材编排的原则和方法、教学内容等作了详细的阐述,并且倡导大力改进小学语文教学,提出要废止注入式,采用启发式;要处理好知识和技能的关系;要正确估计学生的能力;要重视培养学生的自学能力等。

这个大纲得到了众多学者的认同,如李伯棠认为"这个《大纲(试行草案)》的主要特点有二:一是注意能力的培养,二是注意智力的发展。"③顾黄初则认为这部大纲"注意总结新中国成立以来语文教学经验,注意了解国外教学改革的动向,与前几部大纲相比,有了较大的改进。这部教学大纲,是教育事业拨反正,语文教学正本清源的结果。它对端正教学思想,明确教学目的、要求,开展教学研究和教学改革实验等有着重要的指导作用。"④

1979年对这部大纲进行了修订,删去了紧密联系当时政治形势的口号与内容,如"'四人帮'出于篡党夺权的罪恶目的"、"是毛主席的一贯教导"等文字,而更加突出了语文学科自身的特点,修订后的第二版教学大纲于1980年12月印行。

2."文革"后复苏期几部主要的统编小学语文教材

(1)1978年《全日制十年制小学课本(试用本)语文》

1978年《全日制十年制学校小学语文教学大纲(试行草案)》颁布后,人民教育出版社根据新大纲的原则精神,编写了一套十年制学校小学语文通用教材,共十册,1978年出版,当年秋季起在全国小学中试用,1982年秋季改为正式本。这是人教社编写出版的第五套教材。这套教材从内容到形式,都作了重大的改革。其特点如下:

---

① 课程教材研究所编:《20世纪课程标准·教学大纲汇编·语文卷》,人民教育出版社,2001年,第176页。

② 同上书,第176页。

③ 李伯棠:《小学语文教材简史》,山东教育出版社,1985年,第150页。

④ 顾黄初:《中国现代语文百年事典》,上海教育出版社,2001年,第472页。

低年级以识字教学为重点；阅读教材贯彻了文道统一、读写结合的思想，选材以名家名篇为主，既重视语言的规范性，又重视思想性；在阅读教学中把课文分为讲读课文、阅读课文、独立阅读课文三类，以便于教师培养学生的自学能力，体现"教是为了不教"①的教育思想；读写训练创造了"习作例文"和"读写例话"两种新形式，"为语文教学中对学生进行读写训练摸索出了一个系统，用课文的形式固定下来，使培养学生的读写能力有了一定的规范。"②这在我国小学语文教材发展史上是一个创举。

这套教材拨乱反正，修正了"文化大革命"时期各地自编教材中许多谬误的内容，注意基础知识的选择和智力的培养，对于小学教育回归到正常轨道起了重要作用。但是，在当时的历史环境，浓厚的政治色彩和"左"的痕迹仍避免不了，比如，课本中选入了《华主席在太阳升起的地方》、《华主席在战火纷飞的年代》等时文。并且，由于对教育所遭受的重创估计不足，对学生的基础和教师的水平估计过高，这套教材在使用中遇到不少困难，不少教师反映教材内容"深、难、重"。

（2）五年制与六年制小学语文课本

1980 年，为普及小学教育，国家逐步改革学制，"中小学学制，准备逐步改为十二年制。今后一段时间，小学学制可以五年制与六年制并存"③。人民教育出版社于 1981 年编写了一套《五年制小学课本语文》，于 1983 年编写了一套《六年制小学课本（试用本）语文》。这两套教材是在《全日制十年制小学课本（试用本）语文》基础上改编而成，相对而言，减少了教材的内容，调整了课文的难度，放缓了学习的坡度。

这两套教材主要特色在于：从选材内容上，消除了"紧跟形势"的痕迹；从编排体例上，识字教材、各种类型的课文和基础训练，都更加符合小学生学习语文的规律；从装帧设计上，更加科学美观；从教材配套上，出版了一系列辅助教学的材料。总体而言，注意处理好思想教育与语文教学的关系，力求体现语文学科的特点；注意处理知识与能力的关系，发展智力并培养能力。可以说，

①　叶圣陶，《叶圣陶语文教育论集》，教育科学出版社，1980 年，第 741 页。
②　李伯棠：《小学语文教材简史》，山东教育出版社，1985 年，第 155 页。
③　中共中央、国务院《关于普及小学教育若干问题的决定》（1980 年 12 月），转引自《新中国中小学教材建设史 1949—2000 研究丛书小学语文卷》，课程教材研究所编著，人民教育出版社，2010 年 10 月第 1 版，第 159 页。

这两套教材为教师更好地进行语文教学,为学生更有效地学习语文,提供了一个较好的基础。

小学五、六年制通用教材使用过程中经过三次修订,分别是根据 1981 年的《六年制小学教学计划草案》、1986 年的《全日制小学语文教学大纲》和 1988 年的《九年制义务教育全日制小学语文教学大纲(初审稿)》进行的修订。屡经修订的这套教材更加完善,被长期使用的这套教材在语文学科建设史上有着重要的地位,"至 1999 年,才全部过渡到义务教育小学语文教材,是新中国成立以来使用时间最长的小学语文教材。教材较长时间稳定,对于教师积累教学经验,提高教学质量,都非常有利。"①

从儿童文学的角度来审视这一时期的小学语文教材,新中国成立十七年的小学语文教材的"泛政治化"倾向在这一时期有所改变,优秀的中外文学名著重新回归,儿童文学在语文课程中的地位重新得到重视。但总体而言,尽管儿童文学重现教材,但大多数作品仍是带有明显伦理道德倾向,文学性不强,成人化倾向明显。

三、 新时期的小学语文教材(1990—2011)

1. 教育背景

(1) 九年制义务教育法的实行

1985 年公布了《中共中央关于教育体制改革的决定》,提出要有步骤地实行九年义务教育。次年颁布了《中华人民共和国义务教育法》,决定以法律的形式推行义务教育。义务教育法规定:国家实行九年义务教育制度,凡年满六周岁的儿童,不分性别、民族、种族,应当入学接受规定年限的义务教育。根据九年义务教育需要,国家教育委员会制定了《九年制义务教育教材编写规划方案》,于 1988 年 8 月 21 日颁布。规划方案提出:根据我国地域辽阔,人口众多,经济文化发展不平衡的国情,九年制义务教育的教材,必须在统一基本要求、统一审定的前提下,逐步实现教材的多样化,以适应各类地区、各类学校的需要。从 90 年代开始,我国的义务教育全面开始实行。

---

① 叶立群,朱绍禹,庄文中:《国际中小学课程教材比较研究丛书:上篇,分国卷》,人民教育出版社,2001 年,第 430 页。

（2）教材编审制度由"国定制"转向"审定制"

新中国成立后直至 1986 年以前，我国采用"国定制"教材编审制度，由人民教育版社根据小学语文教学大纲编写，全国统一使用。1986 年，国家教委决定改革教材编审制度，确定了中小学教材多样化的编写方针，提倡地方、单位或个人在国家的指导下，依据统一的课程标准或教学大纲编写体系、风格不同的教材，实行教材的编、审分开原则，并于次年成立了全国中小学教材审定委员会和学科审查委员会，负责中小学教学大纲、教材的审查、审定工作。这样，教材编审制由"国定制"变为"审定制"，教材的编写进入"一纲多本"时代。在这样的背景下，小学语文教材的编写和实验工作蓬勃开展，各地区根据需要编写了不同风格的教材。于是，长期以来中、小学语文教材一枝独秀的局面宣告结束，教材进入了百花齐放的时代。

（3）21 世纪新课程改革

世纪之交的世界，科学技术突飞猛进，国力竞争日趋激烈，而国力的强弱越来越取决于劳动者的素质和人才的质量，这对我国的人才培养提出了高要求，进行教育改革，提高人才素质迫在眉睫，中小学的语文教育成为了社会各界广泛关注的热点问题之一。而 1997 年在《北京文学》上刊登的由邹静之、王丽等人所写的一组关于语文教育的文章引发了一场语文教育的大讨论，对中小学语文教学和教材的批判和反思，表现出了全社会对语文教育改革的期盼。在这样的形势下，1999 年，《中共中央、国务院关于深化教育改革，全面推进素质教育的决定》颁布，提出为实施科教兴国战略奠定坚实的人才和知识基础而深化教育改革。第二年 7 月，教育部颁发《基础教育课程改革纲要（试行）》，新一轮的基础教育课程改革开始。

2．新时期小学语文教学大纲的不断完善

1986 年全国中小学教材审定委员会成立，确定了我国中小学教材改革和建设的基本步骤：在对现行课程设置和教学计划及多数课程的主要内容和体系不作大的变动的前提下，对现行教学大纲作修订，制订新的九年义务教育的教学计划和教学大纲，并组织力量编写教材，之后通过几年的改革试验，进一步提高教材质量，编出几套符合我国国情，适应现代化建设需要，并能较好地体现基础教育要求的中小学教材。

1986 年，国家教委颁布《全日制小学语文教学大纲》，这部大纲是 1978 年大纲的进一步完善，调整了结构，适当降低了难度，教学要求更加明确具体、更加符合小学语文教学实际,1987 年 1 月由国家教委正式颁布执行。它既是向实施义务教育过渡的教学大纲,又是新中国成立以来第一部正式的、不附加"草案""试行草案"等字样的教学大纲。它在实施的过程中,确实起到了指导教学、推动教改的作用。

1988 年,全国中小学教材审查委员会审查通过《九年制义务教育全日制小学语文教学大纲(初审稿)》,以此作为各单位编写义务教育小学语文教材的依据。

1992 年,在广泛征求意见后对 1988 年的大纲初审稿进行了较大的修改,审查委员会通过了这个大纲,并给予较高评价。1993 年国家教委颁布了《九年义务教育全日制小学语文教学大纲(试用)》,决定从 1993 年秋季开始在全国实施。这部大纲集中了全国小学语文教育界的智慧,吸收了迄今为止语文教学的成功经验,体现了"大语文"的教学思想,以适应新的课程计划和"一纲多本"的需要,它标志着向素质教育转轨的开始。

2000 年的《九年义务教育全日制小学语文教学大纲(试用修订版)》在教学内容和要求上作了较大的修订,明确小学语文性质"是最重要的交际工具,是人类文化的重要组成部分。""小学语文教学应立足于促进学生的发展,为他们的终身学习、生活和工作奠定基础。"①揭示了语文的工具性和小学语文的基础性,力图体现素质教育对语文教学的要求,有其明确的指导思想,既保留原大纲适用的部分,又注重和基础教育课程改革的思路接轨。

随着世纪之交我国基础教育新一轮的课程改革,2001 年教育部制订并颁布了《全日制义务教育语文课程标准(实验稿)》,成为了我国中小学课程改革与建设的纲领性文件。课程标准是立足于课程目标要求,它不再有具体的教学内容的排列,因此教材可以在如何达成课程目标要求上发挥自己的创造力。把以前的教学大纲改为课程标准,让教材的编写有了更大可以自由发挥的空间。最新的语文课程标准《义务教育语文课程标准(2011 年版)》就是在此基础上修订而成。

3.　新时期小学语文教材的发展概要

(1)　义务教育制初期的小学语文教材

随着教学体制改革和义务教育法的实施及义务教育制教学大纲的颁布,

---

① 课程教材研究所编:《20 世纪课程标准·教学大纲汇编·语文卷》,人民教育出版社,2001 年,第 255 页。

小学语文教材进入"一纲多本"时代,20 世纪 90 年代开始,各地新的课本相继涌现,成为语文教学改革不断深化的重要依托。

这一时期国家教委规划编写的小学语文教教材共有八套,其中依据国家教委颁布的教学大纲编写的有人教版两套(五年制和六年制)、广东省编写的沿海版(六年制)、四川省编写的内地版(六年制)、北师大版五年制小学语文、河北省编写的供复式班教学使用的小学语文,依据地方教学大纲编写的有上海版(五年制)、浙江版(五年制和六年制)。另外,还有多种实验教材,如黑龙江省编写的"注音识字,提前读写"实验教材,广东丁有宽的读写结合实验教材。

这些新教材的特色为:根据学生身心发展的特点编排内容,着眼于学生的全面发展,变知识体系为能力体系,变阅读体系为读写并重体系,变重书面语体系为书面语与口语并重体系,变语言文字型体系为语言思维型体系,积极打造语文教学的科学化体系,体现素质教育的特色。

随着课程改革的不断深入,有越来越多的出版社、专家、教师投入教材的编写工作中,据统计,至 2002 年 9 月,全国经教育部批准的出版新教材的出版社已有 18 家,到 2003 年通过批准的出版社更有 30 多家,全国中小学教材审定委员会已核准编写的小学语文教材多达几十套。

(2)　新课程改革背景下的小学语文教材

为深化教育改革,全面推进素质教育,实施科教兴国的战略方针,我国基础教育新一轮的课程改革在新的世纪拉开了帷幕。随着 2001 年《全日制义务教育语文课程标准(实验稿)》的颁布,不同版本的小学语文教材更是如雨后春笋般涌现出来。据统计,经教育部中小学教材审定委员会审查通过的小学语文教材共有 12 种之多,除教材出版龙头老大人民教育出版社外,还有江苏教育出版社、北京师范大学出版社、语文出版社、中华书局、长春出版社、教育科学出版社、河北教育出版社等多家出版社出版的新课标小学语文教材。其中"人教版"、"苏教版"、"北师大版"三套义务教育课标标准实验教科书是最早进入实验区的,相对来说影响也较大。

这些教材充分体现了《语文课程标准(实验稿)》的精神,反映"以人为本"的教育思想,从学生学习的角度来编制教材,重视对儿童兴趣、意志、情感、审美、习惯等的培养;既注重语文教育传统的继承光大,又重视创造和创新能力培养,体现了时代特色;各类绘图和版式设计也充满审美趣味。与以前教材相比，新课改教材使用儿童文学资源的规模有大幅度提高，儿童文学的艺术表观手法被运用到课文之中，"选择儿童学作品作为课文基础文本已经成为共同的趋势。"①

　　今天，随着教育改革形势的发展，教材建设的方针、政策和体制都在不断地改革和完善，教材的"多样化"政策正在促使着小学教材的建设事业朝着多样化的方向持续发展。小学语文教材发展到今天，虽然百花齐放、各有所长，但还不能说是尽善尽美，尤其在小学语文教材的儿童文学化方面做得还远远不够。虽然小学语文教材中儿童文学作品的数量大幅度提升。但是，数量的提升不意味着状况的绝对改善，在选编入教材的儿童文学作品中，存在的问题还有很多，比如选文的道德训诫作用依然占据相当大的分量，选编进教材的儿童文学作品的质量还有待验证等问题，还有在一线教学的教师的实践讲解操作中，存在着导向的偏差以及学生对作品的误读等问题，这些都是本书关注的要点，将在下面的部分继续进行探讨。

---

① 王泉根、赵静等:《儿童文学与中小学语文教学》，广东教育出版社，2006 年 10 月，第 237—247 页。

第二章　儿童文学在小学语文教材中的现实蕴涵

　　中国的儿童文学从诞生之际就与语文教育有着密切的联系。儿童文学与现代教育的本质是相通的,儿童文学的自由主义精神是建立在现代教育基础之上的,儿童文学的本质特性是符合小学语文教育的,儿童文学本身具有的教育功能与小学语文教育是相符的,面向儿童的教育和面向儿童的文学都是儿童重要的精神生活,儿童文学的原理是可以运用到小学语文教育之中的,正因如此,儿童文学顺理成章地成为小学语文重要的课程资源,小学教材中的儿童文学作品也成为儿童接触儿童文学作品重要的途径和载体。然而,我们也不能否认,教育家的"实用"和文学家的"唯美"纷争使得儿童文学与语文教育互通互融受到某种制约。本章将重点分析儿童文学进入小学语文教育的理论依据,从儿童文学的本质特性出发,探讨儿童文学在教育领域中所具有的内在蕴涵,从课程资源、教育功能和审美价值三个层面对儿童文学进入语文教育领域、儿童文学作品进入小学语文教材从理论上进行研究论证,以期为儿童文学在小学语文教材中的开发和有效利用提供借鉴和参考,为儿童文学作为重要的教育资源对儿童的发展发挥积极影响提供理论基础。

第一节　作为小学语文课程资源的儿童文学

　　儿童文学是主要以儿童为读者对象的文学作品,它伴随着儿童的教育而产生。在我国,儿童文学的产生是随着语文学科的确立而产生发展起来的,可以说,我国的儿童文学从诞生的那天开始就背负着语文教育的使命,作为语文教育的一个课程资源而存在。儿童文学作为一种课程资源有着其他资源不可替代的价值和功能。"随着我国基础教育课程改革力度的不断加大,课程资源的重要性日益呈现出来。没有课程资源的广泛支持,再美好的课程改革设想也很难变成中小学的实际教育成果,因为课程资源的丰富性和适切性程度决定着课程目标的实现范围和实现水平。"①儿童文学作为课程资源进入小学语文教材,是把儿童文学理论转化为教育资源的最直接的方式。在当前教育背景下,全方位探讨儿童文学与课程资源开发之间的关系对儿童文学教育功能探寻具有理论与实践价值。

小学语文的文学教育有很多资源,为什么儿童文学能成为小学语文教育的主体性课程资源? 这首先要从儿童文学的本体特征说起,因为儿童文学作为语文教学主体资源所具备的特别优势正是来自儿童文学自身的性质与特征。

一、儿童文学的本体特征

对于儿童文学的概念的认识,我在绪言里已经做过阐述,这里不再赘述,儿童文学与其他文学相比,其特质具体体现在哪里? 借鉴一些学者研究的儿童文学价值分析体系,可以从中归纳出儿童文学具有以下几个特征。

1. 儿童文学是以儿童为本位的文学。儿童文学从本质上独立于成人之外的文学,是充分考虑到儿童的理解能力和审美需要而创作的文学,是符合儿童天性的、为儿童服务的文学。

以儿童为本位的儿童文学具有感性化特点,因为儿童的世界是一个感性的世界,儿童欣赏文学更偏重直观感受,关注作品中形状、声音、色彩的动态描绘,对新奇的故事情节感兴趣,对人物命运更加关心,也易于情感投入,往往忘了自己是个现实中的人,而与作品中的人物同苦乐共悲喜,一旦被作品中的形象所感染,就会全身心地沉浸于那个虚构的世界之中。而优秀的儿童文学作品都是用儿童的视角去看世界、看生活,都符合儿童的天性,贴近儿童的生活

① 钟启泉等编:《为了中华民族的复兴为了每位学生的发展——〈基础教育课程改革纲要(试行)〉解读》,华东师范大学出版社,2001 年,第 402 页。

和心理,能让儿童从中看到与自己相联系的生活画面,从而有所乐、有所感。

以儿童为本位的儿童文学也是幽默的文学,是快乐的文学。快乐是儿童的天性,一个幽默滑稽,充满童趣的故事能使儿童发笑,使儿童爱看,而且能使儿童在快乐的欣赏过程中受到启发。如果一篇作品能够让儿童捧腹大笑、爱不释手、废寝忘食,那么这篇作品带给儿童的乐趣将是无穷的,孩子在这样的故事里受到的启发也会让他们终身受益。

以儿童为本位的儿童文学作品所反映的是儿童的现实生活和想象世界,表达儿童的情感和愿望,具有儿童能够接受的、乐于体验的审美情趣,对儿童有着天然的产和力和吸引力,是其他品种的读物所无法比拟的。

2. 儿童文学是特别重视语言艺术的文学。

语言是作家创作、读者阅读的媒介。在文学中,语言是第一要素。"语言是构成文学的材料,文学中鲜活的人物形象、生动的故事情节、深刻的思想情感、艺术风格和个性,都要通过语言呈现和表达。"①语言中包含着作家丰富而独特的语言经验。

儿童文学和成人文学一样,都是语言的艺术。儿童文学以儿童为主要读者对象,对语言有着更高的要求。浅显、易懂、幽默、风趣的语言是儿童文学作品的主要特色。对于儿童来说,受知识水平、生活阅历的限制,他们对语言的理解能力有限,所以儿童文学的语言的表述方式首要的就是要浅显明白,必须是儿童能够听懂并乐于接受的语言。优秀的儿童文学作品往往以简单浅显的语言明确地表达出深刻的思想内涵,这其实是对儿童文学作家语言能力的一种考验。俄罗斯著名作家列夫·托尔斯泰有不少作品是专门为乡村儿童写的,为了让故事字字句句都做到"精彩、简洁、淳朴,最主要的是明确",他花了大量的功夫在语言上,并且向民间文学学习语言,努力让自己的故事语言"明确、清晰、美丽和温和"②。他在《论大众读物的语言》一文里论述了儿童文学的语言要求:"一,语言要易懂大众化,不有意滥用方言词语。二,内容要通俗不抽象。三,不要一味追求教训人,而要寓教于趣味的形式之中。"③他认为儿童文学作家应当有比为成人写作的作家更多的语言"分寸感",才能写出为儿

---

① 王泉根主编:《儿童文学教程》,首都师范大学出版社,2008年1月,第41页。
② 韦苇编著:《世界儿童文学史概述》,浙江少年儿童出版社,1986年,第159页。
③ 李声权:《列夫·托尔斯泰论儿童文学的语言》,《世界文化》1992年第04期。

童喜爱的作品,事实上他也正是这样做的。

实际上,优秀的儿童文学作品的语言都具有生动形象、浅显易懂、简明规范、鲜明生动相结合的共性。从世界范围看,各个国家的优秀的儿童文学作品,除了这些语言共性外,还具有本民族语言特有的个性,并且都符合儿童的审美趣味,具有较高的艺术品质,是儿童学习语言最理想的范本。

小学语文教学是母语教学,发展学生的语言是主要目的之一。小学阶段的语言学习应该注重语感和整体把握能力的培养,这就需要让学生接触大量的语言材料,通过具体的语言学习活动,掌握运用本民族语言的能力。儿童文学作品的语言不仅在总体上较之一般的语言材料,更形象、更生动,更能够激发学生学习语文的热情和主动性,并且,不同阶段的儿童文学有不同的语言特色,更具年龄针对性。大量的调查证实,小学阶段语文素养较高的学生,都有阅读儿童文学的经验。

3. 儿童文学蕴藏丰富知识,对儿童有着启蒙作用。

童年是一个充满着各种愿望、具有强烈求知欲的时期,儿童对世界上存在的一切事物充满了好奇,脑子里有着数不清的"为什么",而且总想弄明白,他们天生具有的钻研精神,他们对某些事物的执着钻研有时会令我们大人也为之惊叹。

儿童文学作为一种能形象地反映生活的艺术,它的内容涵盖了各种各样的社会文化内容,蕴含了丰富的生活知识、自然知识和科学知识,特别是对于儿童来说,儿童文学中所蕴含的这些知识能够引导儿童初步认识自然,认识社会和自我,也可以帮助他们丰富情感,发展他们的语言能力、思维能力和想象能力,对儿童的健康成长具有重要的启蒙作用。

4. 儿童文学是传递人类价值的文学。

各国的儿童文学当然也具有意识形态性,有着自己明确的美学原则,但同时也反映一些共同的国际主题,如亲近自然、保护环境、热爱和平、国际理解、种族和解。在社会道德价值上,儿童文学中传达的也多是人类共同的基本美德,如诚信、勇敢、合作等。法国史学家波尔·阿扎尔曾说:"儿童们阅读安徒生的美丽童话,并不只是度过愉快的时光,他们也从中自觉到做人的准则,以及作为人必须承担的重担责任。"[①]日本社会活动家池田大作说,童话往往成

---

① 波尔·阿扎尔:《书·儿童·成人》,转引自朱自强《儿童文学的本质》,少年儿童文学出版社,1997年版,第48页。

为构建人性基础的重要方式，"如果幼年时期受过同一童话的熏陶，那么，在人格最根本的基础部分，仍保持着共同的成分。"①希腊儿童文学作家洛蒂·皮特罗维茨在 1986 年日本国际儿童读物协会上的发言中也强调，儿童文学是一座桥梁，是沟通儿童与现实、儿童与历史、儿童与未来、儿童与成年人、儿童与儿童之间的精神桥梁，在这个"桥梁"的概念中，丰富地包括了理解、抚慰、拯救、引导等不同的功能。儿童文学所表现的这些主题，传递给儿童的是人类共有的基本价值观。由于儿童文学向儿童传达的多是人类社会的基本美德、共同理想，不会受到意识形态的专制影响，不同国家、不同民族、不同宗教信仰背景的儿童文学在传播、交流方面享有更为广泛的自由，儿童文学这一资源也因此更为丰富，应用上更为便利，可以很大程度上满足语文教学的需要。《语文课程标准》中提出语文课程是工具性与人文性的统一，儿童文学在人文性上有着不可取代的作用，它在陶冶性情、增进美感，对儿童情感、态度、价值观产生潜移默化的影响方面具有十分明显的优势。

正因为儿童文学的这些本体特征，因此，它成为小学语文教育的一个重要的课程资源，引发我们在小学语文课程改革中教育目标的设定、教材的编写、教学的策略等等一系列的变革和思考。

二、 儿童文学的课程价值

儿童本位的立场使作为基础学科的小学语文与儿童文学之间有着各个层面的共同性。在儿童文学和小学语文之间，存在目标、原则、理念、方法的全面契合。近年来，当代儿童文学界不少专家致力于倡导小学语文教育的儿童文学化，小学语文教材也确实在向着儿童文学化的方向迈进。朱自强认为，儿童文学与小学语文教育的契合点有两个：在内容上，要选用足够数量和质量的儿童文学作品作为小学语文教材的主体，在教学方法上，儿童文学教学法要成为小学语文教学法中最重要的方法。儿童文学研究者王林博士认为儿童文学对语文教育的课程价值除了以上两个方面外，还有一点——儿童文学的理念可以作为小学语文教学的指导思想。

---

① ［日］池田大作、［德］狄尔鲍拉夫：《走向 21 世纪的人与哲学——寻求新的人性》，北京大学出版社，1992 年版，第 280 页。

1. 把儿童文学作品作为小学语文教材的主要内容

儿童文学的本质特性决定了它是有利于儿童成长的文学,因此它在小学语文教育中具有重要意义,是小学语文教学中进行美感教育、道德教育、人文素质教育的资源,语文课的人文性和工具性在儿童文学的阅读中可望得到实现,因此,历来的教科书都将儿童文学作品引入教材,作为语文教学的主要内容。

自近代语文学科独立存在以来,儿童文学作品就在小学语文教材中占有越来越重要的位置。儿童文学作品可以作为小学语文教材的主体课程资源这一点,从中国儿童文学发展初始阶段就已得到有识之士的认同,"儿童文学化"曾一度在民国时期的小学语文教材中得到了充分体现,儿童文学作品成为当时小学国语教材的主流。"民十左右,……儿童文学的高潮就大涨起来。所谓新学制的小学国语课程,就把'儿童的文学'做了中心,各书坊的国语教科书,例如商务的《新学制》,中华的《新教材》、《新教育》,世界的《新学制》……就也拿儿童文学做标榜,采了童话、寓言、笑话、自然故事、生活故事、传说历史故事、儿歌民歌等等。"①最有代表性的教材便是1932年开明书店出版的由身兼语文教育家和儿童文学家的叶圣陶编写的《开明小学国语课本》(共八册),这套教材当时在教育界引起了轰动,深受学生喜爱,产生了深远的影响。现在来看民国时期教育家的儿童文学理念,对当今语文教育依然是有深远意义的。

新课改以来,小学语文教材中的儿童文学更是占有绝对的比重,教育部颁发的新的语文课程标准,对语文教材和课外阅读中的儿童文学的内容和含量都有比较明确的规定。如,在1、2年级的低年级学段,"阅读浅近的童话、寓言、故事"以及"诵读儿歌、童谣和浅近的古诗"被明确指定为学生的阅读文类。另外,在"关于课外读物的建议"部分,也有多项内容涉及儿童文学作品。进入小学语文教材的儿童文学作品的数量,和以前相比,的确增加得非常多。低年级语文课文的主体显然已经以儿童文学作品为主体了。据不完全统计,在小学语文教材中,课文中不同体裁的儿童文学作品占了绝大多数,如果把古诗文也算入在内,可以说小学语文教材的内容基本上都是儿童文学作品。以人教版小学语文教材为例,一年级上册有课文20篇,除两首古诗文外,其余18篇

---

① 吴研因:《清末以来我国小学教科书概观》,见:吴研因等编著《小学教科书评论》,1936年版,第170页。

都是儿童文学作品;二年级上册有课文34篇,其中有27篇是儿童文学作品,除少数几篇记叙文外,其余超过80%的都可归入儿童文学作品中。而这还不包括拼音部分和选读课文以及语文园地中的儿童诗歌和阅读短文。可以说,儿童文学已成为小学生阅读的主要内容。儿童文学作品作为语文教育的重要教材资源,正在越来越多地进入我们的教材和课堂。儿童文学在当代语文教育中,正在扮演越来越重要的角色。

2. 把儿童文学的教学方法作为小学语文教学的主要方式

儿童文学作品作为小学语文的主体课程资源,如果在教学上不采用一些策略和方法,很难发挥这类课文的文学审美功能。而最适合的教学方法莫过于儿童文学的教学方法。那么什么是儿童文学的教学方法呢?用朱自强先生的话说,"就是人文性、整体性、趣味性、感性化、意义生成这五个要素有机融合为一体进行语文教学的方法。"①

以儿童诗《春天》的教学为例:

　　　　春天对冰雪说了什么?
　　　　冰雪那么听话都化了。
　　　　春天对小草说了什么?
　　　　小草那么听话都绿了。
　　　　春天对花儿说了什么?
　　　　花儿那么听话都开了。

这是一首抒情诗,朴素而优美,如果有老师上这首诗的课时这样问学生:冰雪真是听了春天的话才融化的吗?冰雪究竟是什么原因而融化的呢?这就把诗歌当成科学知识来讲授了,这是以成人的思维理解儿童诗的内容,用知识、理性的概念来取代文学的情感和想象的过程。这样的解读,破坏了儿童诗特有的情趣,抹杀了儿童世界特有的真实。如果把这首诗逐句拆开解读,也纯属浪费时间,低估了学生的学习能力,压抑了学生的学习热情。因为这首儿童诗明白如话、语言浅显易懂,逐句分析解读既无助于理解,同时也破坏了诗歌的整体美感。"文学作品它是一个浑然的整体,它整个的血脉、骨骼都是不可

────────────

① 朱自强:《朱自强小学语文教育与儿童教育讲演录》,长春出版社,2009年版,第14页。

分割地交融在一起，你不能把它肢解开来，譬如说肢解开来孤立地教字、词或者教句子。"①这首诗表现的是，当春天来临的时候，大自然的万物都渴望生命的复苏，渴望生命的发展，然后开始互相呼应的时候，那样非常和谐的生机勃勃的状态。教这样的一首诗，教师应将重点放在诗歌情境的想象、诗歌情感的体会上。比如通过有感情地朗读，引领学生自己去体会渗透在诗歌中的意境与情感。因为我们知道，声音在表达语言的意义，尤其是诗歌方面效果最为显著。对于韵律写得很美的诗歌，如果老师能以优美的朗诵相配合，就能够把诗歌的意义很好地传达出来，所达到的语文教学效果，往往高于讲解和分析。而语文老师个人的情感的投入，在很大程度上也会带领学生投入到情感的体验之中。这样的儿童文学的教学方式，它包含了人文性、整体性、趣味性、感性化、意义生成这五个要素，并且有机地融为一体，所取得的教学效果与教孩子们纯理性的知识相比，效果一定好得多，它所留给孩子的情感的体验以及背后蕴涵的丰富的东西会进入到孩子的内心深处。

在遇到儿童文学课文时，我们可以根据不同的儿童文学文体设计教学重点，例如儿童诗重点是感受节奏感、音韵美、意象以及诗人的情感；童话重点是体会幻想的乐趣、故事的奇妙、童话人物的性格，等等。

作为儿童文学博士同时又是语文教育研究者的王林认为，儿童文学教学方法的基本策略有多种，归纳起来就是要把握好以下一些方面：文本的完整性很重要，分析性阅读不一定适应于所有的文本，要保持阅读过程的新鲜感和完整性；要引导学生将阅读过程处理为探索和发现的过程，注意调动学生的阅读期待，鼓励猜测、想象和假定，鼓励学生提问题，而不是问问题和等待特定的答案；要给学生提供更多可选择的阅读文本，引导学生自己欣赏课文，避免课堂教学过分干扰学生的欣赏乐趣，但是在关键处要点拨学生；关注学生的阅读习惯与阅读效率，与学生分享自己个人的阅读体验等等。

语文课程在教学原则上要以人为本，重视学生的独特体验。而长期以来，我们的语文教学在总体上存在着重"教"轻"学"、重认知轻情感、重理性轻感性、重分析轻综合的倾向，缺少学生个体的自我体验，缺少对学生自我体验和独特见解的尊重。儿童文学的教学方式，正是弥补了这方面的不足，反映了新课改以来的"以人的发展为本位"的课程观，体现了语文课程的人文性。

---

① 朱自强：《朱自强小学语文教育与儿童教育讲演录》，长春出版社，2009 年版，第 15 页。

3. 把儿童文学理念作为小学语文教学的指导思想

儿童文学是现代社会的产物,在浩瀚的历史长河中属于一门非常年轻的学科,在西方有三百多年的历史,在中国仅存在百年。然而综观中外的儿童文学史,都有一个由"教育论"到"童心论"的转变过程,即儿童文学由早期的道德训诫工具逐步转向后期的尊重儿童的独特文化。儿童文学理念的转向对小学语文教学至少有如下启示:

第一,语文教育中要理解儿童,尊重儿童。小学阶段的学生都是儿童,他们是有着独特的思维方式、价值观和情感体验方式的群体。儿童独特的精神世界,在优秀的儿童文学作品中能充分得以展现,这在国外的儿童文学作品中举不胜举。例如林格伦的很多作品就是充分展现儿童的顽皮、狂野、想象力丰富的特点,如《淘气包埃米尔》、《疯丫头马迪根》、《淘气村的孩子们》等,最著名的莫过于《长袜子皮皮》和《小飞人卡尔松》了,而这本书在出版之初曾在瑞典教育界引起一片哗然,认为这是作家在"教唆"儿童干坏事,但是令人想不到的是,这两部作品由于展现了儿童"狂野的想象力"而受到儿童热烈的喜爱。儿童文学历史中有这样一种有趣现象:有些并非专门为儿童写的作品却深受儿童喜爱,外国的有《格列佛游记》、《汤姆索亚历险记》;中国的有《西游记》、《水浒传》、《镜花缘》等,而大量专门为儿童写的冠以"儿童文学"之名的作品却无法进入儿童的阅读视野。这一事实可以反映出,儿童有他自己的审美标准和阅读视野。当然,语文教学不可能也不应该完全顺应学生的阅读要求,但给予充分的尊重则是必要的。在语文教学中,教师也可以从儿童观所经历的被"遮蔽"的儿童——被"发现"的儿童——被"尊重"的儿童这样几个阶段的变化中,重新审视自己的学生观,要学会尊重学生,理解学生,要站在学生的位置考虑问题,及时调整自己的教学策略。例如,在阅读教学中要尊重学生对课文的独特感受和理解,在习作教学中要鼓励学生表达出对事物的真实感受和不同见解。

第二,语文教育中要把知识内化到生命之中,激发儿童自身对知识的渴求。中国自古以来就认为,"师者,传道授业解惑也"[①],教师是传授知识的,知识是用以为衣锦荣华的人生之旅铺平道路的,是不关乎生命本身的。这其实是一种旁观者的知识观,而我们则历来秉承着这样一种旁观者的知识立场,把

---

① 见韩愈《师说》。

知识当作是一种独立存在的先验主体或逻辑主体的东西,在这样的理性主义的知识观下,是不可能认识到儿童生命本身所具有的求知本能,语文教学往往就无视学生的主观能动性,无视学生的实际。例如,有的教师在课文教学时,喜欢努力挖掘课文的思想内涵、努力补充帮助理解课文的知识材料,这既是违背了语文教育的特点,也违背了儿童阅读的特点。这样的认识给语文教育带来的负面影响也是显而易见的,教师会以布道者自居,成为讲台上的老大甚而暴君,老师与学生成了两个对立的阵营,这样的语文课是无法让学生喜欢的。我们只有意识到知识是内在于生命的,生命中内在地存在着求知的欲望,我们才能关注到学生个体生命地需求,才能充分激发起学生主动学习的动力。比如,教师可以让学生自己选择阅读、查找资料、交流讨论,并引导他们力所能及地展开批评与建议,教师所要做的就是加以适当地引导、点拨,这样的教学方式比教师单纯地讲解更能让学生感受到学习的乐趣,学生在这样的过程中不断地开拓着自身能力,磨砺出良好的心态及较高的综合素质,而这,对学生的影响是深远的。

第三,语文教育中要重视人文精神培养。儿童文学对儿童精神世界的影响是深广而久远的,童年时代所留下的印迹将会影响一个人一生。因此,语文教育中尤其要重视对学生人文精神的培养,要充分发挥儿童文学的人文功能,在教学中从做人的观念上、从生命的基本伦理追求上,从为人处世的人生气度上给以他们影响。但是,我们也必须清楚,发挥儿童文学的人文功能,不能靠道德教化和思想提纯,那样做只能适得其反,因为儿童文学是富于感性化表现的文学,它与儿童感性化的心理特点是相适应的。要发挥儿童文学的人文性功能,只有通过审美的途径来达成。比如,在教学中老师要帮助学生"打开"心灵,可以以故事的形式讲解文章作者的人生追求与其作品之间的内在联系,讲讲不同时代的诗人、作家以及他们的作品对社会构成的深远影响。也可以从细节上挖掘,发挥儿童对情节的想象能力,让学生感受其中内蕴的人性人情人心,从而感受人性的高贵的一面。这种以人生故事、细节体验的形式能充分带动学生去理解进而接受那些看起来复杂深奥的道理,渗透着一种强烈的人文关怀,对儿童精神的塑造和影响是巨大的,在感受和感悟中丰富情感,奠定人性的基础。

小学语文教育所面对的问题,很多都和儿童文学界思考的问题相"重叠",这是因为这两个学科面对的群体都是儿童,它们的根本任务归根到底都是为了儿童的成长。优秀的儿童文学作家通常也是儿童心理学家、儿童教育家,他们对儿童行为的观察、对儿童形象的塑造、对儿童心理的刻画,往往比其他人来的更深刻、全面。对小学语文教育来说,文学主体应该是儿童文学。优秀的儿童文学对培养孩子的阅读品质、提升语文教学的质量和保持人类丰富敏感的心灵非常重要。"对小学语文教育来说,无论是作为资源,或是作为一种教育教学的方法,儿童文学都具有主体性的意义和价值。儿童文学应该是主体性的存在,不是实现语文教学效果的一种手段,它本身就应该成为一种目的。"[①]

三、　儿童文学进入语文课程的现实必要性

语文是人类最重要的交际工具,也是人类文化的重要组成部分。小学语文教育是儿童语文素养形成和发展的一个重要阶段,也是儿童学好其他课程的基础,是儿童全面发展和终生发展的基础。小学语文课的多重功能和奠基作用,决定了它在教育学上的重要地位。而儿童文学又因其个性品质天然属于儿童这一特性,决定它在小学语文教育中扮演着一个极其重要的角色。

1.　小学语文课程改革的需要

新的课程改革从全面提高学生语文素养的理念出发,加强了"情感态度与价值观"这一重要维度。培养学生高尚的道德情操和健康的审美情趣,使他们逐步形成正确的价值观和积极的人生态度,形成良好的个性和健全的人格,促进德、智、体、美的和谐发展,将成为语文课程的重要内容。在新课程改革的指导思想下,小学语文对儿童文学的需求被放在一个显要的位置上。

在教育部新制订的《全日制义务教育语文课程标准》中,在阶段目标中强调要让学生"喜欢阅读,感受阅读的乐趣",要让学生"阅读浅近的童话、寓言、故事","诵读儿歌、童谣和浅近的古诗",随着年级上升,"阅读叙事性作品,了解事件梗概,简单描述自己印象最深刻的场景、人物、细节,说出自己的喜欢、憎恶、崇敬、向往、同情等感受","阅读诗歌,大体把握诗意,想象诗歌描叙的情景,体会诗人的情感。受到优秀作品的感染和激励,向往和追求美好的理想",逐步做到"能够区分写实作品与虚构作品,了解诗歌、散文、小说、戏剧等文学

---

① 朱自强,《朱自强小学语文教育与儿童教育讲演录》,长春出版社,2009 年版,第 3 页。

样式"。"欣赏文学作品,能有自己的情感体验,初步领悟作品的内涵,从中获得对自然、社会、人生的有益启示。对作品的思想感情倾向,能联系文化背景作出自己的评价;对作品中感人的情境和形象,能说出自己的体验;品味作品中富于表现力的语言"。① 儿童文学在教材中扮演了一个主要的角色。同时,从语文课程标准对写作教学的要求看,从"在习作中尝试运用自己平时积累的语言材料"开始,到要求"多角度地观察生活,发现生活的丰富多彩,捕捉事物的特征,力求有创意地表达"。这充分说明阅读是写作的基础。优秀的儿童文学作品都是作家长期观察体验生活,用语言经过精心刻画塑造出来的艺术形象,特别值得孩子们好好地学习。多读些好作品,对学生作文的影响是不言而喻的。因此,儿童文学是小学语文课中作文教学的好助手。小学语文教育不能忽视课外读物的阅读指导。在课外阅读活动中,儿童文学读物无疑也是第一位。

"教学内容"是基础教育课程改革中的一项重要内容。儿童文学作为儿童成长过程中的一项重要内容,不仅是开启儿童心智的一把金钥匙,也是小学语文教育中十分重要的一个组成部分。小学语文课程改革需要儿童文学的有力支撑。

2. 小学语文教学现状的需要

儿童对文学的需要是一种天性,它伴随着儿童成长。然而,很多具体事实说明,由于缺少儿童文学的资源或没有采用儿童文学的教学方法,当今的小学的语文教育还是存在不少问题。

一方面,小学语文教材对儿童文学的资源的利用仍有相当大的局限性和不完整。首先表现在教材中某些文体的缺失。如幻想文学的缺失把培养孩子想象力、创造力的大好资源给丢失了。再如幽默文学的缺失,使我们的小学语文教材的面孔太过严肃,使语文教育失去了一种可贵的精神品质。再如动物文学的缺失,使我们失去了人与自然、与动物和谐相处并推及人自身存在的深层思考。其次表现在进入教材的儿童文学作品的质量不高上。进入教材的儿童文学作品很多都是似是而非的儿童文学,或者是经过严重删改的名著,被称之为"教材体",而不是真正的儿童文学,很多真正优秀的儿童文学还没有成为小学语文教材的主体性的资源。这显示了我们的教材低估了孩子们的精神世

---

① 中华人民共和国教育部制定《义务教育语文课程标准》2011 年版。

界的丰富性和他们敏锐的感受能力。第三表现在进入教材的真正优秀的儿童文学数量不够上。如果我们去除那些"教材体"的"伪"儿童文学作品，那么，真正的儿童文学作家的作品进入教材的数量是不够的，与美国、日本等发达国家相比，我们差得太多。

另一方面，小学语文的教学方法上还存在欠缺。作为不同的艺术形式，有不同的艺术表现以及艺术特征和功能。所以教儿童文学作品，和教一般的成人文学作品，教授方法是不一样的，需要用儿童文学的方法。儿童文学的方法前面说到过，即"人文性、整体性、趣味性、感性化、意义生成这五个要素有机融合为一体"[1]的教学方法，最主要的就是趣味性、感性化、人文性。儿童文学的趣味性是超出成人文学之上的，常常是引向幽默、情趣和欢乐的。而传统的语文课堂往往重知识重理性，在趣味性这方面强调得不够。感性化的教学则是小学语文教学中的核心，因为小学儿童语文学习能力的特征是长于感受和感悟。对事物直觉的感受是儿童的特长，这个时候的语文教学如果用感性化的方法，利用情景再现、想像、比较、表演等方法，加深体验、提升情感，则可能会帮助孩子们提高阅读的能力。而我们的教学实践中，总体上存在着重"教"轻"学"、重认知轻情感、重理性轻感性的倾向，以传统的教学方式为主，在感性化教学上做得很不够。

在小学语文教学中，无论是阅读教学、写作教学或是口语交际、综合性学习，儿童文学都是个重要角色，而现状却不尽如人意。如果在课程领域的研究中能够主动借鉴儿童文学研究领域的一些成果，能够把儿童文学视为一个重要的课程资源，无疑会对中小学语文教育的改革，尤其是文学课程的改革提供一些帮助，将会引发我们对中小学语文课程文学教育目标模式、课程组织形式、教材设计、教学策略等一系列问题的重新思考。基于以上这些情况，在小学语文教育中，迫切需要儿童文学作为课程资源。

从对儿童文学的特质与课程价值的分析中，我们可以看到，儿童文学对儿童语言能力的培养、阅读习惯的养成、写作及对语文学科兴趣的激发方面都有着相当大的影响力。如果没有儿童文学，也就不存在完整和有效的小学语文教育，因此，小学语文需要儿童文学，不仅教学内容需要儿童文学作品，教学方法上也需要儿童文学的方法，教学指导思想上更需要儿童文学的观念。而儿

---

① 朱自强：《朱自强小学语文教育与儿童教育讲演录》，长春出版社，2009年版，第14页。

童文学需要参与小学语文教育领域的建设,这是儿童文学当仁不让的责任所在。

第二节　儿童文学在小学语文教材中的教育功能

　　在漫长的教育实践中,人们很早就发现儿童文学是行之有效的教育手段。儿童文学的产生就是以教育为目的的开始的,凡属某国家某民族某地区儿童文学的发韧之作,大多因服从教育目的的需要而产生。如古代印度童话寓言故事集《五卷书》最早声称是为少年儿童创写的故事,古希腊奴隶主也常把《伊索寓言》当作教育自己孩子的教材。在西方儿童文学发展之初人们普遍认为"对儿童进行一定的教育和培训的文学就是儿童文学",儿童文学的教育价值在19世纪之前被提高到一个很高的地位。随着儿童观的变化发展,对儿童的教育的认识也在不断发生着变化,然而儿童文学所具有的教育功能是无法否认的。"一部好的儿童文学作品,各个不同的孩子读了,可以从各个不同的角度去得益。"①洪汛涛先生对于儿童文学的这个评价,实在是对儿童文学教育功能的最好表述。严既澄先生在《儿童文学在儿童教育上之价值》一文中也曾经说过,"人生在小学的时期内,他的内部生命对于现世,都没有什么重要的要求,只有儿童文学,是这个时期最不可或缺的精神上的食粮。因此,我以为真正的儿童教育,应当首先注重儿童文学。"②严既澄先生充分肯定了儿童文学在儿童教育中的重要地位,并积极呼吁要在学校的教育中给予儿童文学以必要的重视。我们可以看到,无论是儿童文学作家还是语文教育研究者,无不认可儿童文学对于儿童的教育作用,而在世界各国的小学语文课本中,我们也可以看到各国教材大都采用了优秀的儿童文学作品作为教材重要的组成部分。这些情况,都足以说明在教育实践中,儿童对儿童文学的需要和兴趣,也说明

---

① 洪汛涛:《儿童·文学·作家》,河南人民出版社,1982年,第8页。
② 严既澄:《儿童文学在儿童教育上之价值》,见王泉根:《中国现代儿童文学文论选》,广西人民出版社,1989年,第47页。

了在学校教育过程中,儿童文学对儿童的教育作用。

一、 对儿童文学教育功能的界定

众所周知,儿童处于其接受教育的重要阶段,因此儿童文学在具备文学性的同时,也难以避免地具备了必要的教育功能。在我们探讨儿童文学的教育功能前,需要对教育功能的概念进行必要的界定。我们这里说的教育功能,指的是儿童文学作品中的外在属性,换而言之,指的是如何从教育的角度研究儿童文学,如何让一个作品在对儿童的实际教育中发挥作用。这种教育功能,从某种意义上讲,是对儿童文学教育功能的研究与开发的结果。现有的教育理论与教育实践,都已经证明了儿童文学不仅有助于儿童学习语言与培养审美能力,而且在提升儿童的价值观甚至在对儿童进行心理治疗等方面都有着重要的辅助作用。在这里,我们要注意教育功能与教育价值在内涵上的差异。一般认为,教育价值指的是儿童文学作品的内在属性。换而言之,正如日本学者上笙一郎所说的,教育价值"是一个作品是否提供了具有教育一样的内容,这种内容往往具有比较明确的目的和功利色彩,往往可以表述为一个作品'想通过……达到……'或是'通过……可以达到……'的形式。在以往的争论中,与它相对的一个概念是作品具有非功利色彩的'审美价值'。一个需要注意的现象是,'教育价值'这个概念在以往儿童文学研究领域的使用中有时也被泛化,比如有人就认为只要一个作品能够激发儿童想象力、或是能够愉悦儿童,都可视为它具有的教育价值,从这个概念出发,可以说所有的儿童文学作品都有'教育价值',但问题是这同时也模糊了'教育价值'与'审美价值'的界限。"①区别教育功能与教育价值的不同内涵,对我们更好地探讨儿童文学教育功能是有帮助的。

对于小学教育而言,其教育最重要的目标就是要实现学生在德、智、体、美诸方面的全面发展和学生的个性发展。正如《联合国儿童权利公约》所认为的,教育的根本目标就在于培养人,而培养人就是"要最充分地发展儿童的个性、天赋、智能和体能"。而在小学的语文教育中,儿童文学在思想教育、审美教育、知识能力培养方面都具有得天独厚的优势,这对于语文教育实现德育、

---

① 王泉根、赵静等:《儿童文学与中小学语文教学》,广东教育出版社,2006 年,第 35—36 页。

智育、美育的教育功能是相一致的。正由于儿童文学对于儿童最主要的目的和意义是陪伴和促进儿童的精神成长，因此我们可以看到，在"最充分地发展儿童的个性、才智和身心能力"的教育目的上，儿童文学与儿童教育是具有一致性的。

我们应该认识到，作为小学语文教育重要的课程资源，儿童文学有着不可替代的价值和功能。尽管对于儿童文学的功能，学术界还有着不同的认知，但儿童文学具有娱乐、审美、教育、认知这四大功能则是得到普遍认同的，这也成为我们认知儿童文学功能的基础。部分学者在此基础上对儿童文学的功能进行了细化，如北京师范大学王泉根教授提出了儿童文学八大方面的十六种功能，而日本儿童文学研究学者上笙一郎则将儿童文学的功能具化为"加深对自然、社会与人的认识；培养人道主义精神；养成批判的精神，思考人生的道路；丰富想象力和幻想力；提高对美的感受性；消除内心的不安，培养机智和幽默感；培养民族性的思维方法和对事物的感受能力；锻炼对语言的感觉，提高表现力"[1]等八条。事实上，无论如何分类，儿童文学所具有的基本功能都可归入认知、教育、审美、娱乐等四大功能之中。这里的儿童文学的四大功能之——教育功能，是狭义的教育功能，仅指思想品德方面的教育。而本章所要论述的儿童文学的教育功能是指广义的，是指儿童文学的一种内在属性在小学语文教育中的外在作用和表现，它不仅包括思想品格教育的功能，也包括认识、思维、情感、审美、娱乐等诸多功能。

二、儿童文学教育功能在小学语文教材中的体现

1. 思想与品格教育

所谓道德品质是社会行为道德规范在个体上的体现，是个体行为所表现出来的、符合社会道德要求的心理特征。在我国的《全日制义务教育语文课程标准》中，明确要求"在语文学习过程中，培养爱国主义、集体主义、社会主义思想道德和健康的审美情趣，发展个性，培养创新精神和合作精神，逐步形成积极的人生态度和正确的世界观、价值观"[2]。由此可见，在我们的语文教学中，

---

① 李玉鸽：《论儿童文学对素质教育独特功能价值的实现》，《文学教育》，2007年第4期。
② 中华人民共和国教育部制定《义务教育语文课程标准》2011年版。

德育是语文教学的重要内容,对儿童道德品质的培养是语文教学中占有重要的地位。在这种情况下,儿童文学作品作为小学语文教材中的重要组成部分,自然也要承担起对儿童的思想教育和道德品质培养的任务。而儿童文学发挥教育作用的优势在于,可以使儿童在阅读和欣赏儿童文学作品的过程中,在思想品德和爱国情感等方向受到潜移默化地教育和影响,在儿童人生观和价值观形成的过程中发挥重要作用,有着重要价值。

首先,儿童文学有助于培养儿童树立正确的道德观和积极的人生观。

柏拉图在《理想国》曾说:“开一个好头对于做任何事情都是最重要的,尤其是那些处于年轻和稚嫩阶段的事物:因为这时正是个性形成的时候,此时留下的印象也最深刻……年轻人成长时首次听到的故事应该是美德的典范。”[1]儿童的成长过程正是由稚嫩走向成熟的阶段,正是从一个自然人逐步“成为一个有道德的人,能遵守社会规定的道德规范和行为准则的人”[2]的阶段。我们知道,高尚的品德是个体在社会中立足的根本,而道德观和人生观是个体在后天生活中逐步形成和发展起来的,儿童正是道德观、人生观形成的重要阶段,向儿童传递人类社会共同拥有的最基本的道德准则和行为规范,在儿童心中种下真善美的种子对于儿童养成正确的道德观和积极的人生观具有重要的意义。在儿童文学中,我们可以看到对于人类基本美德的颂扬,诸如诚信、勇敢、友爱、尊重、宽容、合作等优秀品德在儿童文学中有着充分的展现,正确、积极的价值观、人生观、道德观、审美观更是儿童文学中的主旋律。小学语文教材中的儿童文学作品,包含着大量有关人类美德和正确、积极的价值观、人生观等方面的典型范例,当儿童在阅读这些儿童文学作品时,当他们为作品中的文学形象所吸引时,他们会在潜移默化之中体验各种道德情感,“这些形象的例子可以使孩子们获得对错的道德判断,提高他们的道德感。”[3]可以想见,儿童文学作品所隐含的道德认识、道德情感和道德判断会对儿童的伦理道德观念和行为产生重要的影响,将有助于儿童树立正确的道德观和积极的人生观。

其次,儿童文学有助于塑造儿童健全人格。

所谓人格是指人类心理特征的统一体,包含着诸如思想、品德和情感等,

① 见柏拉图《理想国》。
② 刘金花主编:《儿童发展心理学修订版》,华东师范大学出版社,1997年,第343页。
③ [美]威廉·贝内特编著,何吉贤等译:《美德书》,中央编译出版社,2001年,第2页。

构建着人的内在心理特征,体现在人的行为之中,影响着人的行为模式。相关研究表明,社会文化对人格的养成有着重要的影响,也就是说,尽管也受到自然因素的影响,但人格在很大程度上是受社会文化影响的。对于儿童而言,儿童文学是与其联系最密切的社会文化资源,是儿童认知社会的重要窗口,儿童文学作品尤其是优秀的儿童文学作品对开启儿童情感世界的巨大作用是其他教育手段所难以企及的。小学语文教学实践表明,好的儿童文学作品可以让学生终身难忘,教材中那些富有人文内涵的儿童文学作品对学生情感的影响是广泛而深刻的。例如,人教版四年级下册中的经典童话《去年的树》,短短五百余字却蕴含着极为丰富的情感价值因素,赤诚,坚贞,执着,凄美,它所表达的人性中的高贵品质:足以对儿童纯洁的心灵产生深深的震撼,对儿童的人格养成产生重要的影响。

小学语文教材中的儿童文学对儿童品格的影响是多方位的。

有培养爱心、珍惜亲情和友情。如《秋天的怀念》,是小学课文中一篇赞美伟大母爱的佳作.学生从文中可深切体会到母爱的伟大,亲情的无价。《麻雀》同样也是对学生进行母爱教育的经典之作,饱含着作者丰富的思想感情。从老麻雀为保护小麻雀不顾自身弱小敢于与猎狗拼斗这个故事中,学生真正感悟到母爱的无私、无畏、无价……

有培养自信心,培养儿童的自我意识,培养儿童敢于冒险、勇于进取的品格。如,马克·吐温的著名小说《哈克贝利芬历险记》、《汤姆索亚历险记》节选;《夜莺的歌声》讲述苏联卫国战争时期,一个被游击队员称作小夜莺的孩子巧妙同敌人周旋,用口哨学鸟鸣,为游击队传递信息,协助游击队歼灭德国法西斯强盗的故事。

有善待自然,与自然和谐共存。如《小狮子爱尔莎》、《曼谷的小象》、《海豚救人》、《一个村庄的故事》等等,课文通过人与动物,人与自然之间的感人故事,引导学生关爱小动物,关爱自然,鼓励学生大胆地接近自然、探索自然,与自然建立和谐的关系。

叶圣陶先生曾说过:"学语文,就是学做人。"这可以说是对语文教育塑造人格作用最直白的表述,也是叶圣陶先生语文教育实践的经验之谈。因此,我们在小学语文教育过程中,应该充分利用儿童文学的教育功能,对儿童的思想、品德、情感进行积极的引导和影响,塑造儿童健全的人格。

2.　审美与情感教育

审美教育也叫美育。在教育发展史上,最早提出美育概念的是德国美学家席勒,他认为人的发展可以划分为三个阶段,第一阶段是感性的人,第二阶段是审美的人,第三阶段是理性的人。席勒指出,如果感性的人要变成理性的人,唯一的途径是使他先成为审美的人。从席勒对人的发展阶段的划分我们可以看出,他是将审美教育视为人走向全面发展和人格完善的必经途径,正如他所说的:"有促进健康的教育,有促进认识的教育,有促进道德的教育,还有促进鉴赏力和美的教育。这最后一种教育的目的在于,培养我们的感性和精神力量的整体达到尽可能和谐。"①

作为教育重要的有机组成部分,审美教育所要实现的教育目的与教育的根本目标是一致的。我们知道,教育的功能是要为社会培养合格的公民,以此促进社会的发展。而要实现这个目的,就要通过教育促进每一个受教育者个体的全面发展,从而"把人类已有的、共同创造的文化、经验、智慧转化为个体的道德、智慧和能力"②,也就是说,通过激发个体的潜能,充分发挥个体的主动性和创造性,最终实现马克思所说的"全面发展"。而审美教育正是通过运用自然界与社会生活中一切美的形式对人们实施耳濡目染、潜移默化的教育,从而达到美化人们的心灵、行为、语言、体态,提高人们道德与智慧的目的。换而言之,审美教育就是要提高个体对于各种美的感受能力,通过审美活动释放个体的审美情感,获得审美愉悦,最终达到审美超越,实现个体心灵的解放。③从这个意义上讲,审美教育对于人的全面发展是具有不可替代的价值的。

对于儿童文学而言,"以善为美"是其基本的美学特征。正如王泉根先生所言,"儿童文学通过艺术的形象化的审美愉悦来陶冶和优化儿童的精神生命世界,形成人之为人的内在最基础、最根本的价值观、人生观、道德观、审美观,夯实人性的基础,塑造未来民族性格。"④对于提升和丰富儿童的审美观念、审美趣味、审美情感和审美能力,儿童文学作品有着不可替代的重要作用。"美感一经产生,总是包含着极其丰富的内容,包含着近乎无限的转化的可能性。凡美感,总是积极的,向上的,总能净化人的心灵,潜移默化地将你引入一种新

① 席勒:《美育书简》,中国文联出版公司,1984 年,第 108 页。
② 叶澜:《教育概论》,人民教育出版社,1991 年,第 337 页。
③ 杜卫:《美育论》,教育科学出版社,2000 年,第 156 页。
④ 王泉根:《以善为美:儿童文学的基本美学特征》,《北京师范大学学报》2006 年第 2 期。

的境界。"①可以说,审美教育独特的本质和陶冶作用,是其他教育形式难以企及的。

　　小学语文教学中的审美教育,通过挖掘教学内容本身的内在美和运用教学形式艺术化的外在美来促进学生素质全面和谐发展。教材中有不少文质兼美,融自然美、社会美和艺术美于一炉的课文,能培养儿童对美的感受能力,提高儿童的审美趣味,培养儿童欣赏美、理解美、评价美、创造美的能力。

　　我们可以看到,优秀的儿童文学向儿童提供的审美的天地是广阔而又神秘的,充盈着奇幻的梦想和无穷的乐趣。在这个色彩斑斓的世界中,有美妙的声音、炫烂的图画、美丽的形象和美好的情感,给儿童带去美的感受、带去美的启迪。如郑振铎的散文《燕子》(见人教版三年级下册第1课):"阳春三月,下过几阵蒙蒙的细雨,微风吹拂着千万条才舒展开黄绿眉眼的柔柳,青的草,绿的叶,各种色彩鲜艳的花,都像赶集似的聚拢来,形成光彩夺目的春天。……在微风中,在阳光下,燕子斜着身子在天空中掠过,'唧'的一声,已由这边的稻田上,飞到那边的柳树下了;还有几只横掠过湖面,剪尾或翼尖偶尔沾了一下水面,那小圆晕便一圈一圈地荡漾开去。"②文章对景色的描写充满着奇妙新颖的比喻和想象,勾勒出美丽的阳春三月的诗意画面,这样的文章能够潜移默化地培养儿童对于美的感受,引导他们追寻生活中的美丽。

　　优秀的儿童文学作品还能够培养儿童健康的审美趣味。儿童文学作品中那些亮丽的色彩、感人的形象、浓郁的童趣,是最能拨动儿童的心弦,最能让儿童去拥抱美的熏陶。例如金波的《百泉村(四章)》(人教版五年级上册):"你看这四周的群山,你会发现,南山像一把怒刺云霄的剑,北山像猴儿捧着蜜桃,东山像两座驼峰,西山像雄鹰展翅。你不觉得你是生活在童话世界里么?……你爱我们山中的泉吗? 山涧里流着小溪。当春天来到的时候,桃花瓣儿、杏花瓣儿会随风洒在水面上,让小溪流带着它们,像载着一只只小船,漂到山外去。"③如诗般的语言,生动的形象,将满目的山水描绘得童趣盎然,牵引着儿童去感知、去体验美,激发出儿童对美的想象与追寻,培养着儿童健康的审美趣味。

---

① 李玉鸽:《论儿童文学对素质教育独特功能价值的实现》,《文学教育》2007 年第 4 期。
② 人教版三年级下册第一课。
③ 人教版五年级上册选读课文。

儿童文学和成人文学一样,既是生活的真实反映,也是生活的审美反映。它集中表现了生活美、自然美,并创造了艺术美。哪怕在作品中主人公的结局是悲惨的,但他在读者的心里所激起的感情却是纯洁的、高尚的,读者从中获得美的享受。同样,生活中的丑在作家笔下亦能变成具有审美价值的艺术形象。像安徒生的《皇帝的新装》,就可以使读者在讥笑、否定丑恶的同时,更加神往生活中崇高的美的力量。

在当前的小学语文教材中,儿童文学作品占了很大的比例,其中蕴藏着丰富的审美教育的资源。优秀的儿童文学作品如王尔德的《快乐王子》,安徒生的《海的女儿》、《卖火柴的小女孩》等,总是能以其丰富的美感使儿童产生感情上的共鸣,培养儿童欣赏美的能力。儿童文学的基本美学特征以及所具有的形象性、直观性、趣味性的特点,决定了儿童文学在小学语文教育中的独特的优势,它能做到"寓教于乐",以美养善、以美怡情,以美启真,有助于学生净化心灵、促进情感道德的完善与升华,培养学生对科学知识的探索精神,给学生以美的熏陶、美的享受。

应该认识到,虽然我们现在积极提倡审美教育,提倡儿童文学美感的教育功能,然而由于长期深受凯洛夫教育思想的影响,在我们的教学实践中存在着较为明显的注重认知,忽略情感的倾向,并没有把审美教育作为主要的教育目的,使学校成为单一传授知识的场所。在这种情况下,小学语文教材存在着盲目选用成人文学作品的现象,在儿童文学作品中也混杂着相当数量文学性、审美价值不高但训诫色彩浓厚的伪儿童文学,这必然会影响到审美教育与儿童审美经验的连接,影响儿童主动参与审美教育的积极性,儿童文学审美教育的资源价值也就不能得到充分的体现。因此,将审美教育方式内化为教育的基础方式,发挥优秀儿童文学作品的审美教育功能,使儿童文学的美感教育能够在更高的层次上得以发展,是儿童教育工作者需要直面的课题。

3．知识与能力教育

帮助学生掌握语文知识,形成语文能力是小学语文教育的主要任务。小学语文课程标准中所确定的"识字、写字"、"阅读"、"写话与习作"、"口语交际"、"综合性学习"等五个部分,都明确规定了传授知识、培养能力、发展智力的教学目标和任务。作为小学语文教材重要组成部分的儿童文学,在以其生动的形象、真挚的情感、丰富的意义含蕴使儿童获得审美体验的同时,也要承担起增长儿童的文化知识,扩大认知视野,发展儿童的语言与思维等各项能力,彰显其作为教材中实现语文教育目标的重要地位。

儿童文学,不仅让儿童在与文本的对话过程中获得审美体验,而且能提高儿童的文学阅读和欣赏水平。当儿童文学作品纳入小学母语教材,其语文学科价值则显得尤为突出。

(1) 引导儿童了解自然科学知识,培养科学素养

儿童的求知欲与生俱来,它对周围的一切对未知世界怀有强烈的好奇心,脑子里有数不清的"为什么",总是对世界的一切充满疑问和探求的欲望。小学语文教材中的儿童文学作品以其生动的形象,有趣的情节和活泼的笔法,向儿童传达不同的自然科学知识,满足其旺盛的求知欲。比如,人教版二年级上册教材第八组,就是以科学知识为主题编组的,运用了童话、连环画等多种儿童喜闻乐见的文体形式,向儿童介绍了动物、植物、环境、航天等丰富多彩的科技知识。如经典科普童话《小壁虎借尾巴》,通过小壁虎借尾巴普及了不同动物尾巴各自的功能与用途。童话《"小伞兵"和"小刺猬"》则向儿童介绍了蒲公英和苍耳的外形特点及生长特性。《我们的土壤妈妈》以儿歌形式普及了土壤对于人类生活的重要意义。这些优秀的儿童文学作品将科普知识借助儿童文学生动形象的语言,把儿童读者引入科学殿堂,使他们在取得审美愉悦的同时了解科学知识,在学习知识的同时陶冶性情。在利用儿童文学作品向儿童宣传科普知识的基础上,语文教材中还有一些意在培养儿童科学态度与科学意识的课文,如第五册教材中的《动手做做看》、《一次成功的实验》等,都发挥出了培养儿童的科学素养的功能。

(2) 引导儿童认识社会、开阔眼界,学会应对人生

文学是现实生活的艺术再现,优秀的文学作品都是立足于现实,通过塑造形象和抒发情感来反映现实世界,反映出创作主体自身或从他人那里获得的生活经验,因此,文本阅读就是一个经验传递的过程,"历史题材作品反映过去的社会现实,现实题材是对当下生活的反映,幻想作品则是以新的视角曲折地反映现实。一篇作品就是一个万花筒,读者往往能从中了解到许多文化知识。"[①]

儿童对客观事物的认识,常常由于生活经验所限而停留于表面现象,比较简单,肤浅。儿童文学作为以形象反映生活的艺术形态,包括了广泛的社会文

---

① 王泉根、赵静:《儿童文学与中小学语文教学》,广东教育出版社,2006 年,第 212 页。

化内容,蕴含着丰富的生活知识。儿童在儿童文学作品中,可以从他人的思想经历、情感经历、困难经历、探险经历中获得间接经验,从而提高认识,丰富情感,启迪心智。儿童文学家将这一过程称为"体验成长"。如人教版小学语文教材第五册中的生活故事《亲人》,孩子不仅从故事中接受了尊敬老人、谦虚待人等道德教育,还学到了不同民族人们的生活习俗与生活技能。第七册中的故事《科利亚的木匣》则通过科利亚寻找木匣的故事,既讲了身体随着年龄的增长而成长的道理,也传授了遇事要动脑筋的道理。我们可以看到,优秀的儿童文学作品可以帮助儿童认知世界,增进见闻,开阔眼界,广博知识,可以帮助儿童去认识复杂的社会和人生,又能引寻他们对人生进行理性的思考,使之懂得应怎样对待社会和人生,更能激励孩子主动关注社会、关注世界,以加深他们对生活的了解和认识。

（3）　促进儿童的语言能力

叶圣陶曾说:"语文教育的一个主要任务是让学生认识语言现象,掌握语言规律,学会正确地熟练地运用语言这个工具。"[1]张志公先生也同样认为语文教学的基本任务之一就是语言学习,是语言的理解和运用。两位老一辈的语文教育家都充分肯定了语文教育中语言学习的重要性。经验告诉我们,想要学好语言,只是学好语法是远远不够的,还必须积累足够的语言材料,否则语言学习就会成为无本之木,无源之水。很多学生学习语文多年,但语文能力却难以提高,很重要的原因就是缺乏语言材料的积累,有限的语言积累还存在着运用能力的不足,其结果就造成了语言表达过程中出现词不达意、词汇贫乏等"语言痛苦"的现象。学者郭沫若曾说过:"胸藏万汇凭吞吐,笔有千钧任歙张",也就是说,只有积累了丰富的语言材料,在运用语言时才能做到得心应手、下笔如有神。那么,儿童的语言学习需要怎么样的语言积累呢?

我们知道,儿童文学首先是语言的艺术,儿童文学作品的语言因为其写作的针对性,是最贴近儿童的,最容易被儿童理解和接受的,因此也是最有利于儿童语言材料的积累。优秀的儿童文学作品能够以生动形象的语言表达儿童的情感,表现儿童的情趣,展现儿童的内心世界和生活天地。儿童通过阅读优秀的儿童文学作品,不仅可以感受到作品的艺术美,而且可以得到良好的语言训练,接受规范优雅的语言熏陶。对于儿童而言,儿童文学作品是他们学习语

---

[1]　叶圣陶:《关于语言文学分科的问题》,《人民教育》1955 年第 8 期。

言最好的材料和典范。朗朗上口的儿歌,情节生动的故事,幽默诙谐的童话和寓言,不仅可以使儿童掌握正确的字音,学习实用的词汇,而且可以帮助儿童建立初步的语言范式,帮助他们准确规范地使用语言。儿童文学作品中精彩的环境描写、细致入微的人物形象刻画、生动感人的故事情节描述,都有助于培养儿童的语感,为儿童的口语交谈和作文语言提供良好的语言积累和实践范例。

相对而言,小学语文教材中的儿童文学作品是较为讲究语言的规范性和规律性的,其编排更多地参照儿童年龄特征和语言学习规律,呈现出由简至繁的序列分布。小学低年级的课文普遍字词简单,语句简短;中高年级的课文语言逐渐增加,注入了适量的新字词和新句式,使得儿童可以在原有认知结构的基础上不断实现语言水平的增构,丰富语言材料的积累,发展自身的语言能力。在小学语文课文设计与教学实践中,还往往会通过各种科学的方法来帮助儿童学习语言,如词汇的反复出现、借助图画来创设情境等,这些都有利于儿童更好地理解语言,提高儿童运用语言的正确性。在这样的环境中,儿童语言能力可以得到有序地发展。儿童不断发展的语言能力是听说提高儿童读写各项语文能力的核心内容,而儿童文学作品以其特殊的地位,对儿童语文能力的发展具有不可替代的重要价值。

（4）促进儿童思维的能力

语言能力的发展同思维能力的发展是紧密相关的。我们知道,语言是思维的形式,思维则会随着语言的发展而发展。换而言之,语言和思维是处在一个统一体之中的,发展语言和发展思维的努力其实是统一的,学习语言的过程,也是思维活动的过程,通过语言学习还能进一步发展思维。相较于其他的文学形式,儿童文学对于儿童语言的发展,起着更为重要的作用,儿童文学在培养儿童的语言能力的同时,同样也在培养着儿童的思维能力。

一般所说的学生的思维能力,包括形象思维能力、逻辑思维能力和创造思维能力。儿童文学对于形象思维的能力培养是获得普遍认可的,因为儿童文学本身就具有形象性的特点。儿童文学也能发展儿童的逻辑思维能力,以儿歌为例:谜语对儿童思维的训练就是一个思维能力培养的过程——看到重复出现的结构和场景,儿童的思维就开始推论,就会利用信息猜出谜底;儿歌的语言的反复对儿童的思维也是有引导性的——可以训练儿童联系、归纳、判断的思维能力。这些其实都是儿童文学对逻辑思维能力的培养作用。儿童文学具有丰富的想象性的特点,有些文体如童话、幻想文学等所表现的想象力是成人文学无法比拟的,想象力正是创造性思维能力的基础,从这点上说,儿童文学对于创造性思维能力的培养具有重要意义。

儿童文学作品既有人物和情节的生动形象性,又有内容的逻辑性,所特有的丰富的想象力更是发展创造性思维的基础,所以说儿童文学对启发和训练儿童的各项思维能力上都有着举足轻重的作用。

（5）对其他语文能力的培养

童年期是培养智力的最佳时期。智力是指认知方面的各种能力,它包含了注意力、观察力、记忆力和想象力等多种能力。小学生的学习离不开这些智力因素,它是个体认识外部世界、掌握知识的最基本手段,是小学生学习发展的核心和基石。文学是以语言为表象构成的艺术世界,在文学教育中把语言转变成形象的过程就是注意力、观察力、记忆力和想象力等各种智力因素发挥作用的过程,小学语文教材中的儿童文学的各体文体如童话、寓言、幻想故事等所表现的幻想世界对促进儿童的智力的发展具有重要的作用,是发展儿童的智力的源泉。

语文能力,简而言之,就是"听、说、读、写"的能力,是现代人生活、学习、工作的支柱性能力。培养和发展儿童的听说读写的语文能力是小学阶段的主要任务,是语文学习的关键性目标,小学语文教材中的儿童文学对发展儿童的语文能力起着重要作用。选入教材的儿童文学大多是文质兼美的作品,注重对儿童读写技巧的训练,不仅编选有序,还有专门的针对性练习,是语文学习的绝好范例。如人教版二年级上册在课文《日记二则》后建议儿童开始写日记,并鼓励儿童展示自己的作品。第六册也有不少似安排,第二单元学习两篇写建筑物的课文就练习写建筑物,第三单元学了《三棵银杏树》、《雨》后练习写身边的景物……儿童通过对这些作品的学习,增长知识、提高技能,听说读写的语文能力得以发展。

当然,儿童文学作品的价值远远超过以上所述的,事实上,课程中的所有领域都可以通过儿童文学作品得到加强。有学者认为,一篇儿童文学作品就是一个"语言游乐场",它就如同游戏那样,"不仅可以扩大儿童的知识面,掌握必要的生活和学习技能,还可以调节和治疗儿童情绪失调,可以促进儿童想象力、创造性、耐心和持久性、灵活性以及与人交往能力的发展"。①

---

① 刘金花主编:《儿童发展心理学修订版》,华东师范大学出版社,1997年,第342页。

　　由于受到种种限制，教材的容量其实是相当有限的，因此在作品的选取时，应该选取那些对于儿童发展最具价值的文学作品；对于已经选取的作品，则要注意对这些作品进行恰当的安排，以便能发挥出其最大的价值。对小学语文教材中的儿童文学作品教育功能的综合运用，就是要利用儿童文学内容、形式的多样性，利用文学作品本身所具有的综合性，把儿童文学作为语文课程的教育手段，诸如将儿童文学作为语言教育的手段、作为文化传统教育的手段、作为多元文化教育的手段等等。在语文教育的框架下，我们还要把儿童文学作为文学教育的重要资源，发挥儿童文学所具有的审美价值，以实现培养学生的文学素养和文学能力的目标。

　　多年的教育实践经验告诉我们，文学教育对儿童的影响是显而易见的，文学教育所具有的思想教育功能、审美功能、语文知识能力的习得功能以及其他如文化传承功能等等，都会对儿童产生重要的影响，这种影响是会伴随着他们的一生的。正因为文学教育的这些作用，因此决定了文学教育在整个语文教育中的举足轻重的地位。儿童文学是陪伴和促进儿童的精神成长的重要资源，在"最充分地发展儿童的个性、才智和身心能力"这一终极目的上，儿童文学与儿童教育有完全的一致性。

三、　小学语文教材中儿童文学教育功能的价值所在

　　从儿童文学的教育功能在小学语文教育的三个方面的体现上，我们可以看到，小学语文教材中因为有了儿童文学而使它具有了独特的价值。儿童文学在小学语文教育中所具有的优势，按朱自强先生的观点可归纳为三个方面，朱自强先生在《儿童文学的语文教育功能》一文中认为这是儿童文学的教育功能的三个方面的体现：[①]

1.　儿童文学使语文学习变得快乐

　　人都有求知的欲望，也正因为有求知的欲望，学习才让人感觉快乐。儿童的求知欲犹为旺盛，因为每一次的认知、每一次的收获，对儿童来说，都会感觉到欣喜。所以说真正的学习一定是快乐的，它会给人带来精神上的愉悦和满足。真正的教育，也一定会让学生体会到学习的快乐。语文，作为一门人文性

[①] 朱自强：《朱自强小学语文教育与儿童教育讲演录》，长春出版社，2009 年，第 67—75 页。

质的学科,其内涵的丰富性和多样性,给孩子带来的不仅是对认知世界的拓展,更是精神世界的自我超越。语文学习的快乐是一种求知的快乐,是深度的快乐。而如果把语文学习变得不快乐了,使孩子们不愿意学习语文,那语文教育就会走到教育的反面,背离了教育的规律和本性。事实上,我们的语文教育现状在很长一段时间里一直面临着这样尴尬的局面。随着语文课程改革的不断深入,越来越多优秀的儿童文学作品进入到了小学语文的课堂。儿童文学的加入,给小学语文课堂注入了一抹鲜活的色彩。

儿童文学是充满趣味的文学,这种趣味性不仅仅是幽默和有趣,还包含有很多其他因素,比如说令人喜爱的人物,比如说满是童趣的故事,比如说丰富的想象力等等,也都具有趣味性,这些趣味在儿童文学作品中有着非常丰富的蕴含。充满趣味的儿童文学会使教材也显得趣味十足,而趣味十足的教材能不把语文教育变得快乐吗?在这些趣味中,语文教育价值将是多方面的,有关于情感的教育、有关于人文精神的教育,学生们在这些趣味中将走出枯燥乏味而将语文学习变成了一种快乐的学习。感受到了学习的快乐,学生们也就有了学习的兴趣和热情,学习就变成了积极而主动,所以说,优秀的儿童文学作品可以使语文学习变得快乐,可以让孩子沉浸于趣味的快乐中,让语文学习变得快乐,让孩子发自内心地喜欢学习。

2. 儿童文学使语文教育变得易懂易学

儿童的心灵结构对儿童文学有天然的学习能力。儿童感受事物、观察世界的方式是感性的,这是与他们的心智发展阶段是相符的。如果我们一定要以所谓的科学方式,以理科方式去要求他们,儿童的语文教育将会变得很艰难,变得很乏味。因此,对儿童的语文教育,应该采用感性的方式,也就是文学性的,对于感性的文学作品,儿童的感受力是很敏锐的,他们能够体会到其中蕴含的东西所以,如果把优秀的儿童文学作品放入教材里,作为课文教给他们,他们是能够领会理解的。

采用儿童容易理解的儿童文学的教学方法,将有助于儿童更好地提高语文能力。所谓儿童文学的教学方法,我们可以将其归纳为儿童文学的可理解性,可预测性,易记忆性。如果课文里有生动的形象、有具体的情节、还有反复的语言,无疑会使儿童感觉更容易理解、更容易学习。因此我们说,儿童文学可以使小学语文教育变得易懂易学。

3. 儿童文学使人文教育的最终目标——健全人格的养成落到实处

语文教育的性质是人文性与工具性的统一,这点已经成为了教育界的共识。语文教育担负着培养健全人格的人文教育目标,也就是说,我们教育的目的是要使孩子成长为一个身心健康、心灵丰富的健全的人。而这样一个目的,其主要功能和职责是由儿童文学、语文教育来承担的,语文教育尤其是儿童文学起了至关重要的作用。因为儿童文学大体可分为幼年文学、童年文学与少年文学三个阶段,应对了孩子们不同年龄阶段的心理特征,应对了不同精神世界的成长特征,它能对不同发育阶段的孩子的深层的心理发展有指引作用,能应对很多孩子成长过程中所面临的问题和困惑,给予孩子精神上的鼓励,使孩子朝着健全人格的方向发展。比如朗文的教材里面有一篇小学四年级上册的课文《小田鼠过冬》,是对孩子进行人文教育的一篇课文。这篇课文改编自一本著名的图画故事书,它启发孩子如何了解并树立一种端正的价值观,那就是人不能只依靠物质来生活,如果仅仅依靠物质生活,那我们就跟其他许多动物都一样了。人除了物质之外还需要一个丰富的内心世界,而这些东西的养育需要文学和艺术。这样一个故事在当今这样一个物质繁荣的社会,对于精神世界的追求意义变得犹为重要。这就把健全人格的人文教育目标落到了实处。

儿童文学对于小学语文教育的价值,不仅在于提供了语文教学的资源,也在于小学语文教育提供了新的儿童文学的教学方法,而“以儿童为本”的儿童观更可作为小学语文教育的一种教育理念。而以儿童为本、以文学为本的教学方法和教育理念,正是现在小学语文教育领域普遍缺乏自觉的意识。因此,如果小学语文教育能从儿童文学中汲取教育思想和方法,那么,符合儿童心理的儿童文学就能够使语文教育更富于趣味,使语文学习变得快乐,变得有趣、易学,也会使语文的德育功能能够得到更有效的实现,更好地实现儿童的健全人格。因此,对于小学语文教育而言,儿童文学可以为语文教育改革提供了十分重要的理论资源,可以为小学语文教育改革开辟出一片新的天地。

第三节　儿童文学在小学语文教材中的审美教育价值

儿童文学首先是文学,它符合文学的规律,美是文学的本质,而儿童又具有审美的天性,因此,审美价值是儿童文学的最重要的一个基本属性。当任何一部满蕴美好情感的文学作品来到人们眼前,就产生一种魅人的力量。儿童文学也一样,它通过语言塑造艺术形象来感化儿童,也有着一种难以抗拒的力量。这是儿童与文学的天然联系。孩子们来到这个世界不久,他们了解的事物不多,睁大一双好奇的眼睛,急切地想了解周围世界,他们渴望快快长大,盼望着体验生活、体验人生。成长中的少年儿童对儿童文学有着天然需要。作品中所描绘的那个丰富多彩的世界,能给他们带来通过想象去体验新的世界、新的人生乐趣,让他们获得精神上的愉悦和满足,心理上的和谐和平衡。他们是以一种审美化的方式,去体验作家审美化地表现在作品中的生活。孩子们就这样在快乐地阅读儿童文学作品中,扩大了视野,增长了知识,活跃了思维,拓展了想象,启迪了心智,发展了语言,丰富了情感,陶冶了情操,培养了个性,健全了人格。而这一切都是通过儿童文学作品的审美作用来实现的。

儿童文学作为小学语文教材的主要内容,以文学教育的方式进入语文课程,与其他课程内容所预期达到的课程目标相比,其目的主要是对儿童进行审美教育,审美教育是儿童文学最重要的语文教育价值。"文学课程的主要目标是通过审美教育,实现学生自身经验世界的丰富和发展。"[①]无数的教育实践也早就证明,儿童文学是启迪儿童心智的一把金钥匙,对儿童身心健康发展有着不可替代、不可忽视的作用。

一、 什么是审美教育

审美教育,也称美感教育,简称美育,是指运用审美的方式实施教育。"审美教育是以美的对象,特别是以各门类艺术为主要手段寓教于乐,培养和提高广大社会成员,尤其是青少年的审美趣味,潜移默化地塑造健全心灵,培养全面发发展的人才的教育"[②]。它是一种按照美的标准培养人的形象化的情感教育,是培养学生认识美、爱好美和创造美的能力的教育,目的是提高人们的审美感受力、审美创造力及审美情趣,以促进其人格的完善以及全民族整体素质的提高。它以特定时代、特定阶级的审美观念为标准,以形象为手段,以情感为核心,以实现人的全面发展为宗旨。通过美育,可以使人具有

---

① 王泉根、赵静:《儿童文学与中小学语文教学》,广东教育出版社,2006 年,第 5 页。
② 张玉能:《美学教程》,华中师范大学出版社,1994 年,第 218 页。

美的理想、美的情操、美的品格、美的素养,具有欣赏美和创造美的能力等等。我国近代著名教育家蔡元培说:"美育者,应用美学理论于教育,以陶养感情为目的者也。"①可见,美育是审美与教育结合的产物,它的本质特征就是情感性。

自从德国美学家、诗人席勒 1795 年在《审美教育书简》中第一次提出"美育"概念,并为其界定了"情感教育"的内涵后,人们对美育的认识开始走向科学之路,美育观念逐渐在世界范围深入人心。在中国,美学一词由学者王国维 20 世纪初期从日本引入我国,一经引入立刻与教育紧密相连,在教育界掀起一次研究热潮,这次热潮最大的贡献是把美育写进了国家的教育方针。新中国成立后的 20 世纪 50 年代后期至 80 年代的二十多年里,美育的独立地位被取消,美育从教育方针中消失,众多的学者认为美育包含在德智体三育中,美育只是其他三育的手段。直到 20 世纪 80 年代开始,中国在百废中复兴,第三次美学热潮兴起,对美育的研究也更为广泛和深入。1999 年 6 月中共中央颁布《关于深化教育改革,全面推进素质教育的决定》,明确规定"实施素质教育,必须把德育、智育、体育、美育等有机地统一在教育的各个环节中"。美育重新回到了教育方针中,并成为我国新一轮基础教育改革的重要目标。

随着素质教育的推进,作为其重要构成部分的美育,它在促进人的全面和谐发展中的独立价值和重要作用日渐得到了学术界和教育界的肯定。苏霍姆林斯基在《全面发展的人的培养问题》中指出,"美育在教育教学工作系统中占有特殊的地位。它与个人与集体的精神生活的各个领域有着多方面的联系。在人的全面发展教育的总过程中,美育起着很大的决定作用"、"所有在德育手段不能达到的精神世界,美育的手段都能触及它"。② 我国美学家曾繁仁先生提出:"审美教育是一个关系到未来人类素质和生存质量的重大课题。"③教育家张楚廷先生认为,如果美育没有地位,那是因为人没有地位,"人按照美的规律构造对象,也构造自己,这是人的特性。当教育明白人的这一特性时,便会

---

① 蔡元培:《蔡元培美学文选》,北京大学出版社,1983 年,第 174 页。
② 杨云萍:《语文美育和谐论》,湖南人民出版社,2010 年,第 3 页。
③ 曾繁仁:《审美教育:一个关系到未来人类素质和生存质量的重大课题》,《山东大学学报(哲学社会科学版)》,2002 年第 6 期。

明白美育的重大意义"①。可见,审美教育是一个关乎人生意义的重大课题,是人的全面发展和人的素质结构中的基本组成部分,语文审美教育具有其独立价值。新世纪的语文审美教育应以人为本从关注人的生存状态和生命质量出发,体现对人的终极关怀,通过一定的途径和方法培养学生的审美情趣、审美品格和审美能力,以实现美的人生。

重视陶冶人的情操,提升人的精神境界,在潜移默化中使受教育者逐渐确立起理想和信念,增进文化素养,达到全面和谐的发展,这就是审美教育,审美从整体素质上提高人。审美教育是语文基本属性——人文性的体现,是语文人文教育中的重要一环。所谓人文教育,就是旨在培养学生人文精神,提高学生人文素养的教育。人文精神是人类文化所体现的最根本的精神,是人类文化创造的价值和理想,是对人的价值、人生意义的关注。它以追求真、善、美等价值理想为核心,以人的自由和全面发展为终极目的。语文学科的人文教育,着眼于人的精神和人的价值,追求的是对学生人生的关怀、人性的关怀。而课文是作者主观感受的表达,是内心情感的流露,是个人见解和智慧的展现,无不积淀着丰富的文化内涵与人文精神。语文教育让学生获取这种般,体验这种情感,理解这种见解,转化这种智慧,最终形成自己的丰富的精神世界。因此,语文教育不仅是知识的传授、技能的训练,更是情感的交流,灵的沟通,生命的对话。爱因斯坦说:"只教给人一种专门知识、技术是不够的。专门知识和技能,虽然使人成为有用的机器,但不能给他一个和谐人格。最重要的是要借着教育获得对于事物和人生价值的了解和感情。"②可见人文教育不是技术性的、实用性的,它是精神性的、智慧性的。

审美教育是素质教育中不可缺少的一个环节并渗透到其他教育诸环节中,与其它教育相辅相成。以美养善,寓教于美,能促进道德的完善与升华,以美启真,丰富想象,有助于学生对科学知识的追求和探索,培养和发展他们的创造性思维。以美怡情,净化心灵,则有助于学生调节心理,疏导情感,增进身心健康,可以说审美教育独特的本质和陶冶作用,是其他教育的形式难以企及的。

---

① 张楚廷:《素质教育不是额外的一种教育——兼论素质教育与知识教育的关系》,《中国教育学刊》,2006 年第 6 期。

② 张昱婷:《道德价值观教育的人本精神体现》,《吉林日报》2010 年 11 月 22 日。

二、儿童文学的审美特征及其审美教育价值

1. 儿童文学的审美特征

儿童文学的美学特质即儿童文学作为文学作品所特有的基本审美特征或艺术品性,是文学价值高下的重要标志。以儿童为本位的儿童文学是以善为美、引人向上、导人完善的文学,其美学特征是多方面的。

（1）泛灵之美

儿童带着新奇来到这个世界,认识社会是儿童极为重要的精神追求内容,儿童文学为满足这一种追求而具有的启蒙性是显而易见的。由于儿童尚处于以自我为中心的思维阶段,他们面对大千世界往往会物我不分,会把任何事物都看得和人一样有生命、意识、有情感,具有"万物皆有灵"的泛灵观念。他们把大千世界的物品都赋于人的特性,在其心目中,鸟能语、兽能言、石头能说话,把外界事物的审美特征融合到自己的心灵中,正是在这种与万事万物进行生命的沟通与交流、共同享受情感的愉悦与伤心的过程中,儿童得到极大的审美愉悦。所以说,儿童是"泛灵主义者",也是"浪漫主义者",他们对客观事物的认识往往是通过自己有限的感知并加上自己的主观意愿来进行随意解释,从而产生谐趣横生、异想天开的意境,这种自我幻化与精神扮演,充满了童真童趣的荒诞美,展现的是一种原始的、质朴的、悖于常情常理而又令人惊奇、赞叹的美,这是他们身上具有潜在的艺术灵性,被称为"本能的缪斯"。

儿童文学的这种泛灵之美对儿童精神世界的影响是深广而久远的,因为这其中包含着真挚的情感、丰富的想象力、广大的同情心以及艺术化的能力等等。把握了这种美,有利于培养儿童自由的天性,提高学生奇特而丰富的形象思维能力,这些都是语文教育的重要的资源。

（2）纯真之美

儿童身上还有一种可贵的品质——纯真。纯真是儿童与生俱来的自然的天性,纯真是一种无真无邪的心性,这种天真无邪的心性可以开创未来,可以创造出一切。马克思非常珍视儿童生命中的这种非常珍贵的品质,他曾经说过:我们人类能不能在一个更高的台阶上,把儿童的那种纯真重现出来?人文主义心理学家马斯洛也认为纯真的特性具有自发性和创造性,是人发展的一个最佳状态。在《皇帝的新装》里,孩子无所顾忌的纯真一语捅破了成人世界

里的虚伪之网,展示的正是孩子纯真美好的心灵世界。

　　优秀的儿童文学总能反映儿童独特的纯真的精神世界,反映儿童的天性美,充分显示儿童天真烂漫、纯洁无邪的纯真之美,这是儿童文学美的实质,表现在作品中就是真善美的统一,这也是儿童完美人格构建的基本内核。在一个人的成长过程中,儿童时代所接触到的东西会直接影响到一个人的成长,而其中的"阅读"对人的影响最大,在儿童时代读什么样的书往往会决定一个人的人生之路。从这个意义上说,儿童文学的纯真之美直接关系到儿童心灵的塑造,儿童健康人格的养成,甚而对孩子们造就一生的文化品格,其意义和作用正是儿童文学的终极意义之所在。

　　(3) 想象之美

　　儿童最善于想象,爱好想象是儿童的天性,它不仅是孩子很珍贵的财宝,也是一个民族创新能力的源泉所在。但儿童的想象力也需要发展提高,以实现无限的创造,缺乏想象力的人必然缺乏创造能力。珍视、培养孩子的想象力和创造力,是教育义不容辞的责任。

　　儿童文学是想象的艺术,所表现的想象是超自然的世界,是幻想的世界。儿童文学"把想象的东西用独自的方法表现,或者是说,把真实性和现实性,赋给了幻想的、架空的故事,组成一个特别的幻想世界。"①儿童文学的作者在创作的过程中,凭借自己想象的翅膀,创造一个能让儿童的想象力任意翱翔的神奇世界。孩子们一旦走进这个神奇的世界,就会发现已经超越了自己存在的现实而飞翔在一片想象的天空之上。当儿童在课堂上念诵着"弯弯的月儿小小的船,小小的船儿两头尖,我在小小的船里坐,只看见闪闪的星星蓝蓝的天"的时候,他们会被儿歌中所描绘的美丽画面所吸引,会不由自主地进入一个想象中的、神秘的蓝色夜空中遨游。优秀的儿童文学作品对儿童的想象力和创造力的培养有着重要的作用,尤其是最具想象色彩的童话作品,能够为儿童读者提供极大的想象空间,让他们在想象的世界里自由翱翔,丰富自己的生命体验和审美经验,最大限度地开发和释放自己创造的潜力。

　　2. 儿童文学在语文教育中的审美教育价值

　　儿童文学起源于人类对儿童的爱与期待,凝聚着人类文明的结晶。它是

---

① ［英］史密斯:《欢欣岁月——史密斯的儿童文学观》,台北富春文化事业股份有限公司,1999 年,第 350 页。

爱的文学,帮助儿童认识爱、理解爱;它是真的文学,教导儿童崇尚真实、追求真理;它是美的文学,能充分满足儿童的审美需求,引导儿童创造美好;它是快乐的文学,带给儿童积极乐观的人生态度和快乐幸福的童年生活。儿童文学的根本意义在于通过文学的独特价值,使正处于成长阶段的儿童,逐步向健全的社会人的方向成长。早在本世纪 20 年代之初,文学大师郭沫若就在《儿童文学之管见》一文中指出:人类社会根本改造的步骤之一,应当是人的改造,人的根本改造应从儿童的感情教育,美的教育着手。文学于人性之熏陶,本有宏伟的效力,而儿童文学尤能引导儿童向上,启发其良知良能。是故儿童文学的提倡对于我国社会和国民,最是起死回春的特效药。① 这就说,儿童文学之于小学教育,其意义不只是识文、习字,更主要的是借助它的伟力对少年儿童施行情感教育和审美教育,也即在小学的素质教育中发挥重要作用。

儿童文学的审美教育具有形象性和直观性的特点,有着强烈的感染性,适合儿童的心理特点,能够潜移默化地对学生进行教育和培养。它以艺术美、社会美和自然美为主要内容,这些美的形象,富有情感性,趣味性,给人以美的享受,满足学生审美心理的需要。由于审美活动是一个感知心理、情绪、智能等全方位的参与过程,因此,审美教育可以培养学生的学习兴趣,开阔学生视野,丰富他们的想象力,增强他们的观察力,提高他们的形象思维,有利于对学生创造能力的培养,可以说审美教育贯穿于学生的学习、生活、工作等各个方面,无时无刻不在对学生产生着影响和作用,并充实他们的生活内容,激发他们学习的积极性和健康向上的生活热情。

儿童文学的美学特征与小学审美教育的原则十分对应,对儿童有着天然的吸引力和亲和力,是审美教育的重要材料。从根本上讲,儿童文学就是为了满足儿童的审美需要而存在的。优秀的儿童文学作品对于提升和丰富儿童的审美观念、审美趣味、审美情感和审美能力,有着不可替代的重要作用。费尔巴哈指出:"人有审美的感觉,审美的理智,才能感觉到外面的美。"② 在文学中认识美、实现美,在文学中感受情感、丰富情感,这是儿童走进文学最自然最诱人的动力。把孩子们引领到文学的美丽殿堂,就等于帮助他们开启最美丽的人生之门。

---

① 郭沫若:《儿童文学之管见》,见《郭沫若全集》第 15 卷,人民文学出版社,1990 年,第 276 页。
② [德]费尔巴哈:《十八世纪末—十九世纪初德国哲学》,商务印书馆,1975 年,第 571 页。

有研究者提出,语文学习有三个维度:一是语文学习的广度——兼容的广延性,即工具性;二是语言学习的长度——伴随人生的终身性,其实也是工具性;三是语文学习的深度——化育人格的修身性,即人文性。^① 当儿童在语文学习中涵泳吐纳,人性充盈圆融,精神审美超脱,灵魂自由徜徉时,语文学习已成为精神享受的一种状态,"诗意栖居"的一种方式,小学生在语文学习中进入了"道德人生"和"审美人生"的大境界。因此,提升小学生审美素养对小学生素质影响很大,只要引导得当,就能对小学生的人格、个性心理品质等因素起到积极作用,加快小学生自我教育能力和审美人格的形成,从而尽快提高小学生整体素质。

三、 小学语文教材中儿童文学的审美教育元素

语文课程标准指出:语文课程应重视提高学生的品德修养和审美情趣,使他们逐步形成良好的个性和健全的人格,促进德、智、体美的和谐发展。小学语文的审美教育就是要通过艺术的形象化的审美愉悦来陶冶和优化小学生的精神生命世界,形成人之为人的内在最基础、最根本的价值观、人生观、道德观、审美观,夯实人性的基础,塑造未来民族性格。因此,充分发掘教材中的美育元素,是十分有必要的。

(一) 挖掘教材中美的对象

在语文教学内容中,包含着丰富的美的因素,有人物形象的美,有自然的美,有生动丰富的语言美,还有令人遐想的意境美,变化有致的结构美。

1. 形象之美

文学作品的力量就在于借助形象来诉诸人的感情。教材中,光辉的形象,感人的事迹,会给人以强烈的感染力,从而获得激荡人心的美感。因此,教学中教师必须通过作品的人物、情节、场景和故事引导学生来理解作品内容,使作品中的人物形象在学生头脑中留下深刻的审美印象。可以说,这是语文课中美育的核心。

---

① 黄伟:《现代语文教育的三维建构——〈全日制义务教育语文课程标准(实验稿)〉的一种解读》,《皖西学院学报》,2002 年第 1 期。

例如《穷人》①这篇课文中，作者塑造了渔夫、桑娜、西蒙三个人物形象。桑娜是渔夫的妻子，她善良、勤劳、淳朴，而又富有同情心。她把一个贫困简陋的家布置得井井有条，干干净净，这说明她勤劳；在寒冷的夜晚，孩子们舒舒服服地睡着了，这说明她是个善良的母亲；她心惊肉跳地等待着丈夫打鱼归来，说明她是贤惠的妻子；她以穷人的同情，关心着寡妇西蒙，当她看到死去的西蒙留下了两个孤儿时，她不顾自己家庭的困窘，战胜了怕给丈夫增添生活重担的矛盾心理，毅然决然地抱回了孤儿，这说明了她的同情心。桑娜展现的是坚韧温柔之美的形象。渔夫为了挑起生活重担，不顾惜个人安危出海打鱼，然而当他得知西蒙死去的消息时，主动提出收养两个孤儿，虽然他明知等待他的将是更艰辛的生活，将付出更艰苦的劳动，但他还是愿意把温暖与父爱献给两个孤儿，显示了他大海一样宽广的胸怀。渔夫展现的是坚强阳刚之美的形象。西蒙是一个坚强又善良的母亲，为了孩子，她在贫困与死亡中挣扎着，直到临死，她还把自己的衣服盖在孩子身上，把头巾包在孩子脚上，她把温暖与爱心永远留给了孩子，展现了伟大的母爱。渔夫、桑娜、西蒙这三个人物形象，又构成了穷人的群体。在语文课上通过分析三个形象，使学生感受到穷人身上共存的淳朴、善良、高尚的美德，这才是真善美和谐的统一，是人间最美好的真情，在这样的人物形象的感召下，学生的心灵得到净化。

2. 自然之美

人与自然和谐共存，是现代社会的主题，是传统文化的精髓。自然是人类赖以生存的根本。投入大自然的怀抱，领略大自然的风姿，倾听大自然的声音，学会以审美的眼光欣赏自然，展现人与自然相亲相依的融和画卷，是语文教材中一个重要主题。"自然美作为审美文化的一个有机组成部分，有着生态环境保护与心灵守护的双重作用。关注自然美中的和谐价值，对于推动科学发展，促进社会和谐具有特殊重要的意义。"②

自然美包括了自然景观美、宇宙美、植物美、动物美等。教材中表现自然之美的课文非常多。表现宇宙万象之美的，如《海上日出》、《山雨》、《火烧云》、《桂林山水》等。瞬息万变的自然现象，优美的环境，丰富的物产资源，使人感情激荡，感受到天地之博大，万物之美好。表现植物美的，如《老槐树》、《荷

---

① 人教版小学语文课本六年级上册第 9 课。
② 吴新元：《和谐文化建设：自然美的和谐价值》，《人民日报》，2007 年 10 月 16 日。

花》、《我爱故乡的杨梅》、《爬山虎的脚》等。充满活力的植物，五彩缤纷的花草树木，使人感到生活的情趣，生命的意义。表现动物美的，如《猫》、《麻雀》、《壁虎》、《翠鸟》等。特别是那些人格化的动物：无私奉献的老牛，人类忠实的朋友——老马，充满母爱的鹌鹑。这些形象，使人感到人世间充满了爱与温情。

一篇文质兼美、构思新奇、富有想象力、生动展现大自然美景的散文是引导学生感受自然之美、提升美的情感的绝好的例子。如人教版六年级上册第一单元的四篇文章就是以"感受自然"为主题，学生要通过四篇文章的学习，感受作者描绘的自然美景，感受人与自然亲密和谐的关系，从而产生热爱自然的情感。第一篇《山中访友》作者带着满怀的好心情，走进山林，探访"山中的众朋友"——古桥、树林、山泉……经过作者动情的叙述，这些自然界的朋友们也仿佛走到了每一位读者的心中，使读者顿生身临其境之感。

对于缺乏生活经验的小学生来说，在课堂上体会自然之美需要老师的引导。教学时，教师如能使用形象的语言的描述，以情境感受的方式，再借助多媒体把自然景物展示出来，图文并茂，形象逼真，就能激发学生情感，引起学生对大自然的热爱和向往。如人教版六年级上册《月光曲》的一个教学实例中，老师月光的描绘就很能体现美育特色。一开始，教师对贝多芬作简要的介绍，接着给学生描述一个静谧的月夜情境，诱发学生去深思，去遐想：皓月当空，月光如水，那柔软的银光洒满小屋，如轻纱、似薄烟，清朗静幽，周围是那样的美。然后用多媒体配乐朗读课文（倒数第二自然段），要求学生闭眼静听，边听边想象月夜的情境。从文字描绘的月夜中想象贝多芬那悦耳的、真情的、动人的琴声。这完全把学生引入了课文的意境。

3. 语言之美

在阅读教学中，不仅是学生了解作品的人物和情节，还必须使学生对作品的语言有所感受。教学时，教师必须依凭课文中的字、词、句、段，以简练、准确、形象的语言，启发、点拨学生，揭示语言文字的内涵，使其对所学的词、句形成具体的形象。如人教版三年级下册第 1 课《燕子》里的一段描写：才下过几阵蒙蒙的细雨。微风吹拂着千万条才展开带黄色的嫩叶的柳丝。青的草，绿的叶，各色鲜艳的花，都像赶集似的聚拢过来，形成了光彩夺目的春天。小燕子从南方赶来，为春光增添了许多生机。这里写景的词语是"蒙蒙细雨"、"带黄色的嫩叶的柳丝"、"各色鲜艳的花"、"光彩夺目的春天"。这些词由形容词和名词搭配的贴切、准确，理解词义的同时"品味"语言所描绘的意境，让书中描写的景象在头脑中构成一幅春天的图画。学生的词语丰富了,欣赏、鉴别和创造美的能力就能进一步得到提高。

强调美育,并不是一味地去陶醉,一味地享受。因为美是抽象的,它必须依附在具体事物之中。表现在语言上,小语教材中大部分文章的语言都具有严谨、生动、含蓄、精辟、明快的特点,是儿童语言学习的范本。如《桂林山水》①中"漓江的水真静啊,静得让你感觉不到它在流动,漓江的水真清啊,清得可以看见江底的沙石;漓江的水真绿啊,绿得仿佛那是一块无瑕的翡翠"。"桂林的山真奇啊,一座座拔地而起,各不相连……. 奇峰罗列,形态万千;桂林的山真秀啊,像……桂林的山真险啊,危峰兀立,怪石嶙峋……"。排比的语言句式,生动地展示了风景如画的美丽风光,在让学生感受其语言之美的同时,学到了语言技巧,对提高儿童语言能力很有帮助。审美的过程既获得了知识,又起到了陶冶情操的作用。这也是文与道结合的过程。

4. 结构之美

结构,简而言之,就是作者对文章材料的组织安排和谋篇布局。如果说主题是文章的灵魂,材料是文章的血肉,那么,结构则是文章的骨架。文章内容是按一定的顺序或方式表达出来的,一篇精彩的文章,其巧妙的艺术构思常常会令读者折服。对文章内容结构美的追求,是在内容和形式统一的基础上,追求文章更加完美的形式。这是人更高一级的需要,我们通常是从逻辑思维的程序,层次内容结构的布局来挖掘作品完美的结构。小学语文教学中分析文章的结构,展现结构之美是提高学生语文能力的一个重要环节。

小学语文教材中课文内容最常见的呈现方式有三种:按时间、按空间、按内容。

一是按时间顺序组织材料进行写人、记事、状物、绘景,有顺叙,有倒叙,优点是段落线索清楚。如《山雨》一课,作者按雨始、雨中、雨后这一时间顺序写的。先是雨来了,由远而近的雨声如无字的歌谣飘然而起;雨中,描绘了山雨带来的音韵美和色彩美;雨后,通过对鸟儿啼啭、雨珠滴落的声响描绘,突出了雨后山林的幽静。再如《观潮》一课,作者按着潮来前、潮来时、潮头过后的时间顺序描写了大潮奔腾西去的全过程。这样写,使文章层次分明,条理清楚。

二是按空间、方位的变化来安排文章结构,或由远到近、由近到远,或由上

① 人教版小学语文课本四年级下册第2课。

到下、由下到上,或由内到外、由外到内,按观察的先后来决定,就像话剧那样一幕一个布景,一目了然。如《记金华的双龙洞》路上见闻,在洞口抬头望,在外洞,由孔隙进入内洞,在内洞,出洞。又如《七月的天山》,进入天山、再往里走、走进天山深处。地点变化都是一目了然。

　　三是依据不同内容,把意思相近、联系密切的内容放在一起组成段落,这样做的好处是:内容集中,段意明白清楚,段落层次不凌乱。如人教版四年级下册《桂林山水》按"总-分-总"的结构方式组织材料。先总述"桂林山水甲天下",然后分述漓江水的特点:"静"、"清"、"绿",接着又写桂林山的特点:"奇"、"秀"、"险"。最后总结:"真是'舟行碧波上,人在画中游'。"

（二） 设计教学中审美的策略

　　那么如何把教材中的美展示到教学中,把死板的记忆化为主动的想象,把频频的说教变成吸引人、鼓舞人和令人心悦诚服的形象,使学生在学习的同时获得一种美的享受,情感的升华呢,这就要求教师在教学中以教材为基础,联系学生的实际,针对不同的文体设计不同的教学策略,以提高学生感受美、鉴赏美、创造美的能力。

　　1. 通过朗读赏析美

　　朗读是语文教学中至关重要的一个环节,古人云:"读书百遍,其义自见","琅琅读书声赛琴声",朗读有助于学生深入理解课文内容,有助于学生发展语言能力,有助于创设文章情景,再造意境,尤其在诗歌教学中,朗读对感受美的语言,体会美的意境,感受诗的音乐性和节奏感是必不可少的。如叶圣陶的《小小的船》"弯弯的月儿小小的船,小小的船儿两头尖。我在小小的船里坐,只看见闪闪的星星蓝蓝的天。"这首诗非常简单,想象却非常独特,具有独特的质朴而又意境深远的美。教学过程中通过朗读能感受到诗歌音韵节奏的美,排列形式的美,创设意境的美,想象新颖独特的美,抒发感情至真至纯的美。入情入境地读,能唤起学生美的共鸣。

　　有人曾打过一个有趣的比方:课文像台机器,默读只是看到了它的外形,朗读才是把它转动了起来,才能真正看到它的好处。所以,教师应重视朗读,充分发挥朗读对理解课文内容、发挥语言陶冶情感的作用。于漪老师说过:"诗歌是灵动的,充满了诗人的智慧和灵秀。因此,教学生阅读,千万不能支解,不可嚼烂,千万不能将秀气和灵气教去了。如果把灵动的、活泼的诗词教僵了,就使他们失去了熏陶的力量,感染的力量。"朗读,正是体现诗歌灵动美与整体感的一种有效的教学手段。通过朗读,能充分发掘教材的内蕴美,使学生更快更深入地进入作者的情感世界,更深入地理解文章所要表达的思想内涵,唤起情感共鸣,获得审美体验。如果学生掌握较高的朗读技巧,就更能深刻地体验美感,获得更高的审美能力。所以,语文教学离不开朗读,这是渗透美育的基本方法。

2. 通过想象拓展美

想象,是审美活动的灵魂。叶圣陶在《文艺作品的鉴赏》一文中谈到阅读教学时说,"文字是一道桥梁,这边的桥墩站着读者,那边的桥墩站着作者,通过了这一桥梁,读者才和作者会面,并且了解作者的心情,和作者的心情契合"。他强调的就是理解能力和想象能力。

审美想象能力,是人们在审美活动中,受审美对象的触发,调动过去的表象积累来补充、拓展、丰富、完善审美对象,并且重新组合、改造而创造新的审美形象的一种能力。联想,是审美想象的一种初级形式,它是由当前所感知的事物联系到其他相关的事物,反映了客观事物和现象在大脑中形成的暂时联系和复合。审美想象是在审美联想的基础上对已有表象加工改造、创造新形象的过程,是一种高级形式。

教学本身就是一门艺术,"最杰出的艺术本领就是想象"。想象可以拓展和创造意境。教学中教师可以引导学生凭借事物的特点,展开想象,或根据事物的发展进行推理想象,让学生驰骋在想象的空间,去开拓最美的意境,从而能够更好的把握作品中的形象,体会到蕴涵在课文中的各种美,有效地培养学生对美的创造力。如教学《秋天的雨》,文章既写了秋雨的美景,又写了秋天的情趣,我们可以创设一个美丽而又富有情趣的情境,让学生在优美的音乐中欣赏美丽绚烂的秋景,给学生一个想象的空间,通过语言分析,设身处地描述出语言所表达的优美感人的艺术境界来,从而唤起他们的想象和联想,使他们动心动情,在潜移默化中培养了审美想象能力。《秋天的雨》之所以具有打动人心的力量,就是因为文章有缜密精巧的构思,玲珑剔透的结构,质朴凝炼的语言,绵密真挚的情致,通篇洋溢诗情画意。在教学过程中通过想象再现情境,体会文章的意境美,是提高学生审美能力的一个有效手段。

3. 通过分析理解美

教材中的各种文体的教学都离不开文本的分析,诗歌的用字的精练传神,散文句式的优美多样,故事中人物的独特语言个性等。对文本的分析是为了更好地帮助学生理解文章的内涵，理解文章所蕴涵的美。教学时，教师可引导学生推敲、欣赏一些美丽的词句，从而得到美的熏陶。如《鸟的天堂》一文中，"那么多的绿叶一簇堆在另一簇上面，不留一点儿缝隙，那翠绿色的颜色明亮地在我眼前闪耀，似乎每一片树叶都有一个新的生命颤动，这美丽的南国的树。"这段话写得非常生动，其中的"堆"字特别传神，它描绘了树叶一片挨着一片，层层叠叠的景象。"明亮"一词形象地写出树叶的色彩鲜明、有光泽。"颤动"一词把静态的榕树描写得栩栩如生。教学中，教师以用品词析句的方法，引导学生品味其中的精妙之处，体味句子的优美。通过老师的分析点拨，学生更能感受到文章用词的准确、语言的优美，更能理解美的意境。

4．通过游戏体会美

席勒说过："只有当游戏的时候，他才是完整的人。"①可以说，游戏是一种很有趣的审美活动。在小学语文教学活动中适当地运用一些游戏活动，可以满足儿童游戏的自然天性，使学生在游戏中体会认知、学会合作，体会美。把学生带入到课文所创设的情境之中是游戏的目的。

表演是深受学生喜爱的一种游戏，表演不仅促使学生更主动地去理解文章，把握形象，充分感受到文学的形象美，同时又在特有的情境之中进行了生动的言语训练，能有效促进学生的心理素质、社交能力和创造力的发展，使学生产生丰富的美感体验，并学会欣赏自己，感受成功。表演这一教学策略非常适合人物形象丰满、故事性强的文体，如童话、寓言等。教材中有丰富的作品都适合用表演的方式让孩子参与到故事之中，让孩子扮演文中的人物、动物、事物，通过语言、行为、情节，再现情境，让孩子们感受学童话的快乐和幸福，展现自己所理解的美。如在《蚂蚁和蝈蝈》这一课中，蚂蚁和蝈蝈是无声的，没有动作神情的，而表演则必须赋予他们人类的七情六欲，使它们活起来。这一过程必须融入学生对故事的理解、体会、感悟。在教学时，老师引导学生想其所想，说其所说，做其所做。当孩子们表演时，也是他们在用心感受着这个故事的深层含义时。用"玩"的方式来对待童话，是儿童对文学的一种独特的把玩方式。

小学低年级的课文大多形象、生动、有趣，"表演"不失为一种好的教学方法，它可以帮助学生理解课文内容，化抽象为形象，化难为易，为学生提供无限广阔的思维、想象和创造的空间。

---

① 闫守轩：《论教学中的生命关怀》，南京师范大学博士学位论文，2004 年。

5. 通过媒体展现美

在小学语文教学中，多媒体手段的配合使用，是适应小学生形象思维特点的一种教学策略，我们要充分利用多媒体辅助设备，直观形象地展示教学内容，调动学生的各种感官参与美好形象的感受，从而更好地展现美，帮助儿童培养审美感知能力。

例如《桂林山水》一文的教学，我们可借助投影录像等手段来演示桂林山水的"像老人、像巨象、像骆驼，像翠绿的屏障，像新生的竹笋"。看一看"静若不动、清可见底、绿如翡翠"的漓江水，让一幅幅色彩明丽，优美恬静的迷人风光展现在学生的面前，让他们感受桂林山水的秀丽。在此基础上，配上一段优美的音乐和名家的朗读，把学生引入愉悦的境界，将山水风光的自然之美和语言之美融为一体，帮助学生从抽象的语言文字中欣赏品析到其中所蕴含的美，唤起他们对美的向往，激起美的情趣，提高对语文的学习兴趣。

6. 通过写作创造美

写作实质上是学生在感知美、发现美的基础上创造美的一个过程。

语文阅读教学由于审美教育的贯穿，教师已让美的内容、美的形象、美的形式潜移默化地在学生头脑中留下了一幅美的画卷，培养了他们初步的美感，为作文中再现美打下基础。有了这些准备之后，教师适时地创造机会让学生进行创作，在创作中体验美。

在作文教学时，可以根据儿童爱想象的特点，不禁锢学生的思维，让学生续编或改编故事，培养儿童的审美创造能力。如教学《称赞》时，引导学生想象小獾做的三个板凳的粗糙和做时的努力，体会"称赞"的必要性；又比如细读《我要的是葫芦》，当种葫芦的人看到小葫芦都落了，会想些什么？很多故事的结尾是言尽而意不尽的，让学生编写故事结尾既可培养学生的发散思维和想象能力，又激发了学生写话的兴趣，培养了写作能力，使他们在创作中体验到了快乐，体验到了美。当然，让学生续编故事也不能天马行空不合逻辑，必须要做到想象合理，情节丰满，语言流畅，这样才能激活学生的审美感受，有助于培养学生的审美创造能力。

小学语文教材中的儿童文学是实现语文审美教育的主体资源，是对少年儿童施行情感教育和审美教育的一种有效途径。儿童文学的审美作用与其认识作用、教育作用和娱乐作用是相互联系、互相渗透的。许多美好的情感、优秀的品质、人生成功必备的素质、良好的精神状态，例如爱、责任、信念、勇气、诗、激情等等,都可以通过儿童文学传递到孩子们的心灵之中。以儿童文学为主体资源的文学教育的目标,最重要的不是知识要素、能力要素的培养,而是情感要素的培养。儿童文学,更关注的是学生自身的经验世界的成长和丰富,这是儿童文学审美价值在语文教育中最重要的价值所在,因为教育的终极目标也正是人的完善。

因此,在语文教育的框架下,把文学教育与儿童审美经验的连接,把儿童文学作为文学教育的重要资源,发挥儿童文学所具有审美价值,通过审美教育达到丰富和发展学生身经验世界的目的,让儿童文学理想主义的审美之光,照彻儿童的人生之路。

第三章 儿童文学在小学语文教材中的现实剖析

　　语文教育百多年历史,见证着小学语文教材一个多世纪的曲折的发展之路。新课改以来,《语文课程标准》对小学语文教材选文的要求:"教材选文要文质兼美,具有典范性,富有文化内涵和时代气息,题材、体裁、风格丰富多样,各种类别配置适当,难易适度,适合学习"。一些地方、高校、出版社以课程标准为纲,从语文基础教育的现实需要出发,纷纷组织专家和教学名师,出版了一批既有自己教材特点,又能体现语文新课标精神原则的小学语文教材。虽然,社会各界对现行各种版本的小学语文教材的看法众说纷纭,褒贬不一,不同的立场有着各自的观点,但总体而言,语文教材改革所取得的成效也是非常显著的。这些新教材从学科角度看,选文力求体现文字优美,饱蕴情思的特点,注重锤炼学生语言,培养学生的人文情怀,同时也考虑到学生的已有经验、兴趣和需要,提供尽量丰富的与学生生活背景有关的素材,从而使教材内容呈现出新颖性、即时性等新的特点,具有鲜明的时代感。然而,其存在的不足之处也是显而易见的。本章对小学语文教材中儿童文学选文的体裁、主题、名著改编及插图内容四个方面,对小学语文教材的内容作一个较为全面的剖析。

第一节 小学语文教材中儿童文学体裁剖析

　　新课改以来,儿童文学逐渐成为了小学语文教育的主要课程资源。儿童文学与小学语文教育的互为渗透,不仅在观念上得到一定程度的共识,同时也已成为儿童文学界和小学语文教育界的一种动向。国家教育部新颁布的《义务教育语文课程标准》明确要求"教材应符合学生的身心发展特点,适应学生的认知水平,密切联系学生的经验世界和想象世界,有助于激发学生的学习兴趣和创新精神",强调要让学生"喜欢阅读,感受阅读的乐趣",并对各学段的阅读都提出了具体建议,如对第一学段(1—2 年级)的阅读要求是"阅读浅近的童话、寓言、故事……诵读儿歌、儿童诗和浅近的古诗展开想象,获得初步的情感体验,感受语言的优美。"[①]童话、寓言、故事、儿歌、童谣、儿童诗等都属于儿童文学文体,儿童文学成为小学阶段学生阅读的主要内容,儿童文学作品成为课文的主体。据统计,现行六年制小学语文教材中的 80%以上的课文属于儿童文学,而在低年级段的课文几乎全都属于儿童文学的范畴,这说明儿童文学已成为小学语文课堂教学的主要内容。"儿童文学作品进入小学语文教科书,作为课文的基础文本,是两种资源转化最直接的方式。从已在教改实验区推广使用的三种义务教育课程标准实验教科书——人民教育出版社版、北京师范大学出版社版、江苏教育出版社版(以下分别简称人教版、北师大版、苏教版)一二年级语文的情况看,选择儿童文学作品作为课文基础的文本已成为共同的趋势。"[②]

　　现在儿童文学作品虽然被大量选入小学语文教材,可是究竟有些什么体裁的儿童文学作品进入教材,进入教材的儿童文学有些什么样的特点呢? 我们有必有对现行的小学语文教材做一个系统的考察,从而对儿童文学在小学语文教材中的面貌有一个全面的认识。首先就要从儿童文学的体裁分类来看。

一、 小学语文教材中儿童文学的体裁分类

　　体裁,文学作品的表现形式,也就是文学作品存在的具体样式。文学体裁根据标准的不同,可以有不同的分类法,例如,"二分法"把文学体裁分为韵文和散文,"三分法"把文学体裁分为叙事类、抒情类和戏剧类,"四分法"将文学

---

① 中华人民共和国教育部制定:《义务教育语文课程标准(2011 年版)》,北京师范大学出版社,2011年。
② 王泉根、赵静等著:《儿童文学与中小学语文教学》,广东教育出版社,2006 年,第 237 页。

体裁分为诗歌、小说、散文和戏剧。然而儿童文学的文体有自己的特殊性，"儿童文学作为与成人文学不同的一种文学类型，拥有成人文学所没有的独特文学形式，因此，儿童文学的版图理所当然地应该呈现出与成人文学不同的划分。"①

我国对儿童文学体裁分类研究于 20 世纪初期开始，1920 年周作人在"儿童的文学"的正式宣言中确立了明确的儿童文学文体观念，并针对儿童不同年龄特征给出对应的文体形式。他把儿童文学分为"诗歌、寓言、童话、天然故事、传说、写实的故事、戏曲"②七类。接着，各研究者论及儿童文学都必涉及儿童文学的文体分类，因此形成了丰富的文体分类方法。如郑振铎把儿童文学分为"诗歌、童谣、寓言、故事、戏剧、小说、格言"七类，而吴研因则分为"故事、诗歌、剧本、普通文、实用文"五大类，每一大类中又有小类……随着我国儿童文学学科逐步走向科学化与规范化，今天的儿童文学文体分类已相对定型，目前常见的如："儿歌、儿童诗；童话、寓言；儿童故事、儿童小说；儿童散文、儿童报告文学；儿童科学文艺；图画文学；儿童戏剧文学、儿童影视文学"③。朱自强在《儿童文学概论》里提出一种相对更为细致的新分类，他把儿童文学从两个层次进行分类，第一层次是从内容和形式上进行大类别的划分，分为：韵语类、幻想类、写实类、纪实类、科学文艺、动物文学和图画书七大类；第二层次是在大类别的系统之下，再根据文学体裁来进行归类划分。④ 这样的分类或许能更有效地呈现儿童文学的独特艺术面貌。当然，任何分类方法都不是完美的，都会有遗漏，会有不科学的地方，也会不可避免地出现文体交叉的情形。

在对小学语文教材进行分析时，对选文的分类必须考虑到教学的需要，从教学的角度出发，兼顾选文的文学性。从语文学科角度，可以按照不同的表达方式将选文分为韵文、记叙文、说明文和议论文四大类。而从文学角度，按照简单与通行的原则，小学语文课文中儿童文学作品的体裁主要有以下几种：儿歌、儿童诗、童话、寓言、儿童故事、儿童散文、儿童小说、儿童戏剧、儿童科学小

---

① 朱自强：《儿童文学概论》，高等教育出版社，2009 年，第 157 页。

② 周作人：《儿童的文学》，见《儿童文学小论》，儿童书局，1932 年，第 72—78 页。

③ 这是方卫平、王昆建主编的《儿童文学教程》中的文体框架。《儿童文学教程》，高等教育出版社，2004 年。

④ 这是朱自强所著《儿童文学概论》中的文体分类法。见《儿童文学概论》，高等教育出版社，2009 年，第 157 页。

品等。两种分类方式相结合,我们可以把儿歌和儿童诗都归入韵文类,把记叙和描写为主要表达方式的小说、童话、故事、戏剧这些以叙事为主的文学作品纳入到记叙文的范围,除此之外,小学语文教材中还有少量的说明文和议论文。

二、 小学语文教材中儿童文学体裁选编统计

1. 小学语文教材中儿童文学体裁统计

根据新课程标准编写出版的经教育部中小学教材审定委员会审查通过的小学语文教材共有十多种,这些由多家出版社出版的新课标小学语文教材都编选了大量儿童文学作品。笔者选取其中三套现在正在使用的、影响较大、运用范围相对较广的小学语文实验教科书作为研究对象,这三套教材是分别是由人民教育出版社、江苏教育出版社和上海人民教育出版社(以下简称人教版、苏教版、沪教版)出版,通过全面整理和统计,对三套教材中1—6年级课文中儿童文学体裁选编情况作了统计,如下表所示。(以作品篇数为统计数据,其中沪教版为1—5年级)

表1 （单位:篇）

		人教版	苏教版	沪教版
儿童诗歌	儿歌	24	27	22
	儿童诗	43	32	48
	所占课文比例	16%	19%	14%
记叙文	童话	44	29	49
	寓言	15	16	9
	儿童故事	141	96	155
	儿童散文	52	80	89
	儿童小说	21	5	5
	儿童科学小品	29		36
	儿童戏剧	2	3	3
	书信	4	1	1
	所占课文比例	74%	73%	68%

		人教版	苏教版	沪教版
说明文	篇数	41	18	35
	所占课文比例	10%	6%	7%
议论文	篇数	3	1	2
	所占课文比例	0.7%	0.3%	0.4%
小计	总篇数	419	316	543

从这个表格，我们可以大致看到现在语文教材的选文情况：

（1）从总体上来看，小学语文教材都编选了大量的儿童文学作品，编选的作品体裁几乎包含了所有儿童文学的类型，有儿歌、儿童诗、童话、寓言、儿童故事、儿童散文、儿童小说、儿童戏剧、儿童科学小品等。各种体裁都有出现，可见小学语文教材的选文体裁类型多样，这在一定程度上反映了选文的丰富性。

（2）从学科分类角度看，比较各种体裁的数量，记叙文所占比重是最大的，儿童诗歌在教材中所占比重也不小，仅次于记叙文，说明文、议论文这两种实用文体也在课本中偶有出现，这是符合小学生的成长规律和发展特征的，有利于小学生向更高阶段的语文学习过渡。

（3）从文学分类角度来看，较多出现的有儿童故事、童话和诗歌（包括儿歌和儿童诗）。这是因为这几种是最具儿童文学特色的、对于儿童的年龄特征最适合的文学形式。如：诗歌具有韵律，读起来朗朗上口，切合儿童的语言特征，易受儿童的喜爱。三套教材中都选取了大量的诗歌，占整个教材课文篇目的近20%；童话则以其想象、夸张、拟人等手法来创造有个性特点的形象，这附合儿童喜欢幻想的年龄特点，是儿童文学中独有的、最受儿童喜爱的一种文学形式，童话在三套教材中都差不多占了课文篇目的10%左右；儿童故事情节生动有趣，非常能够吸引儿童的注意，"爱听故事是儿童的天性，无论哪时代都一样"，所以儿童故事占整个小学语文教材篇目的三分之一强也是理所应该。

2. 小学语文教材中儿童文学作品的体裁分布统计

为更清晰地展现小学语文教材中儿童文学作品的体裁在各个时段的分布情况，笔者对最具代表性的人教版小学语文教材的体裁分布情况作了进一步

的统计,每册课文中各种体裁的儿童文学课文数量见下表:(以课文篇数为统计数据)

表 2 （单位:课）

	一上	一下	二上	二下	三上	三下	四上	四下	五上	五下	六上	六下	合计
儿歌	4												4
儿童诗	5	4	5	2	1	1		1	1	1	1		22
童话	6	13	7	4		1	4					1	36
寓言			2	1	3	1		1					8
儿童故事	1	12	6	15	13	12	6	14	9	12	10	2	112
儿童散文	2	3	6	5	9	7	16	8	6	4	1	5	72
儿童小说					1	3		2	1	1	3	3	14
儿童科学小品			3	3	1	4	4	3	2		2	2	24
儿童戏剧										2			2
每册课文数量	20	34	34	32	28	32	.32	32	28	28	28	21	317
儿童文学所占课文比例	90％	94％	85％	94％	89％	84％	93％	60％	67％	75％	61％	62％	

从上表中可以看出小学语文中的儿童文学作品的选编情况具有如下特点:

（1）小学语文教材中儿童文学作品的数量随着学生年级的增长呈下降的趋势。

在低年级段,儿童文学作品的课文数量所占比重非常大,除古诗文外,几乎所有的内容都是儿童文学作品,包括汉语拼音单元和语文园地的内容,也都是以儿童文学的形式出现。而随着年级的升高,儿童文学的数量也随之减少,儿童文学作品所占课文的比例由最初的近 100％逐步降至 60％左右,呈反比增长的趋势。

（2）儿童文学的体裁在小学语文教材中的分布有着鲜明的年龄特征,也就是说不同时段有着不同的体裁形式。那些最具儿童文学特色的体裁形式如诗歌、童话大多集中在低年级时段,而随年级的递增,儿童故事、科普类文学在教材中的比例越来越多。比如儿歌是最易为幼儿所接受的、最适合训练幼儿语言能力的文学形式,教材中儿歌共有 24 首,全都出现在低年级阶段,其中有 16 首都集中在一年级上册中;再比如寓言是通过简短的故事来说明人生的道理,启发儿童,提高儿童的心智发展水平,适合具有基本识字能力的儿童学习,教材中寓言共有 15 篇,占到了整个教材篇目的 5％左右,集中分布在二、三、四年级段。儿童小说、儿童科学小品等则分布在中高年级阶段。

以前的语文教学大纲和现在的语文课程标准中都有过这样的建议:"低年级课文要注重儿童化,贴近儿童用语,充分考虑儿童经验世界和想象世界的联系,语文课文的类型以童话、寓言、诗歌故事为主,中高年级语文题材的风格应该多样化,要有一定数量的科普作品"。因此,这样的体裁编排特点是基本合理的,符合儿童的心理发展的规律。

三、 小学语文教材中几种主要儿童文学体裁分析

1. 儿童诗歌

诗歌对于儿童的身心发展的重要性,已经为越来越多的有识之士所认同。文质兼美、意境优美、内涵丰富的儿童诗歌对小学生现在乃至一生的发展都有着深远的影响。

在小学语文中,我们把儿歌、儿童诗、古诗都归入儿童诗歌的教学范畴。从现行的人教版小学语文教材整体来看,儿童诗歌主要集中在低年级段,一二年级的课文中的儿童诗歌占课文篇目的 42％,三年级以后的儿童诗歌仅占阅读总篇目的 3％。儿童诗歌成为低年级段语文教材最主要的文学体裁形式。(诗歌篇目见附录 1)(以作品篇数为统计数据。单位:篇)

	一上	一下	二上	二下	三上	三下	四上	四下	五上	五下	六上	六下	总
儿歌	16	2	4	1	1								24
儿童诗	7	7	7	5	2	2	1	1	1	2	6	2	43

	一上	一下	二上	二下	三上	三下	四上	四下	五上	五下	六上	六下	总
儿童文学选文总篇数	34	42	38	35	36	37	25	29	29	18	27	23	373
比例	68%	21%	29%	17%	8%	5%	4%	3%	3%	11%	22%	7%	18%

（1）儿歌

教材中儿童诗歌的主要形式之一是儿歌。儿歌，又称童谣，是以简洁生动的韵语创作的，适合儿童听赏、念唱的简短的"歌谣体"诗歌。它是儿童文学中历史最悠久的一种文体，也是人生中最早接触的一种文学样式，儿歌直白的表达形式最易为低幼儿童所接受，因此，在小学语文教材的低年级段中儿歌所占比重最大。在人教版的小学语文教材中，儿歌共有24首（包括了拼音单元与识字版块的儿歌），一年级上册中最多，有16首，汉语拼音单元的学习大多是用儿歌来配合的。从三年级下册开始，教材中就不再有儿歌出现了。一年级上册中，汉语拼音单元有10首儿歌，识字单元有5首儿歌，这样的安排是有利于孩子的学习的。因为对刚入小学的小学生而言，开始几个月枯燥的拼音教学和汉字学习难以保持孩子们长时间的学习兴趣，而将拼音和汉字的学习融入到儿歌当中进行实施，则能收到良好的学习效果。如学习 j、q、x 时，配有儿歌《在一起》"小黄鸡，小黑鸡，欢欢喜喜在一起。刨刨土，捉捉虫，青草地上做游戏。"这样，把抽象的拼音字母和形象的儿歌结合起来，让学生学起来不感到枯燥，也更容易记住。再如，识字单元的第一首儿歌《一去二三里》"一去二三里，烟村四五家。亭台六七座，八九十枝花"，从一到十都融入一首儿歌中，简短而又形象，读起来朗朗上口，符合低年级学生善于形象思维的特点，使他们感受到文学的魅力。

（2）儿童诗

儿童诗歌的另一种重要形式是儿童诗。儿童诗是专为儿童创造的、切合少年儿童心理特点、适合他们听赏诵读、为他们所理解和喜爱的自由体诗歌。儿童诗往往篇幅不长，充满童趣，语言亲切自然，读起来朗朗上口，简单却又不失哲理意味。同儿歌相比，它的思想内容更为深沉含蓄，抒情性更强，更讲究诗的意境，语言也更加精致。

据统计，入选人教版小学语文教材的儿童诗共有 43 篇，占总课文篇数的 10％左右。其中一、二年级儿童诗选文所占儿童诗选文总数的 60％，比例最高。从三年级开始比例骤然下降，六年级上册因增加了诗歌学习板块——综合性学习《轻叩诗歌的大门》，其中收入了 5 篇儿童诗，使得六年级儿童诗选文的比例又骤然升高，虽然这不是主体课文，但因一学期一次的综合性学习在语文教科书中也同样占有重要的地位，因此这 5 篇儿童诗也统计在内。

虽然小学语文课程改革已经开始关注儿童诗教育，而在数量上、分配的比例上还需要更多投入。从人教版教材的统计数据来看，儿童诗的总体数量占课文总数的 10％左右，这显然是不够的。从分配比例来看，儿童诗主要集中在低年级段，中、高年级段入选比例过少，除六年级上册外，其余每册只有 1—2 篇入选。尽管在课后练习系统中，如《读一读》、《日积月累》中也安排了一些儿童诗阅读，但和主体课文相比，练习系统的儿童诗在教师和学生眼中受重视的程度远不如主体课文。由于儿童诗入选主体课文数量有限，同时各年级段分配比例不均衡，这直接导致了儿童从低年级开始对儿童诗产生兴趣，逐渐发展为对儿童诗接触过少，从而使得他们逐渐远离儿童诗；而高年级段的学生更是对儿童诗了解很少，并且现在的语文考试注重文本的分析，作文要求更是限制诗歌创作，使得教师和学生的注意力都偏离了儿童诗。

儿童诗是小学语文教学的有效载体，一定数量的、安排合理的高质量的儿童诗可以为小学低年级的孩子做好一定的语言积淀，逐步从拼音、字词，句子的学习过渡到材料阅读、课文学习起到桥梁作用。并且，儿童诗对于儿童语感的培养和发展，精神世界的丰富和智力教育有着别的文体不可替代的作用。不仅如此，儿童诗的接受主体有着明显的年龄特征，一些文体，在儿童以后的学习和成长历程中，还会有较多的接触，但儿童诗不同，儿童诗的阅读对象是儿童，如果孩子现在不读儿童诗，没有受到足够的儿童诗的熏陶，成人以后就很难会再去读了，这不能不说是一个缺憾，不应该让孩子们错过有机会欣赏儿童诗的最佳阶段。

儿童诗在儿童的成长过程中扮演着重要的角色，好的儿童诗与儿童的精神需要相符合，有助于儿童纯洁人格的塑造的。对小学阶段的学生来说，儿童诗最能表现他们的"现实生活世界和心灵世界"，儿童诗"以诗艺的方式参与少年儿童精神生命的健康成长，同时升华他们的诗歌鉴赏与认同雅兴。爱诗懂诗从诗美艺术中吮取精神素养,这对于儿童的'精神成人'具有特殊的价值意义。"①因此,入选教材的儿童诗应该在质量上有着较高的要求,只有建立在可接受与有教育意义基础上的经典之作才可以拿来当作学习的范本。从人教版小学语文教材的儿童诗选文来看,入选的儿童诗有很多是优秀的作品。有大师的经典之作如:叶圣陶的《小小的船》和《风》、冰心的《雨后》、任溶溶的《绒毛小熊》、金波的《信》、高洪波的《杨树之歌》等;也有一些优秀诗人的佳作如:雪兵的《柳树醒了》、邱易东的《妈妈,不要送伞来》、毕国瑛的《听听,秋的声音》等。这些诗充满诗情画意而又富有儿童趣味,有不少天然纯真而又意蕴丰富,其独具的文学和美学价值是值得人再三回味,经得起琢磨的。

　　然而,仔细阅读教材里面的儿童诗,有些入选作品还是有很多问题的。比如思想性太强、语言不符合儿童年龄特点,不注意知识与情趣的结合,不在尊重原作的基础上改编,对儿童精神培养不足,等等。有很多课文没有署名或注明出处,这或许是无法查到原创作者造成的,也有可能是编写人员出于内容上或编排上的需要,由编写人员自己编写的,或者从某某文摘摘录而来。且不论这些选文是否合乎教材编写规范,就选文本身的质量而言就让人堪忧。如苏教版教材一年级上册中的儿童诗《家》:"蓝天/是白云的家,泥土/是种子的家,森林/是小鸟的家,小河/是鱼儿的家,我们/是/祖国的/花朵,祖国/就是/我们的家。"最后两句"我们是祖国的花朵,祖国就是我们的家"把花朵和祖国联系在一起,与前面的"蓝天是白云的家,树林家,小河是鱼儿的家,泥土是种子的家"内容上相脱节,修辞上、逻辑上有些混乱,前后文缺乏一定的逻辑关系,显得有些牵强,道德说教意味浓重,对于一年级的孩子而言,不仅不能起到爱国教育的目的,也无法让孩子感觉到诗歌的美,对孩子语文学习有害无益。这样的问题在各种版本的教材中都存在,而且为数不少。

　　儿童天生与诗有着密切的关系,他们对声音和节奏有天然的爱好,他们是天生的诗人。在儿童的生命成长过程中,诗歌成为他们不可或缺的精神食粮。每个儿童都是充满活力、幻想与梦想的生命个体,他们的丰富的想象力自由而旺盛地在他们的生命中涌动,而儿童诗歌,正是植根于这种天才的想象又反馈给儿童想象的巨大空间,在某种意义上,它就是儿童心灵的游戏,是潜意识的

---

① 周克杰:《经典诗文——培植学生人文素养的沃土》,《现代教育科学(小学教师)》,2011年第5期。

活动,是精神的自由创造。因此,儿童诗不仅适合儿童的天性,而且在开启和培育儿童的想像力、陶冶儿童的情操、增进儿童的语感等方面都发挥着重要的作用。只有当更多更好的儿童诗歌走入教材,当更多的孩子闪烁着灵动的目光感受着儿童诗歌的美丽时,儿童诗才能真正从课本走入孩子们的内心世界。

2. 童话

童话,是儿童文学独有的一种文学样式,是"在现实生活的基础上,用符合儿童的想象力的奇特的情节编织成的一种富于幻想色彩的故事"[①],是儿童文学中最契合儿童心理与思维方式的一种文学体裁。幻想,是童话的基本精神。对于童话,安徒生曾经这样描述:"童话是一个最老的人,不过她的样子却显得最年轻。""最奇异的童话是从真实的生活里产生出来的。""童话和诗,它们像同一材料织成的两段布,可以随便在什么地方躺下来。"这位天才的童话诗人在寥寥数语之间就揭示出古老的童话之所以能永远年轻的秘密:它和诗歌一样扎根于历史与现实,并指向人的内心世界。童话对于儿童的神奇诱惑没有人会怀疑,对于儿童来说,童话的奥妙就在于它实际上是儿童奇幻纯真心灵的写照,每个孩子都可以像照镜子那样在童话中直观到自己。童话借助奇特的想象摆脱时空的束缚,将平凡的真实世界幻化为美丽的、超现实的境界,为儿童带来无限的惊喜和愉悦,它所具有的丰富的心理意义与文学特性对于儿童的心灵发展有着非常重要的意义,对儿童想象力的培养、思维能力的提高和审美能力的升华有着特殊的作用。(童话篇目见附录2)

(1) 从数量上分析(以作品篇数为统计数据)

小学语文教材中所选童话基本集中在低中年级段。以人教版为例(单位:篇):

	一上	一下	二上	二下	三上	三下	四上	四下	五上	五下	六上	六下	总
童话	6	17	9	4	1	2	4	0	0	0	0	1	44
儿童文学选文总篇数	34	42	38	35	36	37	25	29	29	18	27	23	373
比例	30%	46%	26%	13%	7%	3%	12%	6%	0%	0%	0%	4%	14%

[①] 蒋风:《儿童文学概论》,湖南少年儿童出版社,1982年,第115页。

从上表中,我们可以看出,童话这一体裁大多集中在中低年级段,以低年级段为主。一年级上册童话有 6 篇,占课文比例的 30%,虽然比不上诗歌所占的比例,但由于这一册教材承担着拼音与识字的教学任务,而拼音和识字的教学显然更适应用诗歌来配合,从这个意义上说,6 篇童话在这一册中所占比例是很高的了。一年级下册中童话有 17 篇,占课文总数的近一半,是这册中所占比例最大的文体。而随着年级的升高,童话在教材中的比例逐渐减少,从中年级段开始童话选文急剧减少,从四年级下册开始连续四个学期的语文课本中是没有童话的,整个高年级段就只有六年级下册中有一篇童话是安徒生的《卖火柴的小女孩》,然而即便这一篇童话,编者是把它与《凡卡》、《鲁滨孙漂流记》和《汤姆·索亚历险记》三篇小说一起共同组成了一个名著单元,并且在《教师教学用书》中这样解读的:"写实和写虚交替进行,美丽的幻象和残酷的现实更替出现","本文教学的难点是,如何让今天中国的小孩子体会到当年小孩的生活情境。"①显然,编者是并没有把它当作童话作品来看待,而是当作对现实社会黑暗面的反映,因此,我们可以这样说,六年级下册中并没有一篇真正意义上的童话。

从数量上对童话体裁在小学语文教材中的统计结果可以看出,童话在教科书中基本被视为一种低年级小学生阅读的文体,渐渐成长的孩子似乎应该自然地远离离它,以至于从三年级开始每册教材中的童话选文就只剩下凤毛麟角了,甚至高年级段都没有真正的童话选文。这其实是教育工具论的体现,因为童话在低年级教科书中承担了各种功能:行为规范教育、科普知识普及、传播环保理念等等,对童话的这种工具性理解导致童话这一体裁密集地出现在低年级教科书中。并且,这也反映了目前的语文教科书的编者对于童话在建构人文精神底蕴的重要性上还缺乏足够的认识。小学中高年级段童话数量过少势必会影响小学生阅读的兴趣,甚至影响到对语文这个学科的喜爱程度。从学科角度看,童话作品工具性的凸现也影响了语文学科本身的审美功能和表现力,语文学科的"情感态度与价值观"这个培养目标也就被淡化了。

（2）从内容上分析

童话这一体裁形式最富有儿童特点、更符合儿童的思维方式和心理特点,比其他艺术形式更能够给孩子插上想象的翅膀、更容易渗透儿童的心灵。入

---

① 《教师教学用书·语文》,六年级,下册,人民教育出版社 2006 年版,第 145 页。

选教材的童话表达了不同的主题：有爱的主题，如《小公鸡和小鸭子》、《小山羊》；有善与恶的主题，如《狼和小羊》；有科学探索的主题，如《小马过河》；有保护自然的主题，如《清清的小溪水》等，童话的审美教育的功能蕴含其中。"好的童话能把一些抽象的道理和道德观念便得具体生动，使儿童乐于接受。""对于天性好动、注意力不易集中的儿童来说，乏味的教训往往收效甚微，而童话却为家长和教师提供了一把打开儿童心灵的钥匙。"①如阿·托尔斯泰的童话《大萝卜》，通过老头儿、老婆儿、小孙女儿、小狗儿、小猫儿、小耗子拔萝卜的故事，"团结起来力量大"这一伟大而朴素的真理就会自然而然地融化在孩子的心里。著名的格林童话《白雪公主》，描写的是一个狠毒的王后一次次陷害美丽善良的公主，公主在七个小矮人的真诚帮助下一次次度过难关，最后在英俊王子诚挚爱情的感召下死而复生的故事，故事最后以王后害人害己而公主获得幸福生活的结局结束，歌颂了真、善、美，鞭挞了假、恶、丑，是非观念、爱憎情感潜移默化地在儿童的心中形成……童话展现在孩子面前的是一个个奇妙的超乎现实的美丽世界，科学的、道德的、审美的品质孕育于其中。

入选小学语文教材的童话应该是生动有趣、合艺术性知识性教育性为一体的而又经得起童话艺术标准检验的作品，然而，仔细分析，入选教材的童话往往是重道德教化、重知识灌输，缺少幻想，有评价其为教材体童话，是"合乎要求的教学文本，结构清晰、语言流畅，但内容、手法雷同，风格如出一辙，运用儿童文学手法也比较机械，完全是教本范式和儿童文学套路的复制，跟真正的儿童文学相去甚远。"②

首先，表现在以道德教育为主，主题上大多数存在着一种明显的道德训诫的倾向，如童话《小猫钓鱼》，通过对猫姐姐钓鱼一心一意，猫弟弟钓鱼三心二意的对比描写，告诉孩子们做事要有恒心，不能三心二意的道理；《蘑菇该奖给谁》讲的是小白兔和小黑兔参加跑步比赛的故事，告诉学生有勇气敢于和强手竞争的道理；《两只小狮子》通过对两只小狮子不同的行为的描写，告诉孩子万事不能依赖父母，应该从小学习生活本领的道理；《小鹿的玫瑰花》，通过故事体会栽花种草的价值，让孩子认识到为别人创造幸福，自己也能从中得到快乐的道理……一篇篇生动有趣的童话作品留给孩子的往往是一个个教训，童话

① 蒋风：《儿童文学概论》，湖南少年儿童出版社，1982年，第60页。
② 王泉根、赵静等：《儿童文学与中小学语文教学》，广东教育小版社，2006年，第249页。

作品似乎也就只是语文教材美丽外衣下的政治课本,教化的痕迹在很大程度上遮蔽了童话原本应有的审美愉悦感。

其次,表现在以知识灌输为学习目标,内容上以传授自然科学知识为主,如《小壁虎借尾巴》,让孩子初步了解一些动物尾巴的作用;《我是什么》介绍云、雨、雹子、雪等自然现象都是水的变化形成的;《棉花姑娘》让孩子认识一些对人类有用的鸟类和益虫;《地球爷爷的手》介绍地心引力这一科学常识……这一类的童话一味地尊崇知识性,科学至上主义严重,被称为"知识童话",其实质是披着童话外衣的知识性短文,极大地局限了孩子们的想象力。

第三,表现在为适应教材形式而对原作进行改写,削弱了作品的文学性。人教版教材中 43 篇童话,标明作者的有 32 篇,其中有 25 篇是经过改写而成的。教材改写童话或许是出于篇幅、出于学生的认知范围等各种因素,以适合学生的阅读水平。但是,经过改编的作品往往文学色彩就稍差一些,特别是一些名家名作,改编后往往没有了原来独特而优美的文字描述,有的甚至已经完全背离了作品的文学品性,审美价值受到极大削减。如安徒生著名的童话《丑小鸭》,人教版经改编后收入二年级下册中,从原文有六千多字的汉字译文删改成四百多字的课文,可想而知,改写后的《丑小鸭》已经完全丧失了安徒生原作中的童话色彩,这样的课文究竟还有多少可读性呢? 还有如四年级上册中童话《巨人的花园》,改自王尔德的童话《自私的巨人》,原文两千六百多字经改编后成的课文《巨人的花园》只剩下八百多字,其实这篇童话原作并不是很长,完全没有必要作如此大刀阔斧的修改。并且如果在课文中保持原著的本真面貌,那么这篇课文鉴于作者特殊的美学理念与信仰背景,可收在六年级的课文中更为合适。

童话作为一种古老的文体形式,绝不仅仅是娱乐或教化儿童的手段,即便在这科技飞速发展、技术理性张扬的时代,它依然担当着守护人类的精神梦想与信念的重任,因为不管在什么时代,生命在其生长过程中总是会遇到相似的困惑、痛苦或幸福,而古老童话的想象力如同是一个奇异的源泉,给予我们精神的力量,"我们的想象力越丰富,就越能产生更多的想象,越少拘泥于某个固定的世界观,于是我们就更有可能改变我们的生活,改变我们自己。"①并且,童话中有益的思想、情感和教训只有融化在富有想象力的故事、生动丰满的艺

① ［德］维蕾娜·卡斯特:《成功解读童话》,上海人民出版社,2003 年,第 3 页。

术形象之中时,才能对读者产生"应激心灵"的效果,才能在读者心灵的田园里开花结果。而这些"教化性童话"和所谓的"知识童活",以及经过改编的"伪名著",存在着明显的重道德教育、重理性知识灌输,忽视培养学生想象力和幻想力的倾向,难以用童话艺术标准加以衡量,忽视了对童话的终极意义以及对建构人文精神底蕴的重要性的认识,不仅限制了学生对作品的深入理解,也影响了文学作品的审美价值的实现。

3. 寓言

寓言,就是把深刻的哲理或者教训寄托在简短而生动有趣的故事里的一种文学样式,是世界上最古老的文学体裁之一。寓言的篇幅一般都很短小,故事情节比较简单,人物之间的矛盾冲突也不复杂,故事带有明显的告诫性或讽刺性,告诫或讽刺违背客观规律的人和事,让人们领会出其中的道理。法国著名寓言作家拉·封丹这样阐释寓言:"一个寓言,可以分作身体与灵魂两部分,所述的故事,好比身体,所给予人的教训,好比灵魂。"可见,一个寓言故事就是一个大的比喻,寓意为本体,故事为喻体。正是由于寓言的哲理内含和直截了当的教育意义,寓言从古至今,从西方到中国,一直是被用作教育儿童的故事范本。在古希腊有《伊索寓言》,在印度有古老的寓言童话集《五卷书》,法国有拉·封丹寓言,俄国有克雷洛夫寓言。在中国,先秦时期的诸子百家如庄子、韩非子中就有很多寓言故事如《守株待兔》、《鹬蚌相争》、《黔驴之技》等等。随着教育事业的发展,寓言对于教育的特殊功效也被越来越多的教育工作者所认识,古今中外的不少寓言作品经过改编成为适合儿童阅读的一种文学体裁被选入小学语文教材中。据统计,现行的各种版本的小学语文教材中都有数量不等的寓言作品入选,少则十多则,多则几十则。

以人教版教材为例,入选寓言共有15篇,集中在二、三、四年级中,其中二年级上下册共7篇,三年级上下册共5篇,四年级上下册共3篇,可见寓言在教材中主要集中在低年级段。寓言作品选文在每册中的具体情况列表如下:

年　　级	篇　　名	备　　注
二年级上册	坐井观天	课文
	我要的是葫芦	课文
	三只白鹤	选读课文

续表

年　级	篇　名	备　注
二年级上册	骆驼和羊	选读课文
	骑驴	语文园地
二年级下册	揠苗助长	课文
	守株待兔	课文
三年级上册	狮子和鹿	课文
	矛和盾的集合	课文
	陶罐和铁罐	课文
三年级下册	亡羊补牢	课文
	南辕北辙	课文
四年级上册	小青石	选读课文
四年级下册	纪昌学射	课文
	扁鹊治病	课文

数量上看,寓言作品的总量有一定保证;内容上看,所选的寓言篇目品种较单一,外国寓言数量少,大多数是从反面来进行说教,通过《坐井观天》,让小学生理解天地的宽广;通过《我要的是葫芦》,让小学生理解事物整体与局部关系,做一个思维全面发展的人。改写寓言原作时,舍弃了原作中许多生动内容;课后练习设计语言教学的项目明显多于文学学习项目。

寓言是故事和道理的结合,这些以动物为主人公的故事以其妙趣横生的情节受到孩子们的喜爱,而其深刻隽永的哲理则潜移默化地影响着孩子们日后的为人处事,寓言的教育意义不言而寓。当代著名寓言作家金江先生这样评价寓言对于少年儿童教育的作用:"学校教师通过寓言教育儿童是最适宜不过了。寓言既简短又具体,既生动又形象,使儿童懂得道理,受到教育,效果很好。通过寓言培养儿童丰富的想象力对儿童进行美学教育,作用也很大。寓言的精炼、优美、明快智慧的语言,又是对儿童进行语言教育的好教材。所以,寓言的美学教育和语言教育的价值很显著。"①

---

① 金江编:《中国现代寓言集锦·前言》,江苏人民出版社,1983 年版。

4. 儿童故事

故事,本指叙述性文学作品中有因果关系的生活事件。由于它循序发展、环环相扣,构成有吸引力的情节,所以又称为故事情节。它侧重于对实践过程的叙述,强调情节的生动性和和连贯性,而对人物性格较少作细致的刻画。儿童故事指专为儿童创作的、具有故事情节、适合儿童读和听的文学作品。儿童故事与其他儿童文学体裁相比,其优越性特别表现在传达上。与小说比,虽然它较少刻画人物和描绘环境气氛,但它以极简练的笔墨勾勒人物和环境,它的悬念、口语、节奏等,则比小说更能吸引儿童。与童话相比,它不像童话那样想象奇特丰富,但也有艺术夸张和虚构,且显得比童话更合乎常理,使儿童觉得"真实可信"。与戏剧影视相比,它可以不受具体时空的限制,随时随地都可以读与讲。与科学的知识性读物比,更能让儿童在繁重的学校生活外获得一方乐土,可以不假思索地袒露天性,获得心灵的解放与情绪上的愉悦。所有这些,都是其他文学形式难以替代的。孩子们都是天生的故事迷,他们总是围着大人恳切地提出要求:"给我们讲个故事吧!"等到他们识了字,就会到处搜罗故事来读。正因为有儿童的阅读需求,各种各样的故事也愈来愈成熟,愈来愈丰富、愈完善,其创作手法也日趋多样,形成了较为定型的神话故事、传奇故事、历史故事、动物故事、生活故事、科幻故事、文学名著故事等。

在小学语文教材中,儿童故事这一体裁在课文中所占的比例是最大的,它构成课文的主体。以人教版为例,儿童故事在课文中的数量有 100 篇之多,如果加上选读课文和其他版块,总的数量将近 150 篇。具体统计如下:(以作品篇数为统计数据)

	一上	一下	二上	二下	三上	三下	四上	四下	五上	五下	六上	六下	总计
儿童故事	1	12	7	18	19	18	7	15	12	9	13	10	141
儿童文学选文总篇数	34	42	38	35	36	37	25	29	29	18	27	23	373
比例	5%	35%	21%	56%	69%	56%	22%	49%	43%	32%	46%	48%	45%

人教版小学语文教材中,儿童故事共有 141 篇课文,占课文总数的 45%,其中二年级下册和三年级上下册中所占比例最高,所占整册课文篇目的比例都超过了 50%。爱听故事是孩子的天性,孩子的学习往往就是从听读故事、

讲故事开始的,小学语文教材中故事类作品应该占有较大的比重。在儿童故事方面,新教材对老教材的改动非常大,删去了不少脱离时代的课文,使小学语文课文更加贴近生活,使时代气息更为浓厚,更加突出以人为本的精神主旨,如表现善良美好童心的《卡罗尔和她的小猫》、表现生命意识的《浅水洼里的小鱼》、表现自我意识的《我不是最弱小的》、表现动物的《跑进家来的松鼠》、表现对他人的尊重的《别饿坏了那匹马》等。

虽然新教材中的儿童故事相比以前有了不少进步,然而很多课文仍然显得面貌陈旧,说教意味浓厚。领袖、名人的故事所占比重较大,像《毛主席在花山》、《吃水不忘挖井人》、《难忘的泼水节》、《一夜的工作》,这些故事枯燥乏味、乏善可陈。不少故事没有儿童的趣味,可读性不强,像《玩具柜台前的孩子》、《日记两则》等,故事里的孩子被教育得懂事、听话、孝顺,显得非常地成人化,体现不出孩子该有的无忧无虑的天真欢乐,这样的故事是以成年人的意志和行为标准去干涉孩童的世界,无视孩子的主体地位,不能算是真正的儿童文学的儿童故事。还有不少故事存在着内容虚假、文字干枯、逻辑不通的现象,如人教版小学五年级上册第17课《地震中的父与子》,讲述了地震中发生的一则故事。一个父亲匆匆赶到倒塌的小学,徒手刨挖了38个小时,救出了包括他儿子在内的14个小孩。课文为了强调父爱的伟大,硬是用简单的思维,拼凑出父亲徒手刨挖的情节,课文最后写到,14个孩子在被埋38个小时后,仍毫发未损,精神抖擞,这显然不合常理。三年级下册第26课《一面五星红旗》,写一名中国留学生在一次假期的漂流活动中发生了事故,在极度困难的处境下,拒绝了面包店老板用国旗换面包的要求,以自己的爱国精神维护了国旗的尊严,赢得了外国朋友的尊敬的爱国主义教育的故事。很明显,这样的事例不符合逻辑、不符合实际,生搬硬造,无法令人信服。

优秀的儿童故事不仅仅在于是小学生学习语言的好材料,更重要的是在于它对学生精神成长的作用巨大,它使孩子求真、向善、尚美.使孩子具有自由的想象力、敏锐的感受力、丰富的情感力,使孩子内心柔软、细腻而丰富……优秀的儿童文学的儿童故事作品浩如烟海,数不胜数,然而收入小学语文教材的儿童故事优秀的篇目却数量有限,着实让人遗憾。

5. 儿童散文

散文是一种题材广泛,结构灵活,以自由、个性的笔墨抒写作者的心灵感受与生命体验的艺术性的散体文章,也叫做美文。儿童散文是为少年儿童创作的,用生动、凝练、生活化的文学语言传达儿童生活情趣及心灵感受,并适合儿童审美需求和欣赏水平的散文。我国的散文历史悠久,但为儿童创作的儿童散文却始于五四时期,起步较晚,是从现代成人散文中分化出来的。

散文在小学语文教材中占有较大的比重,在人教版中,儿童散文在教材中占有的比重仅次于儿童故事,儿童散文有七八十篇,另外,在高年级中还有一些比较成人化的散文。也就是说,散文在语文教材中是一个主角。教材中选入的儿童散文,比较多的是以景物描写为主,不少景物描写的散文内容丰富广泛、语言清新流畅,是写作的范文。诵读这些散文,能让儿童悦心益智,受到美的熏陶,得到美的享受,让学生感受到《秋天》的金黄,《初冬》的白茫茫,《北京》的阔大、壮美,看到了《看雪》中雪花的姿态,体味着大自然的神奇美妙。一些名家的作品感情细腻、文笔优美,娓娓道来,显得从容优雅,如贾平凹的《风筝》、尹黎的《槐乡的孩子》、萧红的《火烧云》、《祖父的园子》等。散文教学的目标应是立人,而不是完成教化和灌输。通过诵读散文,唤起儿童独特的生命体验和语言文字的感受,丰富儿童的情感和精神世界;通过对散文的思想内容、作品结构或者语言表达的学习,提高他们对母语的感受、理解和表达能力,提高语文能力。

然而,有不少入选的作品的标准和品质值得斟酌。有的散文虽然名家之作,但未必适合少年儿童欣赏。如冰心的散文《只拣儿童多处行》,写冰心跟着儿童游颐和园的过程和感受,完全是一个老人的视角和情感,跟儿童的精神世界和审美趣味相差甚远。另一篇吴伯箫的《早》是写作者参观绍兴三味书屋的散文,这篇作品没有表现出一点点鲁迅先生的精神特质和语言风格。"亲近母语"创始人徐冬梅认为,好的儿童散文要从童心出发,用儿童的视角和语言来表达,其表达的意蕴和道理要深刻,并且要真实,真实是散文的生命。[①] 而教材中有一些散文缺乏真情实感,模式化现象严重。如比如好多儿童散文都是以总—分—总的模式展现:先概述,再重点描写,最后概括升华,《西湖》、《东方明珠》、《九寨沟》等散文都是如此,没有真情实感,缺少趣味性,程式化现象严重,让孩子学起来索然无味,味同嚼蜡。

---

① 徐冬梅:《大量散文入选小学语文教材背后的无奈》,《中国教育报》2011年10月27日。

四、 小学语文教材中儿童文学体裁选编的不足

文学教育应该是小学语文教育的核心理念,小学语文文学教育应该以儿童文学为根基来展开,儿童文学应该真正成为小学语文教育教学的资源和方法。虽然有评价"人教版在儿童文学材料选择、利用方面最为突出,特别是与原有教材相比,使用儿童文学资源的规模有大幅度提高。"①然而通过对人教版的语文教材中的儿童文学的体裁进行统计分析,发现入选教材的儿童文学体裁选编上依然有不少缺陷,主要表现为体裁种类不平衡,有的文体严重缺失。

1. 中国民间文学的缺失

民间文学包括民间儿歌、民间童话、民间故事等各种形式,在小学语文教材中民间文学数量非常少,以人教版为例,民间文学的课文仅有为数不多的四、五篇,而这有限的几篇也是经过了大幅度的改编而成的。如人教版三年级上册第 18 课《盘古开天地》,内容取材自民间神话传说,经过作者改写而成一篇四百字左右的儿童故事,是剔除了血肉仅剩一个空壳的故事,完全没有了民间故事的生动有趣、引人入胜的特点。其他几篇民间故事:《女娲补天》、《夸父追日》、《文成公主进藏》也莫不如此,让人无法感受到民间文学的魅力。实际上,民间文学被排斥在教材之外,这其实是一个非常大的失误,因为民间文学既拥有独特的、儿童所喜闻乐见、易于接受的语文价值,又是民俗、历史、传统文化的重要载体,是饱含了非常精湛的艺术精华,有着丰富的人文内涵的一种文学体裁。

中国的民间故事浩如烟海,源远流长,不仅种类繁多,并且内容生动、形式朴素,兼备中华文化、中国智慧之美,符合中华民族儿童对本土文化天然的渴求,如《西游记》故事、宝莲灯故事、葫芦娃故事等,都是儿童的喜爱的。对小学生进行民族文化熏陶的一个重要资源莫过于民间文学了,特别是民间流传的儿歌童谣,最具有游戏性,是一个民族集体潜意识的精神追求,像"一只哈巴狗,蹲在大门口,眼睛黑黝黝,想吃肉骨头"这样的民间儿歌,用简洁的语言,生动而又传神地将小狗的形象和心理都表现了出来,不仅符合低年级儿童的审

---

① 王泉根、赵静等:《儿童文学与中小学语文教学》,广东教育出版社,2006 年,第 247 页。

美情趣,也体现了语言的独特魅力,能引起儿童的阅读兴趣。童谣中的趣味不仅受儿童的喜爱,对于受过民间文学熏陶过的成年人都不得不承认,民间文学对于我们的童年来说是多么宝贵的回忆,《摇篮曲》、《小板凳》、《外婆桥》……其欢快的节奏、诙谐的语言、优美的旋律不仅是儿童语言学习的材料,也是成年人心中的美好记忆。而民间神话故事更是以其充满幻想和神怪色彩的原始文化气息,以及故事嵌套、情节反复、悬念叠加、首尾呼应等特点,以拟人、比喻、夸张等艺术手法的运用,与有"泛灵性"心理的儿童审美情趣相通,给儿童带来最深远的传统教育、人生体味和厚重的文化价值,成为他们一生快乐精神的种子。在其他国家的母语教材中,民间文学是其中一个重要组成部分。在日本,小学一年级的母语教材《光村图书·国语》就有一篇日本民间故事《狸子的纺车》①。还有一则流传在我国内蒙古的民间故事《苏和的白马》,也被选入他们的教材。

民间文学材料应该是低年级语文教材的好资源,儿童在接受语文学习的同时,又能接受到中国传统文化的熏陶。然而优秀的民间文学在我们的小学语文教材中入选数量却很少,这不能不说是一种遗憾。

2. 当代优秀经典童话的缺失

教材中的童话虽然在低年级段所占课文比例不低,然而所选的大部分童话是"合乎要求的教学文本"②式的教材体童话,功利化现象严重,往往以道德教育为主,一味地尊崇知识性,科学至上主义严重,童话所特有的天真的幻想与隽永的诗意被教化的痕迹所遮蔽,极大地局限了孩子们的想象力。如《两只小狮子》告诉孩子从小要努力学本领;《小白兔和小灰兔》告诉孩子要从小养成热爱劳动的习惯;《骄傲的孔雀》告诫儿童要虚心,不要骄傲;《一只小雁》告诉孩子们不能离开集体的道理;《小猫钓鱼》告诫孩子做事要专心致志而不能三心二意……事实上,儿童是有其独特的文化内涵的群体,儿童世界与成人世界是有很大的区别的,儿童是感性的、审美的、热情的,成人则更多的是理性的、科学的、冷静的。儿童文化中充满了想象和创造,成人文化更多的是理性和重复。《小猫钓鱼》中,小猫在美丽如画、生机盎然的大自然里与蜻蜓和蝴蝶追逐嬉戏,而不是"专心致志"地钓鱼,这正是儿童天性的自然流露,是儿童最纯真

---

① 吴忠豪:《外国小学语文教学研究》,上海教育出版社,2009年,第117页。
② 王泉根、赵静等:《儿童文学与中小学语文教学》,广东教育出版社,2006年,第249页。

自然的一种表现,然而我们却赋予它三心二意的评价,认为这是不对的,要求它要像猫妈妈一样抵御外在的各种"诱惑",专心致志地做一件事——钓鱼,这分明是把成人的意志和行为标准强加给天真活泼的孩子,这样的主题正是成人文化中心意识的表现,扼杀的是儿童的天性。这种重教化的童话其实是披着童话外衣的训诫故事,没有童话的特点,完全忽略了儿童独特的精神特质,是以成人的视角和现实的标准进行评判的结果,不能称之为真正的童话。

教材中童话的缺失的表现还在于世界经典的童话故事在教材中鲜见踪影,即使有也都被改编得面目全非,如《丑小鸭》《巨人的花园》等,并且,这些经典童话也都局限在古典作品:两百年前的安徒生、一百多年前的王尔德、近一百年前的新美南吉……而那些大师级的当代童话名家的作品却在教材中难觅其身影,如德国的米切尔·恩德、美国的 E. B. 怀特、瑞典的林格伦、意大利的罗大里、芬兰的杨森、中国的郑渊洁、孙幼军等的童话代表作,在教材中非常少见,几乎没有进入到最富幻想力的小学生的视野。"课文对'古典'的偏爱,也许可以归结为理念的保守,这保守不仅在时间上表现出滞后性,而且还在文本的风格选择上呈现单一化:课文中的童话均倾向于优美、安静,散发着浓郁的阴性气质。其实,在童话的世界中,既有甜蜜、安静的优美,也有狂野的想象和壮阔的崇高,比如,林格伦、达尔等作家的作品都呈现出一种阳刚的精神气质,但这一气质在课文中被刻意隐匿了,其内在原因是不言而喻的,童话要行使一种规范的职能,而狂野的童话显然将给规范带来操作与评价的困难。"[1]

3. 动物文学的缺失

动物文学是一种独特的艺术体裁形式,其特点在于它是以动物为主要描写对象,形象地描绘动物世界的生活、各种动物寻食、求偶、避难、御敌的情态、技能,动物在大自然中的命运、遭遇及动物间的关系,动物与人类的接触等,从中寻觅大自然的奥秘与情趣,给人类以有益的启示与享受。[2]

入选教材的动物文学并不多,尤其在低年级段是缺失的。低年级课文中的小猫小狗等拟人表现动物的文学,实际上不是真正的动物文学,因为它不是从动物的生命本来状态出发的,是教材借助动物的形象来传授一定的知识表

---

[1] 方卫平主编,陈恩黎著:《第六代儿童文学批评家论丛·虚构与真实》,安徽少年儿童出版社,2010年,第 173 页。

[2] 见百度百科对动物小说的定义。

达一些意义或者道德教训的,动物穿着人的外衣,说着人的语言,遵循着人的价值标准,这样的作品包含的是编写者的价值取向,而不是表现动物的生命主体及丰富心灵世界的作品,因此算不上是真正的动物文学。三年级下册中第3课《小狮子爱尔莎》虽然可以算是真正的动物文学,但令人遗憾的是这是一篇由长篇作品缩改而成的课文,其文学性和趣味性已大打折扣。四年级上册中第四组有四篇课文描写家禽宠物的散文,描绘了鹅、母鸡和猫的一些生活特性,虽然也是以动物为主要描写对象,但课文的着力点在于写作技巧上,以作为学生写作的范文,离真正的动物文学还是有点距离。真正能算作动物文学的是六年级上册中的《老人与海鸥》、《跑进家来的松鼠》、《最后一头战象》、《金色的脚印》,表达的是动物的爱憎、智慧和情怀,导读中是这样描述的——"本组课文向我们讲述了发生在人与动物、动物与动物之间的感人故事,展示了动物丰富的情感世界,读来今以忘怀。"①在小学六年时间里,总共四百多篇课文中(包括选读课文),真正的动物文学总共就这么几篇,也实在是少得可怜。

对孩子来说,有关小动物的文字能使他们产生浓厚的兴趣,因为儿童天性喜欢小动物,他们相信动物和人类一样,有着自己的喜怒哀乐。儿童阅读这类故事不仅有强烈的审美愉悦感,而且有着强烈的情感震撼,使孩子从心底升起一份对动物、对自然、对地球的责任感,人与自然和谐共处才能得以实现,这要比直接的保护环境的教育宣传要有效果得多。这类文学作为语文教材,就是十分完整的人文教育资源。

4.　幻想文学的缺失

小学生正处在形象思维阶段,好幻想,思维具有跳跃性。但教材中儿童文学选文的现实性很强,缺少具有丰富幻想因素的作品。幻想体裁的文学作品有超人童话、幻想小说、科幻小品等具有强烈幻想色彩的文学样式,教材选入的多是小猫、小狗等以小动物为主角的拟人体童话,除此外再没有具有幻想性的内容,幻想文学在小学语文教材中缺失严重。以小动物为主角的拟人体童话的故事内容并没有超越现实、超越孩子们日常生活的幻想因素,因此也算不上是幻想文学。

俄罗斯作家托尔斯泰说:"应该给儿童什么书呢? 应该是能够启发儿童进行幻想的书,应该有能够启迪儿童身上那种健康的、富于创造性的想像力的

---

① 《义务教育课程标准实验教科书·语文·六年级上册》,人民教育出版社,2006年版,第113页。

书。"因为幻想性和创造力在人类发展中一直是相伴相生的,想象是创造的前提和动力,人类几千年的沧桑历程,每一次的进步都是由幻想—创造的力量推动而实现的。儿童天生具有爱幻想的特点,适合他们阅读和欣赏的儿童文学应该具备幻想的品质。儿童文学对提升少年儿童的幻想质量和创造能力的过程中具有重要作用,适合他们阅读和欣赏的儿童文学应该具备幻想的质量,因为学习的目标不仅是获得知识,更重要的是激发想像力与创造力。但现行人教版小学语文教材没能充分体现这一理念,忽视幻想性儿童文学的资源利用。

英国的魔幻小说《哈利·波特》是幻想类儿童文学作品的典范,它最大的魅力在于神奇的幻想,那些幻想令读者时而浑身冰凉,时而又热血沸腾,这些层出不穷的变幻最能满足儿童的阅读趣味。这一类的外国奇幻小说还有如英国作家托尔金的《魔戒》、德国儿童文学大师恩德的《毛毛》、阿拉伯民间神话《飞毯》等。不只外国有杰出的幻想文学,中国的《西游记》也堪称幻想类文学的精品,它虽然不是专门为儿童创作的,但它奇幻的特质却是十分符合儿童阅读趣味的。孙悟空那千变万化的神奇魔法,各路神仙或妖怪都有独特的本领或宝物,为读者展现了一个丰富多彩、令人目不暇接的魔法世界。这些随心所欲的变幻也正反映了作者随心所欲的想像,可以让被现实禁锢的孩子们随心所欲地在童话王国里翱翔。孩子们在幻想中体会着世界的神奇,体会着自由的快乐,而奇幻故事独特的神秘本质,无限的幻想空间,正是想像力的源泉。

现行的小学语文教材选文的不足,究其原因恐怕最大的困扰在于没有真正走进儿童的世界。由于多种原因,小学语文教材编写较少儿童文学作家、作家的参与,因此一些版本的教材在择取课文时缺乏专业眼光,从而使得教材儿童视角不够,缺乏童真童趣。

第二节 小学语文教材中儿童文学主题剖析

语文教材的教学内容是决定语文教学质量与效率的关键因素,"在教科书中解决好教什么、学什么的问题是第一位的,比解决怎样教、怎样学更重要。"①语文教材中的教学内容,传统的认识主要是指一篇篇课文。教材编写者在编选教材时也的确努力做到精选精编,入选的课文,做到既要体现国家主流价值观,是育人的典范;又要适合进行语言文字训练,是学文的范例。随着新课程理念的推广,如何使儿童文学有机地融入小学语文课程,改变长期以来小学语文教育工具化的单向价值取向已经成为教育界关注的一个话题。

语文教学对文本意义的寻求,离不开对主题的探究。主题,《现代汉语词典》中这样解释:"文学、艺术作品中所表现的中心思想,是作品思想内容的核心。"目前的小学语文教材大多采用主题的方式来建构单元,因此有必要教材选文的主题展开梳理与分析。

一、 小学语文教材中儿童文学主题分类

在西方现代教育史上,教育以"个人的全面发展"为核心的教育理念逐渐占据了主流地位,在我国也已被广为接受。在以人为本的教育理念下,教育工作着力要解决的是人在生活中所必须面对的与自然、与社会、与自我的矛盾冲突,及由此而引发的生态危机、人文危机和精神危机。因此,教育的根本就是提升生命、完善自我,正如存在主义哲学家雅思贝尔斯所说:"教育活动关注的是:人的潜力如何最大限度地调动起来并加以实现,以及人的内部灵性与可能性如何充分生成。"②

北京大学教授汤一介在《儒学与当今全球性三大难题》中指出当今世界人类生存有三大问题:"一是,人与自然的关系问题,目前人与自然的矛盾已发展到了十分严重的地步;二是,人与人之间的问题,这包括个人与个人,个人与群体(社会),国家与国家、民族与民族之间的问题,这中间的矛盾极其复杂而难以解决;三是,个人自我身心内外的问题,个人的身心内外的矛盾已成为时代病。"③

本节依照课程标准的精神,以"人本位"的教育理念为原则,以"人"的发

---

① 崔峦:《回顾·总结·展望——人民教育出版社五十年小学语文教材编写历程》,《课程·教材·教法》2010年第1期。

② 雅斯贝尔斯著,邹进译:《什么是教育》,生活·读书·新知三联书店,1991年,第4页。

③ 见《北京日报》2007年9月27日。

展、人格的形成为核心,从自然、社会、自我三个方面切入,把小学语文教材中的儿童文学选文分为"人与自然"、"人与社会"、"人与自我"三大类主题,充分挖掘选文主题中所蕴涵的自然因素、社会因素、自我因素,分析教材在引导学生向人与自然、人与自我、人与社会三个方面拓展的优势与不足。

下面仍以人教版小学语文教材为例,对教材中儿童文学选文的主题进行分类和剖析。

主题	项 目 分 类
人与自然	热爱赞美自然
	环境保护
	征服自然
人与社会	爱祖国(爱民族爱家乡爱党爱领袖)
	道德品格修养:遵从社会规范(遵纪守法、求知钻研、无私奉献、克己奉公),尊重关爱他人(尊老爱幼、团结互助、合作分享、诚实善良、谦虚宽容)
	探求对科技发展
人与自我	自身品格:聪明智慧、刻苦勤奋、坚毅勇敢、客观辩证
	自我认识与评价
	情感价值观:自立、自强、自尊、自爱、自豪、自卑
	意志品格:自我检查、自我监督、自我调节、自我追求

(一)"人与自然"主题

人与自然是相互联系、相互依存的关系。自然资源不仅是人类赖以生存的重要基础,也是人类文化的重要载体,对于人类的生存与发展有着极其重要的影响。北京大学教授汤一介认为,在全球人类所面临的三大矛盾中,摆在第一位的就是人与自然的矛盾关系。他同时提出,中国传统的"天人合一"的世界观和思维模式,是解决当前生态危机,实现"人"和"天"和谐发展的路径。中国传统文化中"天人合一"的思想向来主张亲近自然,并且重视自然资源的生态价值、社会价值,将人与自然的关系定位在一种积极的和谐关系上,不主张片面征服自然。在今天,由于人类城市化进程的加快而造成了环境污染、资源紧缺、生态破坏等一系列问题的出现,与自然和谐相处的传统思想显得尤为重要。

　　作为基础人文学科的语文应担负起培养学生健康科学的生态意识，亲近自然，关注自然，在思考人与自然关系时，重视自然资源的保护。小学语文教育专家张庆说："人类社会进入 21 世纪的今天，迫切需要向我们的下一代注入与时代发展相适应的观念和意识。比如'可持续发展'的理念，主张人类要关爱自然，追求人与自然的可持续发展，这已成为支配当前世界课程的重要价值观念。"①在"以生态为中心"的新语境下，呼唤人与自然和谐相处是人类的共同心声。

　　在"人与自然"主题中，教材选文既有描写大自然的美丽，表达热爱自然、希望回归自然的情感，也有提倡保护环境，反映人与自然和谐相处、与自然融合的情感，这是与中国传统文化中的"万物和谐、天人合一"的理念是一脉相承的，同时也符合现代意识中的自然观。

　　提倡保护环境，反映人与自然和谐相处的选文，如《爷爷和小树》、《小熊住山洞》、《两只鸟蛋》、《松鼠和松果》、《美丽的小路》、《失物招领》、《清澈的湖水》、《浅水洼里的小鱼》、《父亲和鸟》、《燕子专列》、《路边的橡树》等，旨在帮助学生感受自然的神奇和伟大，引发对环境更多的关心和思考，形成与自然和谐相处的生态理念。

（二）"人与社会"主题

　　人不是孤零零地生存在世上的，而是和他人一起生存在世上、在复杂的社会中生活的。人与社会的关系问题，无论是在重视个体生命、强调个性发展的西方，还是在强调以万物和谐为理想状态的东方，都是一个非常值得重视和探讨的问题。

　　西方很多心理学家都认为，人只有在个体社会化过程中才能逐渐实现人格的发展和自我意识的完善。所谓个体社会化，是指"个体凭借其生理特点在社会实践中通过学习获得符合特定社会要求的知识、技能、习惯、价值观、态度、理想和行为模式，成为具有独特人格的社会成员并履行其社会职责的过程"。② 正如梅奥所说的："人是独特的社会动物，只有把自己完全投入到集体之中才能实现彻底的'自由'。"个体在社会化过程中发展认知、感觉、信念、塑

① 张庆：《张庆文集（三）》，江苏教育出版社，2009 年，第 167 页。
② 皮连生：《学与教的心理学》），华东师范大学出版社，1997 年，第 57 页。

造自我形象。中国传统文化在对待"人与社会"关系的问题上，主张社会整体的和谐发展，倡导"天下为公"、"克己奉公"的人生态度和整体主义的价值取向，认为个人总是生活在群体之中，个人的命运与群体息息相关，主张以群体为重，强调个体对整体负责的精神和群体对个人的制约。在人际关系上，以仁义道德为基本准则，强调"人和"，主张"修己以安人"，通过自我完善，和谐处世，促进人与人之间互相尊重、互相信任，最终实现社会稳定和发展的更大价值。因此"人与社会"这一主题在教材中涉及范围最为广泛。

在"人与社会"主题系列中，可从热爱祖国、道德品格修养（遵从社会规范、尊重关爱他人）、探求科技发展三个方向进行分析。

1. 热爱祖国

热爱祖国是国家意识形态所认可的价值取向中最为强调的，也是儿童文学选文中重点体现的一个美德。爱国主义教育也包括爱民族爱家乡爱党爱领袖等。爱国主题在每册教材的课文中都能找到，数不胜数，各个时段各种体裁形式都有表达这一主题，如在以学拼音只字为主要学习目标的一年级上册中第11课儿歌《我多想去看看》：

"妈妈告诉我，/沿着弯弯的小路，/能走出大山。/遥远的北京城，/一座天安门，/广场上升旗仪式非常壮观。/对妈妈说，/我多想去看看，/我多想去看看。"

这首儿歌借一个孩子的口描绘对祖国首都的向往之情，表达爱国的主题。甚至在选读课文或辅助性学习的语文学习园地中都能看到，如一年级下册语文学习园地六中儿童诗《祖国多么广大》：

"大兴安岭，雪花还在飞舞。/长江两岸，柳枝已经发芽。/海南岛上，到处盛开着鲜花。/我们的祖国多么广大。"

这篇课文描述了祖国地域的辽阔，表达了作为一个中国人的自豪感。强调培养学生爱国主义情感的价值取向在教材中得到了充分体现。

教材中表达爱国主义主题的选文，表达角度并不是单一的，而是从多个角度进行的。有的是以直抒胸臆的方式向学生进行直接的爱国主义教育，使学生从小建立起爱国的概念,明白自己是一个中国人,要热爱自己的祖国,不管在那里,不管在什么岗位上都要为祖国作出自己应有的贡献。如前面所举的《我多想去看看》、《祖国多么广大》,还有如,《我爱祖国》、《开国大典》、《我有一个强大的祖国》等等。

有的是借助祖国的名山大川、名胜古迹的描述来表达爱祖国的感情。如三年级上册第22课《富饶的西沙群岛》,描述了西沙群岛的美丽和富饶:"西沙群岛是南海上的一群岛屿,是我国的海防前哨,那里风景优美,物产丰富,是个可爱的地方。……岛上的英雄儿女日夜守卫着祖国的南大门。随意社会主义建设事业的发展,可爱的西沙群岛必将变得更加美丽,更加富饶";同册第23课《美丽的小兴安岭》通过对小兴安岭春夏秋冬四季景色的描述,阐发了作者对祖国大好河山的赞美之情,"小兴安岭一年四季景色诱人,是一座美丽的大花园,也是一座巨大的宝库"。每一册教材中我们都能找到不少这样的选文,《日月潭》、《葡萄沟》、《迷人的张家界》、《桂林山水》、《记金华的双龙洞》、《黄果树听瀑》、《百泉村(四章)》、《草原》、《丝绸之路》、《白杨》、《林海》、《把铁路修到拉萨去》、《长城》、《颐和园》等等。

有的通过人物事迹的描写来表达爱国主题。有对中华人民共和国的缔造者的革命事迹的记述来表达对祖国的感情,如描写毛泽东的有《吃水不忘挖井人》、《青山处处埋忠骨》、《毛主席在花山》;描写周恩来的有《难忘的泼水节》、《为中华之崛起而读书》、《一夜的工作》等。有对伟人或海外华人的爱国行为表达爱国之情,如《祖国,我终于回来了》描写钱学森放弃美国的优厚待遇不顾一切艰难险阻学成归国的故事、《詹天佑》描写詹天佑如何为祖国的铁路事业作贡献的故事、《梅花魂》描写的是一个多年旅居海外的老华侨对祖国的深深的思念之情。

此外,还有通过歌颂祖国建设成就,批判其他社会制度来展示爱国的思想感情。如一年级上册第4课《哪座房子最漂亮》、六年级上册第9课《穷人》、六年级下册第14课《卖火柴的小女孩》等。

2. 道德品格修养

个人的道德品格修养是人与社会关系中的重要因素。中国传统文化历来要求个人必须遵从社会规范,个人服从社会的整体利益,先人后己,尊重关爱他人。在小学语文教材中,儿童文学选文为儿童读者提供了不少美德方面的形象典范,体现无私奉献、遵纪守法、求知钻研、尊老爱幼、团结互助、诚实善良、谦虚宽容等一系列道德行为准则。

（1）无私奉献

无私奉献是小学语文教科书的一个重要主题，这种奉献包括舍身为国、舍己为人、舍生取义、先人后己、勇于牺牲、争做无名英雄等等。

在教材中涉及"无私奉献"的选文，既有直接的对舍己为人、勇于牺牲生命的主题的宣扬，也有对先人后己、只求付出不求回报的品德的宣扬。从描写角度来看，大致可分为以下三类：一是描写战争年代的革命先烈壮烈牺牲的故事，如《金色的鱼钩》描写红军过草地时老班长尽心尽力照顾三个受伤的战友最后牺牲生命的故事；《丰碑》描写军需部长为保证部队的供给自己却冻饿而死在行军路上；《狼牙山五壮士》用生命保证了大部队的转移；《手术台就是阵地》描写白求恩的感人故事；还有《黄继光》的故事等等。二是描绘普通群众或基层干部勇于牺牲、舍己为人的故事，如《桥》描绘洪水面前村党支书为挽救群众生命牺牲自己和儿子的故事；《她是我朋友》中小男孩阮恒宁愿牺牲自己也要为朋友献血的故事，而理由只有一个：因为她是我的朋友；还有《桃花心木》中的种树人、峨眉道上的修路工人，等等。三是寓言、神话或民间故事中的人物故事，如《猎人海力布》讲的是猎人海力布为了挽救乡亲们的生命，不惜牺牲自己，变成一块僵硬的石头的故事，刻划了一个为他人的利益献出自己生命的猎人形象；《小青石》描写一颗小青石经过了一番斗争之后终于选择了做一粒供人踏步的铺路石，默默地奉献自己的青春；《普罗米修斯》为人类盗取火种牺牲自己……总之，不管从哪一个角度哪一类人物进行描写，这一主题的选文都是为了培养学生的大公无私、勇于献身的奉献精神，而不要考虑自己的小利益或者说是私利。

（2）勤劳刻苦

勤劳刻苦是中华民族的传统美德和优良品质，包括热爱劳动、忘我工作、艰苦奋斗、勤奋好学、刻苦钻研、求知苦读等等，它在社会各个层次的人身上都有体现，既有革命领袖、科学家、艺术家、文学家等伟人、名人，也有普通群众，还有虚构的角色如童话寓言民间故事中的角色，通过不同层次的人在不同的环境下的行为和故事来展示其勤劳、刻苦、忘我、钻研的精神品质。

《小白兔和小灰兔》是一个童话故事，故事描述了两只可爱的小兔接受了老山羊不同的礼物——白菜和菜子，回家后不同的表现：白兔辛勤耕种，灰兔贪图享受；得到了不同的结果：白兔种的菜丰收了，灰兔却把菜吃完了。通过这个故事让学生懂得只有靠自己的辛勤劳动,才能丰衣足食,教育学生从小就要热爱劳动。四年级下册《鱼游到了纸上》描写的是一位热爱生活的聋哑青年画金鱼的故事,赞扬了他勤奋、刻苦、专注的品质;《全神贯注》记叙了法国大雕塑家罗丹邀请奥地利作家斯蒂芬·茨威格到家里做客,自己却如痴如醉地投入到工作之中,完全忘记了客人的故事,把罗丹工作时那种全神贯注的神情描绘得非常形象、具体,赞扬了他刻苦钻研的工作精神;《八角楼上》,学习毛主席在艰苦的环境中忘我工作的精神。这一类主题在教材中非常多,《为中华之崛起而读书》、《邮票齿孔的故事》、《窃读记》、《小苗与大树的对话》、《走遍天下书为侣》、《我的"长生果"》、《刷子李》、《跨越百年的美丽》、《我最好的老师》等等,这些课文通过对不同的人物的勤劳刻苦求知钻研精神的赞颂,让学生在潜移默化中得到相应的教育。

（3）诚实善良

诚实善良不仅是个体修养中最为基础的,也是在社会关系中、与他人相处中极为强调的品德。在小学语文教材中表达诚实善良诚信的主题的大致有以下几类:一是教育孩子要知错就改,做个诚实的人,如《诚实的孩子》写列宁小时候不小心打破了姑妈的花瓶,但不敢承认,回家后认识到说谎是不对的,于是写了一封信向姑妈承认错误。《我为你骄傲》讲述的是"我"一不小心,砸破了老奶奶家的玻璃,尽管当时没敢承认,但内疚的心理和责任感伴随了"我"三个星期。当"我"用自己攒了三个星期的送报纸的钱赔给老奶奶并附上道歉信时,在慈爱又善于教育后辈的老奶奶眼中,那不是 7 美元的钱,是孩子纯真的情、悔过的心,是值得为孩子骄傲的美好品德——诚信。《灰雀》讲述的是一个小男孩捉走一只灰雀,后来又送回来的故事,表现出这个小男孩是诚实的,课文的最后写道:"列宁也没再问那个男孩,因为他已经知道那个男孩是诚实的。"二是教导学生要诚信待人、诚实处事,如《画杨桃》描写一个男孩画了一个象五角星的杨桃被同学嘲笑时受到老师的支持和赞扬,反映了要尊重事实、实事求是做人的主题;《小珊迪》讲述的是一个发生在爱丁堡的悲惨的感人故事:卖火柴的小男孩——小珊迪为了归还四个需要找还的便士,被一辆马车轧断了双腿,但他仍然吩咐他的弟弟到旅馆给先生还钱,临死前挂念的仍然是他弟弟今后的生活。课文充盈着诚信的精神光辉,让学生感悟到小珊迪的纯洁善良、诚实守信的美好品德。《在金色的海滩上》赞美了一个女孩诚实守信的优良品质。还有如《中彩那天》、《我不能失信》、《你必须把这条鱼放掉》、《诚实与信任》、《手捧空花盘的孩子》等文章所表现的都是个人对于社会规则的遵从意识及与他人相处的诚信等现代价值观。三是教育孩子要善良地处理人与事，《杏儿熟了》记述了农村老奶奶在发现邻居小孩偷了她家杏子的时候，不但不指责，而且亲自摘下杏子给他们吃的善良宽容之心；《渡船》讲述了我国人民善良待人处事的品质地；其他如《月光曲》、《穷人》、《给予树》、《神笔马良》、《小木偶的故事》、《万年牢》等都是这一类的选文，隐含有教导孩子善良待人的意思。这些选文传达出待人处事要诚实守信，能够知错就改的价值观。

（4）人际和谐

人际和谐讲求的是人与人之间追求的一种融洽的氛围，而不是具体的实利。人际和谐包括团结互助、谦虚宽容，关爱他人、尊老敬幼等品质表现出来。

表现团结合作的选文，如《幸福是什么》通过三个牧童寻找幸福是什么的故事，使学生受到热爱劳动，助人为乐的教育；《争吵》教育学生懂得人与人之间要相互宽容、团结友爱；《渡船》使学生了解人与人之间相互关心、互相帮助的新型关系，受到关心他人，助人为乐的教育；《小公鸡和小鸭子》、《蓝树叶》让孩子懂得伙伴之间要团结友爱，互相帮助。

表现关爱他人的选文中既有表现家庭中长辈与晚辈间深厚亲情的，如《姥姥的剪纸》、《棉鞋里的阳光》、《胖乎乎的小手》、《平平搭积木》、《借生日》、《月光启蒙》等表达尊老爱幼的品德；也有表现朋友间的友情的，如《爱如茉莉》、《掌声》、《窗前的气球》、《纸船和风筝》、《小鸟和牵牛花》、《生命的药方》、《她是我朋友》等，还有表现陌生人之间的关爱和温暖的，如《跨越海峡的生命》、《卡罗尔和她的小猫》、《给予是快乐的》等，还有相当数量的课文表现了师生情感的主题，如《一株丁香》、《师恩难忘》等，在对爱的宣扬里也包含了对善、对美的宣扬。

表现谦让宽容的选文有《将相和》、《将心比心》、《卡罗纳》、《字典公公家的争吵》等等。

3. 培养科学精神、探求科技发展

科技发明已经为我们的文化、社会化模式、社会制度、社会互动带来了显著变化，科技改良与发展正在以惊人的速度被人接受。对科学精神的培养、对科技发展的探求不仅是传统的教育目标，也是新时代的要求。语文课程标准指出："教材要体现时代特点和现代意识。"明确了语文课程应植根于现实，面向未来。在培养科学精神、探求科技发展主题的选文中，小学语文教材中有不少传统的以介绍科学家的文章为精神榜样进行爱科学主题教育,如《两个铁球同时着地》中的伽利略、《做风车的故事》中的牛顿,《跨越百年的美丽》中的居里夫人等,他们不怕困难、勇于冒险、敢于创新、献身科学的精神或多或少地会对学生产生影响。同时,教材中不少选文将与时俱进的思想表达得非常充分,与现代科技生活结合得很紧密。有表现新科技的选文,如《太空生活趣事多》、《我家跨上了"信息高速路"》;有引导学生爱科学、学科学的选文,如《地球爷爷的手》、《最大的"书"》、《恐龙的灭绝》、《活化石》、《奇怪的大石头》、《月球之谜》、《果园机器人》;还有启发想象、鼓励创造的选文,如《四个太阳》、《画风》、《充气雨衣》、《一次有趣的观察》、《矛和盾的集合》、《想别人没想到的》……都是学生熟悉而感兴趣、科技含量很高的文章,有利于培养学生的科学意识和浓厚的兴趣。

(三)"人与自我"主题

"自我"在心理学概念中指个体对自己存在的觉察,即自我意识。自我意识是人格发展的内部动因,是自我塑造的产物。[①] 认识自我的困难就在于"自我"之复杂。人类不断成长,是因为能不断认识自我,磨练自我,提升自我。而教育的目的就在于帮助个人努力达到个体自身的内在完美的一个高度。德国文化教育学家斯普朗格说:"教育的目的并非传授和接纳已有的东西,而是从人的生命深处唤醒他的自我意识,将人的生命感、创造力和价值感唤醒。"

本节将"自我"定位为学生在成长过程中建立起自我价值的意义,包括自我意识、道德品性、人格塑造、情感状态、价值观念、思维方式、行为体验等。对小学生而言,通过母语学习形成其积极的生活态度、正确的价值观和适当的行为是生命历程中的必要体验。一般来说,自我意识包含三种成分,"一是认识成分,个体对自己的心理特点、人格特征、能力和社会价值的自我了解与自我评价;二是情感成分,个体对自己的自我体验,如自尊、自爱、自豪、自卑及自暴自弃等;三是意志成分,属于对自己的控制,如自我检查、自我监督、我调节和自我追求等"[②]。

"人与自我"主题关注学生的内心需要和生命成长。个人认知方面的文章

① 鲁洁:《回归生活——"品德与生活"、"品德与社会"课程与教材探寻》,《课程教材教法》,2003年第9期。

② 皮连生:《学与教的心理学》,华东师范大学出版社,1997年版,第54页。

着重在正确认识自我,其中《谁的本领大》、《蜗牛的奖杯》选文表达的是对自我的正确认识的重要性,颂扬了谦逊的传统美德;《我应该感到骄傲才对》、《我不是最弱小的》表现出"自信"的现代品质;《苹果里的五角星》彰显了人的个性创造思维品质;《最佳路径》则表现了以人为本的现代意识。只是自我认知类的文章在教材中所选较少。

二、 小学语文教材中儿童文学选文的不足分析

人教版新课标小学语文教材的儿童文学选文,相比以前的版本,从数量上到内容上有了很大的改进。新教材注重体现时代特色,注重学生的审美需求,力求做到以人为本,与时俱进,不仅关注到了人与自然的和谐相处,也关注到了学生自我意识的培养,体现了课程标准的要求。

然而,经过对儿童文学选文文本主题的深入分析,我们可以发现选文并非已经尽善尽美,仍存在着不足之处,归纳起来,主要体现在以下几个方面:

1. 承载了过于沉重的思想教育的负担

从上面的主题分类分析中可以看到,课文中爱国主义教育、道德行为教育所占比例非常大,几乎每一册教材中都有专门的主题进行思想道德教育,即便不是专门进行思想教育的主题,在其他如自然、动物、环境或传统文化等主题课文中,也同样显示出明显的思想教育的意图。由于教材中所选的儿童文学作品承载了太多政治教化和伦理道德教育的功能,使得课文的说教味太浓,思想品德教育的意图非常明显,不少孩子因此讨厌上语文课,因为他们感到语文课就是说教课。以人教版低年级语文教材为例,这种说教味课文比比皆是,比如一年级下册语文教材中的《小白兔和小灰兔》告诉孩子要从小养成热爱劳动的习惯,靠自己的双手才能获得美好生活;《两只小狮子》告诉孩子从小就要学本领,不能靠爸爸妈妈生活一辈子;《我要的是葫芦》暗示儿童要善于听从别人或长者的忠告;《棉鞋里的阳光》告诉我们要孝敬老人;《失物招领》教育孩子们要爱护公共卫生,不要乱丢垃圾……这些课文教育意图明确,说教重于审美趣味,没有很好地体现文学魅力,更由于其过于浅显直白的文本内涵,影响师生对文本的深入解读,不能体现语文课的独特审美情趣,孩子们很容易转移注意力。更有甚者,课文中不仅常以伟人名人的故事来教导孩子懂道理,如《陈毅探母》、《爱迪生救妈妈》、《雷锋叔叔你在哪里》、《吃水不忘挖井人》、《不懂就要

问》等,还有些课文明显不符常理,生搬硬造痕迹浓厚,显得非常可笑。如三年级下册的《一面五星红旗》,讲一个中国青年在美国漂流,撞到石头受伤昏了过去,醒来好不容易爬起来找到一家乡村面包店,想买面包但没钱,老板想让他用身上披着的五星红旗交换,但这位"爱国青年"毅然拒绝并走出了小店,饿昏在门口。这样的课文没有一点真实感,让人无语。同一单元的另外几篇《太阳是大家的》、《卖木雕的少年》、《中国国际救援队》也毫无例外地都让人感觉虚假生硬、造作可笑,而这样的课文还有很多。像这样的课文在每种版本的教材中都很普遍,前不久就曾因"道德绑架"而引发了不少有识之士与广大读者的激烈争论。

2. 缺少对学生的内心需要和生命成长的关注

教材中有些选文没有贴近儿童生活实际,漠视儿童的内心需要,文中人物或课文传达的意义和精神与儿童的生活体验和实际背离太远。如《玩具柜台前的孩子》刻划了一个非常懂事的孩子,压抑住心中对于玩具的渴望,显得过于老成,完全不像个孩子,课文把他作为好孩子的榜样大加褒扬。《日记两则》中同样也是如此,妈妈没有给女儿买她最渴望得到的漂亮裙子,给女儿和别的孩子买了同样的礼物,女儿非但没有不开心,反而希望妈妈把钱省下来给需要帮助的孩子买更多的礼物。这些故事里的孩子都是不快乐的孩子,或者是成人化的孩子,总之是非常态的孩子。这样的故事完全无视孩子的天性,听话、懂事、舍己为人成了好孩子的标准,孩子的天性完全被压抑。《儿子们》中,老爷爷无视唱歌跳舞的两个儿子,眼里只有正在劳动的儿子。而其实孩子天性各异,唱歌跳舞更是孩子应有的行为,为什么要压抑孩子爱玩的天性?为什么一定要强调只有和强手的竞争才是成功?为什么一定要把成人世界的价值观强加给纯净的童心世界呢?这样的课文无视孩子的内心需求,无视孩子的主体地位,以成年人的意志去粗暴干涉孩童的世界,更甚的是以爱的名义对儿童天性行摧残之实。

有些选文模式化现象严重。比如好多儿童散文都是以总—分—总的模式展现:先概述,再重点描写,最后概括升华,《西湖》、《东方明珠》、《九寨沟》等散文都是如此,没有真情实感,缺少趣味性,程式化现象严重,让孩子学起来索然无味,味同嚼蜡。在一些童话选文中也有这样的情况,如《小白兔和小灰兔》、《两只小狮子》等这类童话,虽然角色、情节不同,但其基本的内容程式却是相同的,都是"采用拟人化的动物角色,先是主人公行为不良,经过劝诫以后悔悟改正"①,童话本是契合儿童心理特征的文体,然而孩子们在学习过程中看到的却是一个个的教训。

3. 缺乏趣味性和幽默感

幽默是人的一种可贵的精神品质,对形成孩子乐观、豁达的性格很有帮助,生性活泼的儿童需要幽默文学的滋养,然而我们的语文教材一个重大的失误就是把幽默文学排除在外,我们的教育总是板着脸,似乎只有严肃才叫教育。在美国,幽默被确定为非常有用和有效的教育手段,人们认为它的益教作用是多方面的:幽默有助于增强学生对老师和教育内容的注意;幽默有助于优化学习环境,使学习更快乐;幽默有助于学生学习能力和保持信息能力的提高;幽默有助于促进学生对知识的理解。②

高洪波早在 1989 年在《幽默化,一个迫在眉睫的命题》中就说:"其实文学,尤其是儿童文学的本质而言,我认为乐——快乐之乐是主要的,儿童文学是快乐文学,生命文学,而不是悲怆文学,死亡文学。基于这一点,我认为当前中国儿童文学比较匮乏的是快乐与幽默,换言之,缺乏幽默化。"③幽默是人生观,是一种豁达大度乐观向上的人生态度,是心灵自由舒展的花朵,也是人智力富裕的表现,文学创作中的幽默是把人生的矛盾尴尬和愁苦转化成一种引人发笑和思考的意向。与西方儿童文学相比,中国儿童文学的幽默精神比较贫乏,一方面是中国文学"文以载道"的传统,对儿童"拿圣贤传灌下去",文学行使教育儿童的权威。另一方面是中国儿童文学生不逢时,一直饱受战乱生活的人们,要么面对异族的侵略,要么面对国内的战争,甚至"文革"时期的阶级斗争。文学成为人们的一种精神享受和娱乐,儿童文学也成为少年儿童快乐的精神食粮,"新时期的向儿童回归的儿童文学思潮中,具有从严肃到快乐、幽默这一大趋向,不过这一趋向并非是孤立出现的,而是与从教训到解放、从功利主义到游戏精神这些儿童文学观念的变革相互推助而来。"④

4. 经典原作缺失

所谓经典,就是指经过很多年的岁月流逝,被不同时期的作者品读,依然

---

① 王泉根、赵静:《儿童文学尊与中小学语旁文教学》,广东教育出版社,2006 年,第 315 页。
② 李山林:《语文教材中儿童文学选材浅议——以人教版低年级语文教材为例》,《基础教育研究》,2010 年第 8 期。
③ 高洪波:《幽默化,一个迫在眉睫的命题》,《儿童文学研究》,1989 年第 4 期。
④ 朱自强:《中国儿童文学与现代化进程》,浙江少年儿童出版社,2000 年,第 397 页。

能被大家所认同、所喜欢的具有很高文学价值的作品。小学语文教材中也选入了一些不同时代的名家名作,甚至外国文经典,然而,选入教材的文学名著或经典之作绝大部分经编者的删改而变得面目全非,文学经典中的精神和意蕴荡然无存,表现出编者经典意识的淡薄。如《鸟的天堂》、《麻雀》文中的跌宕曲折消失殆尽,只剩下苍白的陈述;《巨人的花园》成为了一个道德训诫故事,完全感受不到其美学意蕴;被剔除血肉的《丑小鸭》的命运一眼望穿,《一颗小豌豆》褪去神秘而又美丽的外衣;《不愿长大的小姑娘》寓意歪曲⋯⋯众所周知,一篇完整的文学作品自有它的独特脉络,人为地去压缩或肢解它,那么其中的文学美感定然会大打折扣,有些甚至可以说是荡然无存。并且,经典的儿童文学作品故事发展有丰富的变化,情节总是曲折的展开,总是能带给孩子阅读的新奇感,激发孩子的阅读兴趣,如果我们擅自改动其中的文字或情节,势必会造成原作的审美艺术价值的流失。这些经典之作的儿童趣味性也随之一并流失,显然不利于激发儿童的阅读兴趣。

编选入小学语文教材的儿童文学经典作品,经改编后说教痕迹浓重,文学经典的意义和价值被忽视,文学素养教育被淡化,文学作品的美感韵味尽失⋯⋯(关于名著的改编将在下一节作重点论述)

5. "教材体"儿童文学泛滥

教材中有大量徒有儿童文学之形而无儿童文学之实的貌似儿童文学的课文,我们通常谓之"教材体"。"教材体"的儿童文学不是真正受孩子欢迎的儿童文学。"教材体"儿童文学是教材编写者为达到自己所设定的教学目的,根据自己观念中认为的儿童文学作为范本,专门为教材编写或改写他人而成的文章,其中也包含删改的儿童文学名著。其写作方式就如同一篇命题作文,是有目的的、机械性的写作,缺乏个人风格。由于其本身对经典儿童文学作品缺乏了解,缺乏对文学性和趣味性的把握,因此,写出来的文章是忽视文学的丰富性和创造性的,有时甚至违背语文教育和学习规律。

朱自强认为:"'教材体'课文主要存在两大弊病:一是短小轻薄,二是文意不通⋯⋯呈现的是思想性、艺术性的轻薄状态。"[1]真正的儿童文学作品创作是自上而下的,从文学意象出发的写作,内容和形式构成完整的不可分割的灵

---

① 朱自强:《语文课文非得按"教材体"编写吗?——现行小学语文教材存在的主要问题辨析》,《中国教育报》2011 年 4 月 28 日。

魂。创作有了灵魂,下笔时每个字、词、段落就会不知不觉地流向作品所要表达的文学意象。

关于"教材体"为什么大量存在的问题,一些教材编写者曾经有过解释,大致意思是编教材其实有很多"无奈":有些内容必须进入,有些作家作品必须选进;必须传达主流的价值观,必须表现祖国各地的名胜;必须表现一些历史人物、新人新事……这就使得教材选文具有相当的难度,常常不得不选一些宣传性的文章来充当,或者由教材编写者自己来创编,同时还必须考虑生字生词出现的顺序,等等。正是由于教材中的儿童文学作品有很多是教育工作者在编写,因此在选编课文时往往过多地从语文知识积累的角度出发,突出教材的工具性的一面,而忽略了儿童特性,没有真正走进儿童的世界,使教材中的文学类作品突出了教学功能而丧失了文学功能。

著名儿童文学作家秦文君从小读者的来信中发现,中国儿童的阅读诉求是有普遍性的,具体说来大致有七个方面:"1. 幽默一点,再幽默一点,让我们会心一笑。2. 多写写我们自己的故事。3. 来点幻想作品,让我们到梦想里去。4. 写点有关校园恋爱的事,告诉我们如何与异性相处。5. 想在阅读里玩一玩,什么侦探,惊险,武侠,好玩最好。6. 最好是连续的系列书,不断告诉我们书里的家伙'后来怎么样了'。7. 有好看的科普书最好,等等。"她说:"这是孩子的呼声,也是他们的权利。"[①]然而,在我们的语文教材中,孩子愿望中的内容却非常少,即使有接近孩子心性的儿童文学作品,也因被编者加入了更多教育的佐料而改变了原来的滋味。

教材编写者只有站在孩子的角度,到浩如烟海的中外儿童文学作品中,精心挑选文体、篇幅都合适的经典、优秀作品,直接收入教材,才能有效地改善目前小学低年级语文教材中存在的这种"短小轻薄"的不良现状。

三、 对小学语文教材编选儿童文学选文的思考

教育部颁布的《语文课程标准》明确指出"语文应致力于学生语文素养的形成和发展。"这一目标决定了语文教材将以培养学生语文素养为目标,注重培养学生情感态度与知识能力之间的联系,注重教材视野的开阔性,不仅要继

---

① 见秦文君:《漫谈儿童文学的价值》,《南方文坛》,2007 年第 1 期。

承和弘扬中华民族的优秀文化,也要体现时代特征与现代意识,使教材更适合学生学习,更受学生喜爱,教材的开放性与弹性也更强。在这样的教育大背景下,教材的编者在编选儿童文学选文时首要考虑的是作品和儿童之间的关系:什么样的儿童文学作品适合编选入小学语文教材? 我们应该给儿童看什么样的作品才是对他们成长有利的?

1. 儿童文学作品的审美无功利性

儿童文学的审美无功利性是指作家在创作、读者在阅读儿童文学作品时,没有直接的现实企图和实际目的。"儿童文学作为审美意识形态,无功利、形象、情感是直接的,功利、理性和认识是间接的、深层次的。"①能够将人类的美好品德、精神哲思包孕在作品的事物形象或意象、境界之中,并倾注作者真挚情感的才是真正优秀的儿童文学作品。然而,在语文教材选文上,百年来我们犯了过分注重实用、紧盯眼前利益的"近视眼"病,使我们的语文教育付出了沉重的代价。② 在教材中,大部分的儿童文学作品以思想道德修养为重,弘扬社会主义道德,以集体利益为重,个人利益服从集体利益,培养热爱祖国、乐于助人、无私奉献、先人后己、尊老爱幼、宽厚礼让、克制贪玩、刻苦钻研、戒骄戒躁、谦虚谨慎等符合社会道德规范的品德。正如汤锐所说,"我们的儿童文学作品塑造了无数集上述美德于一身的小英雄或正在朝上述方向努力的好孩子"。③

儿童成长的过程是一个从自然人转向社会人的过程。小学阶段正是儿童性格形成的阶段,应该给予他们正确的引导,"这些形象的例子可以使孩子们获得对错的道德判断,提高他们的道德感"。④ 然而品德的形成不是仅仅靠说教强加给孩子的,美德濡化只有在经过情感的体验和心灵的共鸣后才能获得。优秀的儿童文学会自觉地培养孩子们对自然美、社会美、艺术美的感受能力,使他们精神积极高尚,思想感情得到健康发展,让孩子在作品中得到美德的濡化。儿童文学对儿童的美德濡化是指儿童阅读作品时对自然进入其中营造出的话语空间,与人物共同经历喜怒哀乐,为善良之举而感动,对恶行投以愤怒,在这或喜或怨之间,儿童逐步形成正确的是非善恶判断,美德如同春雨滋润着

① 王泉根、赵静等:《儿童文学与中小学语文教学》,广东教育出版社 2006 年,第 188 页。

② 房义斌:《关于百年来语文教材选文的思考》,《天中学刊》2006 年第 3 期。

③ 汤锐:《比较儿童文学初探》,武汉,湖北少年儿童出版社,1990 年,87 页。

④ [美]威廉·贝内特著,何吉贤等译:《美德书》,中央编译出版社,.2001 年,第 2 页..

儿童的心田。儿童不经历这样的情绪情感体验过程,美德不会深入内心,只可能停留在道德认识层面,难以产生相应的道德行为。杜威在《民主主义与教育》一书中阐述了这样的观点:"儿童的工作标准不同于表面上承认的标准,它依靠儿童自己在具体情境中特别欣赏的有深刻意义的东西。如果一个人没有反复体验到某价值标准的全部意义,并使这种体验深入到他的性情中,那么这样的标准将仅仅是一种符号或是象征性的,不能适当地变为现实。"①我国教材中部分儿童文学作品重在说理,忽视情绪情感的表达,这就不能让儿童获得情感体验,必然影响到美德濡化效果。杰出的儿童文学作品是能抒写真情、袒露自我的,靠大量材料传递出的那点美德内容能够自然流人儿童心田。

　　高尔基指出:"儿童固有的天性是追求光辉的不平凡的事物。"优秀的儿童文学作品创造美,追求美,体现美。在真善美的感染下,儿童获得情感与道德的提升。例如安徒生的童话《海的女儿》,美人鱼为心爱的王子化作了泡沫,然而美并没有随她而逝,而是化作了一种爱的力量留在了孩子们的心田,激发起对美好与光明的向往,唤起对美的理想的追求,还有什么比爱的奉献更为可贵的呢?同样是爱的教育,同样是无私的奉献,对孩子的美德的培养是在感染中慢慢地升华起来。巴里的《彼得·潘》让我们知道生命竟可以永远自由自在,精神可以永远不老,而与世界万物同在;新美南吉的《小狐狸买手套》,通过小狐狸买手套这件事让狐狸明白,人类可以和狐狸和谐相处,也让孩子们懂得,人与自然、人与动物和谐相处是多么美好。综观我国当代儿童文学作品,也不乏优秀之作,郑渊洁的《皮皮鲁外传》和郑春华的《大头儿子和小头爸爸》把孩子的天真可爱、富于幻想的天性描绘得活灵活现;梅子涵《走在路上》中对奶奶真情的流露,其蕴含的爱的教育是那样地自然;曹文轩的《草房子》唯美的自然与人性的描绘,无不在于不知不觉间引导儿童向上、向善。儿童文学正是要通过这些美好的故事让孩子们得到熏陶感染,从中获得爱的教育。这种教育应该停留在启示的层面上,而不是进行露骨的训导。

　　2.　儿童文学选文要回归儿童天性、回归最基本的价值观

　　任何一个国度,任何一个历史时期,母语课程和教材一定会体现国家意志和主流价值观,这可以理解。但问题在于体现什么主流价值观以及如何体现?

---

① 〔美〕约翰·杜威著,王承绪译:《民主主义与教育》,人民教育出版社,2001年,第252页。

母语教育的培养目标应该是培养国家未来所需要的、具有较好价值观和母语素养的公民。我们应该让儿童从小阅读的是那些体现人性美、自然美的篇章，以帮助儿童认识自然、社会和自我。小学语文教材的建设应该回归到孩子的天性，回到更基本的价值观，

教什么永远比怎样教更重要。教材中的不少选文语言无味，情感虚伪，这些作品难学难教，即使再好的老师来教，也无法收到好的教学效果。让儿童诵读、反复揣摩甚至背诵这些文本，只能使儿童的语感受到伤害。让儿童阅读一些优秀的儿童文学，有利于儿童更好地感受生活和理解生活。

教材中所选的儿童文学作品的品质不够高，很大程度上还是囿于一些版本的教材编写者的视野和学养，即使再有多少的限制，即使现当代以来中国儿童文学创作的整体水平的确实不够高，只要我们有充分的阅读视野和正确的儿童观，我们还是能够给儿童选出更好的文质兼美的文章的。

我认为，入选教材的儿童文学选文，至少应符合两个标准：

第一，要有真情实感，体现真善美，字里行间应闪烁着自然的、人性的光辉。真实是文章的生命，要给儿童读"真"的文章，养育儿童的"真性情"，让他们有真爱、真情感，让他们具有丰富而真实的感受力，引导他们进行真实而独立的思考，真实而个性的"真表达"。

第二，要符合儿童趣味，贴近儿童生活。内容上要有丰富幻想性和形象性，语言要有味。儿童其实不喜欢那些所谓的"美文"，那些程式化美文是成人意志的表现。最好的适合儿童阅读的作品往往是具有儿童趣味的，儿童所熟悉的，体现儿童特点的作品。

小学阶段的母语学习是儿童的语言、能力、情感、意志发展最为重要的阶段，儿童母语发展的过程，既是他们语言发展的过程，也是他们精神成长的过程。要提升我国小学语文教材的儿童文学价值功能，必须增加作品的情感因素，增添作品的叙事成分，注意作品意蕴的多样性，要体现真实性、趣味性、幽默感，为小学生提供具有丰富幻想性和形象性的想象世界。我们期待下一次教材编写能充分考虑到孩子的接受心理，能让经典儿童文学作品中的快乐元素走进孩子们的教材，走进孩子们的语文课堂。唯其如此，我们才能期望母语教育的明天真实美好。

第三节　小学语文教材中对儿童文学名著改编的剖析

文学名著是人类文化的精髓,是很好的学习资源,其蕴含的丰富的内涵对儿童的成长具有不可估量的作用,因此,将文学名著引入教材,引入课堂,扩展了语文学习资源,有利于培养学生阅读能力与文学感染力。然而,文学名著原始的文本由于其篇幅较长、不适用于教学等原因,被引入教材时大多根据一定的标准进行改编,使其便于教学的需要,合乎社会发展的需求和学生发展的水平。现行的各种版本的小语教材中都有不少由名家名著改编而成的课文,教材编者的意图是提高小学语文教材的文化品位,让小学生尽早地接触、了解文学名著,增进学生的人文素养。但经改编后的课文却常常把文学名著改得面目全非,有的已经完全背离了作品的文学品性,无法体现名著的丰富意蕴,更不要说达到提高学生文学素养的目的,儿童文学的审美价值受到极大削减,这的确是一个很严重的问题。

一、教材中儿童文学改编篇目统计

在人教版小学语文教材中,对儿童文学选文的改编是一个很值得关注的问题。以人教版小学语文教材为例,对收录进课文的儿童文学篇目的改编情况进行统计(不包括选读课文和古诗文),结果如下:

教材	课文总数	改动篇数	无作者课文数	原文收录课文数
一年级上册	18	13	1	4
一年级下册	32	15	11	6
二年级上册	32	14	16	2
二年级下册	30	17	12	1
三年级上册	30	23	7	0

教材	课文总数	改动篇数	无作者课文数	原文收录课文数
三年级下册	30	12	10	8
四年级上册	30	14	5	11
四年级下册	30	13	11	6
五年级上册	26	13	6	7
五年级下册	26	16	7	3
六年级上册	27	9	5	13
六年级下册	20	7	3	10
总计	331	166	94	71
所占比例	100%	50%	28.4%	21.4%

　　从上面的统计中可以看出，小学语文教材中改编的课文数量之多、范围之广令人惊叹。在所有 331 篇儿童文学课文中（不包括选读课文和古诗文），有 166 篇课文都经过了改动，占除古诗文以外的课文总数的 50%，还有 94 篇未注明作者或出处（可能是编者自己编写或摘录的），如果再去除无作者的课文，则改编的课文比例则高达 70%，而未经编者改动过的原文收录进教材的儿童文学课文只有 71 篇，仅占儿童文学课文总量的五分之一。也就是说，绝大部分的儿童文学作品只有在经过修改后才能进入小学语文教材中（修改课文篇目见附录 3）。

　　未标明作者和出处的大多为教材编写者自己编写的短小文章或是从某些杂志摘录而来。这类文章目的性明显，大多以语言训练、识字教学、思想品德教育、环境保护宣传为主要目标，如一年级课文中的儿歌《小小竹排画中游》以识字教学为主、儿童诗《两只鸟蛋》宣传爱护动物、童话《乌鸦喝水》教导孩子要学会动脑筋、《两只小狮子》教育孩子要学本领、《棉花姑娘》以知识教育为目的，还有以领袖或伟人为榜样的儿童故事《邓小平爷爷植树》、《吃水不忘挖井人》，以及以古代儿童为榜样的儿童故事《司马光》、《称象》等课文。这些课文大多文学性不强，凸显出语文学科的工具性特征。

　　而教材对儿童文学作品的改编则有多种：从选文来源看，有不少是改编自外国文学作家的作品，如《我不是最弱小的》（苏霍姆林斯基）、《卡罗尔和她的小猫》（瓦茨）、《小摄影师》（列·波利索夫）、《科利亚的木匣》（左琴科）、《卡罗纳》(亚米契斯)等,也有一些是对中国古典名著的选编,如五年级下册中的四篇课文《将相和》、《草船借箭》、《景阳冈》、《猴王出世》分别节选自中国古典名著《史记》、《三国演义》、《水浒传》、《西游记》等,而更多的是对国内的现当代作家的作品的改动。有从中长篇小说中截取的,如五年级下册中《祖父的园子》,选自萧红的小说《呼兰河传》;《冬阳·童年·骆驼队》选自林海音的《城南旧事》。也有对中长篇小说的故事梗概,如六年级下册的《鲁滨孙漂流记》、《汤姆·索亚历险记》。从改编的幅度来看,有稍作修改尽量呈现原貌的,也有大刀阔斧地改编的,如二年级上册第 19 课把俄国作家瓦·奥谢叶娃的《蓝色的树叶》改编成纯中国式的故事,故事主人公的名字改成了李丽、林园园,教材下面注明的是前苏联作家的作品;三年级上册中的《好汉查理》和《给予树》直接注编译者而未注原作者,等等。

在这些改编的课文中,有不少是名家名篇的改编,更有一些是对经典名著的改编,可以说,不管是哪家版本的教材,节选名著或者根据名著改编类的课文始终占据一席之地。从低年级的中外童话寓言经典到中高年级的古今中外古典、现代名著都有涉及,并且随着年级的升高,根据名著改编的课文的篇数也逐渐增加。

二、 名著改编的文本分析

1. 童话的改编:以《丑小鸭》为例分析

人教版小学语文教材中对名著的删改现象非常严重,收录进课文的童话共有 36 篇,其中 22 篇都是经过编者的改动,删改的比例竟然高达三分之二。以四年级上册的童话单元为例进行说明,这一组共收录了四篇童话,分别是王尔德的《巨人的花园》、埃林的《幸福是什么》、新美南吉的《去年的树》和吕丽娜《小木偶的故事》,其中除了一篇短小的《去年的树》没有改写,(仅为四百余字),其余三篇都进行了大幅度的删改。

我们先来看一看安徒生童话《丑小鸭》进入教材之后的遭遇。

《丑小鸭》是安徒生最富自传性质的一篇童话,原文《丑小鸭》翻译成汉语是六千多字,人教版把这篇经典童话经压缩改定后编入二年级下册的课本中,改编成课文的《丑小鸭》只有四百多字,足足删掉了五千多字,可想而知,改写后的《丑小鸭》随着原文字里行间的压缩处理,其艺术韵味也所剩无几,已经完全丧失了安徒生原作中的童话色彩,变成了一种教材体的作品。

原著的语言生动而幽默,饱含哲理,极富文学语言的美感。原文开头就是有很深的童话意境的,以叶君健译本为例,对照原文开头与改编后的开头:

原文:

乡下真是非常美丽。这正是夏天!小麦是黄澄澄的,燕麦是绿油油的。干草在绿色的牧场上堆成垛,鹳鸟用它又长又红的腿子在散着步,喀嚓地讲着埃及话。(注:因为据丹麦的民间传说,鹳鸟是从埃及飞来的。)这是它从妈妈那儿学到的一种语言。田野和牧场的周围有些大森林,森林里有些很深的池塘。的确,乡间是非常美丽的,太阳光正照着一幢老式的房子,它周围流着几条很深的小溪。从墙角那儿一直到水里,全盖满了牛蒡的大叶子。最大的叶子长得非常高,小孩子简直可以直着腰站在下面,像在最浓密的森林里一样。这儿也是很荒凉的,这儿有一只母鸭坐在窠里,她得把她的几个小鸭都孵出来。不过这时她已经累坏了。很少有客人来看她。别的鸭子都愿意在溪流里游来游去,而不愿意跑到牛蒡下面来和她聊天。

改编后:

太阳暖烘烘的。鸭妈妈在草堆里,等她的孩子出世。

安徒生用诗一样的优美的语言描写了乡下农舍周围杂草丛生地带的美丽景致,交代了小鸭子出生的自然环境。读着这样的语言,仿佛有一幅色彩斑斓的乡村图景展现在眼前,心底升起的是一股浓浓的暖意,这样的语言充满了童心童趣,除了能带给孩子的情感上的认同,也是语言学习的好材料,这样的语言才是孩子愿学、爱学的语言。而改编后的课文开头,这一段优美的写景文只化为干巴巴的寥寥数字,毫无情感和美感。

对社会环境的描写是推动情节发展的重要因素,原作又以诙谐的笔调描写了小鸭出生的社会环境。鸭妈妈十分辛苦地孵化小鸭子,在一个又一个小鸭子出世之后,还有一只"顶大的蛋还躺着没有动静",鸭妈妈孵得"真是有些烦了",这时候周围的邻居开始鼓动鸭子妈妈放弃这只蛋,这表明了丑小鸭出生的社会环境,这种社会环境铺垫预示着丑小鸭出生之后所受到的欺辱,而且一直伴随着他的成长,这其实是推动故事情节向前发展的一个重要因素。但是改编后的课文《丑小鸭》把这一切都舍弃了，没有出生背景，丑小鸭为什么一出生就受到哥哥姐姐欺负也没有交代，丑小鸭怎么受别人欺负也没交代，丑小鸭怎样"丑"还是没有交代，而事实上，由"丑"变"美"是原作的灵魂所在。

　　原文中对丑小鸭细致的心理描写非常丰富，表现了对意志力的磨炼。丑小鸭能够离开家是需要勇气和决心的，忍受着巨大的内心痛苦，"他飞过篱笆逃走了；灌木林里的小鸟一见到他，就惊慌地向空中飞去。'这是因为我太丑了！'小鸭想。于是他闭起眼睛，继续往前跑。他一口气跑到一块住着野鸭的沼泽地里。"一只小鸭子流浪的开始也是他人生的开始，更是他不安于现状实现远大理想的开端，当看到灌木丛中的小鸟因为他而惊慌飞向空中时，小鸭子自卑到了顶点，是因为自己太丑把小鸟吓走了。可见，小鸭子受到的凌辱在他内心形成的巨大压力。而在改编的课文里这些原作中成长的艰难磨砺都消失了。

　　原文中很多细节描写是作品的趣味所在，改编后的课文中也全都没有了。如原文中有一段写丑小鸭在冰面快冻僵时，有一位农夫捡到了他，并把他带回家的情节。写到农夫家的孩子们都想跟他玩，但丑小鸭害怕他们会像以往的那些人一样会来伤害他，因此拼命逃跑，弄得农夫家一团糟。原文对这一情节进行了细致生动的描写。"小孩子们都想要跟他玩，不过小鸭以为他们想要伤害他。他一害怕就跳到牛奶盘里去了，把牛奶溅得满屋子都是。女人惊叫起来，拍着双手。这么一来，小鸭就飞到黄油盆里去了，然后就飞进面粉桶里去了，最后才爬出来。这时他的样子才好看呢！女人尖声地叫起来，拿着火钳要打他。小孩们挤做一团，想抓住这小鸭。他们又是笑，又是叫！——幸好大门是开着的。他钻进灌木林中新下的雪里面去。他躺在那里，几乎像昏倒了一样。"这段文字，写出了丑小鸭因为常常遭人唾弃和侮辱的经历，而不敢去亲近任何人的心理。儿童文学就是要贴合儿童的审美趣味及经验世界和想象世界。这段情节中的丑小鸭，多像一位害怕胆怯的孩子啊！孩子们不也常常像丑小鸭一样，因为害怕，会无意中犯下种种的"错"吗？这种经历的相似性正是儿童阅读文学作品的兴趣所在，也正是儿童文学作品区别于成人文学作品的关键。而课文对丑小鸭这一次经历却只用短短的一句话说明情节："幸亏一位农夫看见了，把他带回家。"至于他在这个家到底待了多久，都经历了什么，完全没有交代。这样的删改，根本无法体现原文的艺术表现力，也抹去了原文带给儿童阅读的趣味性以及想象的空间。儿童阅读的故事情节应该是丰富的、可预测、可理解的,而这样的改编使故事情节的发展变成很模糊,故事失去了情节发展的逻辑性。

小鸭子是经过了激烈的其至不惜牺牲自己生命的代价飞向了那些高贵的鸟儿,也就是为了实现自己的理想和愿望遭遇了无数的挫折和痛苦。即使知道自己变成了一只最美丽的天鹅之后,"他感到非常难为情。他把头藏到翅膀里面去,不知道怎么办才好!"他扇动翅膀,伸直细长的颈项,从内心里发出一个快乐的声音:"当我还是一只丑小鸭的时候,我做梦也没有想到会有这么多的幸福!"这是一只不仅外表美丽而且内心非常谦逊的天鹅,而且是灵魂非常高贵的鸟。任何一种愿望的达成都需要一种艰辛的磨砺过程,这不正是安徒生自己的写照吗?然而,在课文的结尾中,我们看不到丑小鸭变成天鹅之后的所表现出来的美好心灵和善良的品格,只有一句毫无情感的"原来我不是丑小鸭,是白天鹅呀!"这样的改写本,距原著可谓离题万里。

兹录课文《丑小鸭》如下:

> 太阳暖烘烘的。鸭妈妈在草堆里,等她的孩子出世。
>
> 一只只小鸭子都从蛋壳里钻出来了,就剩下一个特别大的蛋。过了好几天,这个蛋才慢慢裂开,钻出一只又大又丑的鸭子。他的毛灰灰的,嘴巴大大的,身子瘦瘦的,大家都叫他"丑小鸭"。
>
> 丑小鸭来到世界上,除了鸭妈妈,谁都欺负他。哥哥、姐姐咬他,鸡公啄他,连养鸭的小姑娘也讨厌他。丑小鸭感到非常孤独,就钻出篱笆,离开了家。
>
> 丑小鸭来到树林里,小鸟讥笑他,猎狗追赶他。他白天只好躲起来,到了晚上才能找吃的。
>
> 秋天到了,树叶黄了,丑小鸭来到湖边的芦苇里悄悄地过日子。一天傍晚,一群天鹅从空中飞过。丑小鸭望着洁白美丽的天空,又惊奇又羡慕。
>
> 天气越来越冷,湖面结了厚厚的冰。丑小鸭趴在地上冻僵了。幸亏一位农夫看见了,把他带回家。
>
> 一天,丑小鸭出来散步,看见丁香开花了,知道春天来了。他扑扑翅膀,向湖面飞去,忽然看见镜子似的湖面上,映出一个漂亮的影子,雪白的羽毛,长长的脖子,美丽极了。这难道是自己的影子?原来我不是丑小

鸭,是白天鹅呀!

　　我们可以看到,改编后的课文《丑小鸭》已经完全脱离了原作《丑小鸭》的血肉之躯,徒剩一副空骨架。七段文字每段只有一两句干瘪的句子几十个文字,全文四百多字讲述了如此一个波澜曲折的故事,语言文字省略到极致。如前文所述,课文第一段用短短二十三字代替了原文三百多字的内容,简单交代了鸭妈妈等待孩子出世。第二段写一个个孩子出世了,只有一个特别丑。第三段写丑小鸭受到所有人的欺辱和嘲笑,只得离家。第四段写小鸭子在外面流浪。第五段写秋天丑小鸭看见有一群天鹅飞过"又惊奇又羡慕"。第六段写冬天丑小鸭在冰面上冻僵被农夫所救。第七段写春天的时候,丑小鸭看到了自己美丽的倒影发现自己变成了美丽的白天鹅。改编者把原作凑成了一个故事框架,把一个枝繁叶茂的童话大树大刀阔斧地砍成了一截干枯的枝桠。

　　丹麦大批评家勃兰兑斯说:"安徒生不是直接的心理学家。与其说他是特别的人类通,不如说他是生物学家。他的喜好在于通过动物和植物来描写人类,从而看到人性是从自然的根底进化而来的。所有的艺术都包含着对'人是什么'这一问题的回答。你可以去问一问安徒生:你是怎么给人下定义的? 他恐怕会这样来回答吧——'人就是在自然的养鸭场里孵化出来的白天鹅'。"①"在童话《丑小鸭》中不仅看到了安徒生自己的心灵轨迹,而且还深切感受到了人对生活的信念,对美丽梦想的执著,人在一生中普遍会经历的艰难的成长历程。而这一切具有震撼力的文学感动,在删削后的教材《丑小鸭》中却已经荡然无存。"②至于原著中生动可爱的形象、曲折多变的情节、风趣幽默富有感染力的语言,随着改编者的大刀阔斧而消失殆尽。

　　那么这种面目全非的教材体《丑小鸭》为什么会出现呢? 朱自强先生认为其出发点是好的,因为推崇这篇童话想把它推荐给大多数的孩子而把它选编进教材,但是在改编的文本中存在问题。③ 从文学观来说,编写者认为文学作品是可以随便肢解的,他们没有把一部文学作品看成是一个富有生命力的有机整体,其内容和形式、情节和结构、人物和环境等都是不可分割的,一旦分

① [丹麦]勃兰兑斯:《童话作家安徒生》,转引自朱自强:《小学语文文学教育》,东北师范大学出版社,2001年,第206—207页。
② 朱自强:《小学语文文学教育》,东北师范大学出版社,2001年,第207页。
③ 朱自强:《小学语文文学教育》,东北师范大学出版社,2001年,第207页。

割,无论是多么富有教育意义的思想,完整性就会受到破坏,就像人的身体一样,生命力会削减甚至消逝。从儿童审美观来看,编写者认为小学二年级学生的文学审美力很弱,只要一个简单的故事框架就可以实现童话审美教育的和语文教育的双重功效,殊不知,儿童的审美能力是不可轻视的,儿童是审美经验缺乏而不是审美能力低下的人,儿童的审美是最纯真最无功利的,最易感动的儿童也往往是最能审美的儿童。如若把童话最感动的地方舍去了,作品的审美价值无疑也会消逝。从改编者的文学鉴赏力来看,他们把丑小鸭变成天鹅的过程看得太简单,没有看到艰苦的成长环境对生命的历练,没有看到由"丑"变"美"是原作的灵魂所在,没有看到获得重生后发自心底的快乐……

在改编自另一篇童话经典名篇——王尔德的《自私的巨人》而成的课文《巨人的花园》中也经历了同样的遭遇。童话《自私的巨人》原文两千六百多字,改编后成的课文《巨人的花园》只剩下八百多字,被删掉了一千七百多个字。原著是王尔德的童话代表作之一,既有符合儿童心理的生动有趣的故事情节,又有王尔德深刻的美学思想,是儿童文化救赎成人文化的一种感性的艺术表达。改编之后的课文则把原著中最绝妙、最有价值的地方都改掉了,变成了讲述儿童与巨人在花园中的一次简单的游戏的故事,淡化了情节,抽干了思想,思想性、趣味性和语文教育价值都大为降低。这样的改写,大量地混杂在小学语文教材中,是儿童文学选入语文教材存在的一个严重问题。

孩子的心灵是柔弱而稚嫩的,童话应当为儿童输送契合他们心灵的优雅、诗意、柔美、精致的作品,让儿童的心灵产生感动、悲悯和无限美好遐想。"童话故事之所以特别,在于它可以表达孩子的心灵及热情,童话告诉了孩子许多家长和老师想向孩子隐瞒的事情,童话教孩子了解一个事实,那就是世界有冷酷及残忍的一面,孩子将必须亲自面对。……童话也同时告诉孩子什么是勇气及冒险。它建议孩子拿出勇气去面对世界的挑战。……童话给孩子一个希望,也就是,只要你有勇气并坚持下去,就可以克服困难,并征服敌人,甚至可以实现心中的愿望。另外,甚至有人将童话所能带给人们的好处与基督教的教义相比,可见童话的存在对人类生活具有重大意义。"①

2. 儿童散文的改编:以《北京的春节》为例分析

人教版六年级下册第6课《北京的春节》是著名语言大师老舍的散文,最

---

① [美]吉姆·崔利斯:《朗读手册——大声为孩子读书吧》,天津教育出版社,2006年,第95页。

早于 1951 年发表在《新观察》上。老舍在这篇作品中用地道纯正的北京话向人们介绍北京春节的风俗，他用京味浓郁、通俗直白的语言，为我们描绘了一幅幅老北京春节的民风民俗画卷，表现了春节的隆重与热闹，字里行间无时不在表达着作者对传统文化的喜爱之情。

但在选入人教版六年级下册课文中时，两千五百字的原作被删去了整整一半，只剩下一千二百多字。或许有些地方的删改或许还有道理，如结尾处对迷信的评论这一段的删除，更突出了主题，是可以而且是必要的。但对有些段落的删除和字句的改动却值得商榷。

我们先来比较一下老舍原作的第一段与改编后课文里的第一段：

原作：

按照北京的老规矩，过农历的新年（春节），差不多在腊月的初旬就开头了。"腊七腊八，冻死寒鸦"，这是一年里最冷的时候。可是，到了严冬，不久便是春天，所以人们并不因为寒冷而减少过年与迎春的热情。在腊八那天，人家里，寺观里，都熬腊八粥。这种特制的粥是祭祖祭神的，可是细一想，它倒是农业社会的一种自傲的表现——这种粥是用所有的各种的米，各种的豆，与各种的干果（杏仁、核桃仁、瓜子、荔枝肉、莲子、花生米、葡萄干、菱角米……）熬成的。这不是粥，而是小型的农业展览会。

改编后：

照北京的老规矩，春节差不多在腊月的初旬就开始了。"腊七腊八，冻死寒鸦"，这是一年里最冷的时候。在腊八这天，家家都熬腊八粥。粥是用各种米，各种豆，与各种干果熬成的。这不是粥，而是小型的农业展览会。

开头的第一段，两者相比照，我们可以看到，原文包含内容丰富，意思表达完整，不仅意象丰富，语气也显得轻松自然。一句"可是，到了严冬，不久便是春天，所以人们并不因为寒冷而减少过年与迎春的热情。"写出了人们对春节的期盼之情，为后文描写春节的热闹氛围埋下了伏笔。"这种特制的粥是祭祖祭神的，可是细一想，它倒是农业社会的一种自傲的表现"带有明显老舍语言风格的通俗明白、幽默诙谐特征。而改编成课文后，这样的句子被完整地删去，并且整个第一段从二百多个字删成不足一百字，括号中的各种干果名称也全都被删除。被沥干水份的课文在内容表达上也失去了其丰厚的内涵,句子衔接明显不畅,破坏了文章整体的风格。

老舍的语言是京味语言,北京方言的白话在老舍的文章中是一个最大的特色,通读原文,让人感觉就像一个老者在娓娓述说过去的事情,亲切自然,韵味无穷。比如在写儿童眼中过年时的热闹景象以及儿童对过年的期盼与欣喜时,老舍用了一系列京味浓郁的排比与儿化音,描写活泼有趣、风味十足,而在课文中则被大幅删改。

原文:

从腊八起,铺户中就加紧地上年货,街上加多了货摊子——卖春联的、卖年画的、卖蜜供的、卖水仙花的等等都是只在这一季节才会出现的。这些赶年的摊子都教儿童们的心跳得特别快一些。在胡同里,吆喝的声音也比平时更多更复杂起来,其中也有仅在腊月才出现的,像卖宪书的、松枝的、薏仁米的、年糕的等等。

在有皇帝的时候,学童们到腊月十九日就不上学了,放年假一月。儿童们准备过年,差不多第一件事是买杂拌儿。这是用各种干果(花生、胶枣、榛子、栗子等)与蜜饯掺和成的,普通的带皮,高级的没有皮——例如:普通的用带皮的榛子,高级的用榛瓤儿。儿童们喜吃这些零七八碎儿,即使没有饺子吃,也必须买杂拌儿。他们的第二件大事是买爆竹,特别是男孩子们。恐怕第三件事才是买玩意儿——风筝、空竹、口琴等——和年画儿。

儿童们忙乱,大人们也紧张。他们须预备过年吃的使的喝的一切。他们也必须给儿童赶作新鞋新衣,好在新年时显出万象更新的气象。

课文:

孩子们准备过年,第一件大事就是买杂拌儿。这是用花生、胶枣、榛子、栗子等干果与蜜饯(jiàn)掺(chān)和成的。孩子们喜欢吃这些零七八碎儿。第二件大事是买爆竹,特别是男孩子们。恐怕第三件事才是买各种玩意儿——风筝、空竹、口琴等。

孩子们欢喜,大人们也忙乱。他们必须预备过年吃的、喝的、穿的、用的,好在新年时显出万象更新的气象。

　　过年对孩子来说是最开心的事，原文中用整段的篇幅描写了过年时的热闹场景，各种各样的货摊子，各种种样的吆喝声，对孩子充满了诱惑，这一段形象生动的描绘被整段删除。"普通的带皮，高级的没有皮——例如：普通的用带皮的榛子，高级的用榛瓤儿。儿童们喜吃这些零七八碎儿，即使没有饺子吃，也必须买杂拌儿。"这样的句子通俗易懂、京味十足也是趣味十足，用俗白的语言表达出丰富的内涵，让人倍感亲近。而在课文里只剩简单的一句："孩子们喜欢吃这些零七八碎儿。"无法体现原文的韵味。

　　原文中对民俗与传说的描写非常有趣，幽默诙谐，很有民俗味，但这些在课文中大多被删改，如大扫除："名曰扫房"。放鞭炮的来历："这天晚上家家祭灶王，从一擦黑儿鞭炮就响起来，随着炮声把灶王的纸像焚化，美其名叫送灶王上天。"麦芽糖的传说："按旧日的说法：有糖粘住灶王的嘴，他到了天上就不会向玉皇报告家庭中的坏事了。现在，还有卖糖的，但是只由大家享用，并不再粘灶王的嘴了。"……从这些貌似闲适的文字里，我们可以寻找到老北京春节民俗的一些根源，其中所包含的文化意义不言而喻。而课文里这些都不见了踪影。

　　语言需要风格，老舍被称为"语言的大师"，他炉火纯青的语言功力是一般人模仿不来的。《北京的春节》一文，朴素自然，流畅通达，京味十足，富有生活气息。这种拉家常讲故事的口吻让人听起来亲切随和，正如老舍所言，"我不管写什么，总希望能够信赖大白话，即使是说明比较高深一点的道理，我也不接二连三的用术语与名词，我还保持着我的'俗'与'白'。"然而老舍的"俗白"并不是粗俗浅露，而是精练含蓄、耐人寻味。正如李白说的"清水出芙蓉，天然去雕饰"，不加任何修饰，这正是一种朴素的美，一种天然的美，一种不加任何人工雕琢的美。口语化的语言让人明白易懂，儿化音那样亲切舒适，同义词的使用多样化，富于变化而又体现了作者对生活中语言的观察能力，这都是老舍所体现出来旁人所不能及的大师风格。老舍的这篇文章用"俗白"语言，却给我们写出来了作者对春节的喜爱，写出了春节期间的热闹气氛。而在经删改后的课文只剩下空空的骨架和平铺直叙的描述，失去了原有的丰富内涵和儿童趣味，其特有的语言风格也无法体现，学生自然也无法喜欢上这样的课文。

　　老舍的语言风格的三大特色：北京韵味、通俗明白、幽默诙谐，在《北京的春节》一文中得以淋漓尽致地体现。曹禺评论："他作品中的语言更有特色，没有一句华丽的辞藻，但是感动人心，其深厚美妙，常常是不可言谈的。"而教材编写者却常常大刀阔斧地进行删改,不仅损失了原文的气韵,不能让学生更好地了解老舍文章的风格和特色,对学生的审美能力也没有提高。"教材的编写者应该对文学名著怀着宗教般的虔敬,不要轻易出手,因为改编者的文学才华往往只能望文学大师的项背。"①

三、 对儿童文学名著改编课文的思考

1. 儿童文学作品改编的原因分析

(1) 体现编者自下而上的文章观

入选教材的文章为什么要改?小学语文教材的编者是这样解释的:"小学语文教材的编写具有其特殊性,教材中的课文不能完全等同于生活中的阅读材料。……小学语文教材承担着生字学习、词语积累的任务,而作家的作品很少有专门为小学生创作的,作家在写作时也不会刻意去考虑字词的难易程度,所以,很多原汁原味的文章确实很难直接服务于小学语文诸多教学目标的需要。这个问题在小学阶段是比较明显的,而且,以低中年级最为突出。"②

教材的编写固然要考虑教学目标的需要,要考虑语言的规范、知识与能力的传授等一系列问题,但教材选文不能为以教学目标来规约文章,进而生造文章,相反,为引导孩子自主学习,发展孩子自身学习的潜力,首先应该做到的是教材要选择合适的、能引发儿童学习兴趣的有内涵的文章来作为学习的媒介。教材当然要注意语言的规范化,但对"规范化"的理解不能过于狭隘,更不能过分地强调小学生应接受所谓的"规范语言",而忽视了真正的文学语言对学生审美情趣、阅读兴趣以及语言运用的涵育作用。语文教材应为学生欣赏、领略原汁原味的文学语言创造一切必要的条件,而不是越俎代庖,以改编本的干枯乏味的语言向原著"示威"。由此可见,为了文本适合教学需要而对名著改编体现的是编者自下而上的文章观。

自下而上的文章观是中国传统的文章观,刘勰的《文心雕龙·章句》篇中有"夫人之立言,因字而生句,积句而为章,积章而成篇"。当代的很多语文教育研究者接受了这种自下而上的文章观,认为"文章是由字组词,由词组句,由

---

① 朱自强:《小学语文教育》,东北师范大学出版社,2001 年,第 210 页。
② 见人教论坛网页:http://bbs.pep.com.cn/thread-246108-1-1.html。

句组段，积段成篇的"①。小学语文教材选文的编排体现的就是这样传统的文章观，按照"字——词——句——段——篇"的序列进行：先学习拼音，然后大量学习生字，进而扩展到词，对文章中出现的生字的由简到难，先学笔画少的，渐渐学习笔画多的，句子先从短小句子开始，然后再是长句。文章的选取也是由短到长。虽然这样的编排符合儿童的逐渐成长的生理心理规律，但这对教材编写也有着深刻的负面影响。因为如果认为文章首先是由字组成，有了字就能组成文章，就会按照选定的生字、生词来拼凑文章。事实上，在这种文章观之下，产生了大量所谓"教材体文章"。编者根据需要写进教材的生字、生词去编写文章，于是不自然的、缺乏灵性的文章纷纷出来，把名著大幅删改以适合学生的认知水平也正是出于这种观念。这样的编排其实也不符合好文章的写作规律。当代阅读学理论认为文章是自上而下的。也就是说，文章的生成是先有要表达的意义（思想、情感、愿望等），这个意义高高在上，统领着文章语言、结构的整体性安排，从而使文章成为有意味的、完整的形式。

正如朱自强先生所说的："自上而下的文章观和自下而上的文章观，会给语文教育带来不同的操作方法。……如果认为文章是先有字后有词，然后由词到句再组成文章，那么就会按照事先选定的那些所谓的生字生词来编写文章。据我了解我们的教材中是有这样的文章的，比如小学阶段会规定不同的年级需要掌握多少生字，而且机械地，甚至是教条地判定哪些词孩子就得先学，哪些词就得后学。其实对孩子，尤其是对个体的孩子来说，哪些词先学哪些词后学，都是因人而异的。我们不必机械地、非常谨慎地安排这种生字生词。如果是在生活中我们认为是常用的，应该先学的字词，其实孩子在各种语言环境中早就把它解决掉了。"②

（2）体现了编者对儿童阅读能力和审美能力的低估

儿童的审美能力和成人是有很大不同的，儿童是一种结合自身体验的审美儿童在感受自然美、社会美、艺术美的能力方面往往是成年人惊叹。他们对审美对象的感知力、理解力、想象力、联想力等心理能力方面甚至超越了成人。"儿童与成人相比，缺少的只是知识和经验，但他们却执有真挚的情感和丰富

---

① 见朱自强：《儿童本位：小学语文教材的基石》，《中国教育报》，2011年2月24日。
② 朱自强：《朱自强小学语文教育与儿童教育讲演录》，长春出版社，2009年，第40页。

的想象力,而这些正是文学艺术的精髓。"①优秀的儿童文学作品,本身就是自然美、社会美、艺术美的合成,同时还具有思想美、形象美、意境美、结构美、语言美,具有极高的审美价值。"一部优秀的文学作品兼有知识、情感、意志等多方面的教育功能。它起到的是一种潜移默化的作用。儿童在阅读、体验、咀嚼文学作品的时候,就会不知不觉地受到思想品德、思维能力和语言形式等多方面的熏陶、训练。故而概而言之,具有形象性、艺术性的文学作品是最适合儿童心理需要的精神食品,它能调动儿童学习的'内在动机',这是任何其他东西所难以与之相比的。"②

小学语文教材编写者所理解的"浅近的童话、寓言、故事",往往是根据自己的经验判断,忽略了儿童所具备的审美能力,低估了小学生的阅读能力,因此对文章进行改编,删繁就简,截长取短,把"血肉丰满"的原作变成了"一副骨架",把妙趣横生的人物语言变成了干巴巴的所谓"规范语言",把立体的人物形象变成平面的脸谱化形象,这种梗概性的文章无法让人感受到"美"的存在,是对儿童审美能力的一种扼杀。

儿童是天生的学习者,有巨大的语文学习潜能。语文教育就是要致力于使用有学习效率的好文章把儿童的语文潜能激活。然而,在小学语文教材中,显示出低估儿童的阅读能力和审美能力的倾向,选文"短小轻薄",处于儿童认知和语言水平之下,明显是矮化小学生的智力,对小学儿童的学习能力和审美能力不是向上提升,而是向下压抑。像《丑小鸭》这样的名著被大幅删减成四百多字,恐怕就是因为教材编写者认为二年级的小学生的阅读能力尚低,没有能力阅读原著吧。这样的课文既贬低孩子的智力,又伤害孩子的自尊心。儿童文学名篇《等信》在台湾和大陆的教材中也被删节成 200 字和 500 字,而在儿童文学化程度很高的日本小学二年级教材中,是全文 1200 字悉数收入的。同样,美国有一套著名教育家威廉·H. 麦加菲编的小学语文教材,影响非常大。"这套教材花费了作者前后 20 年的时间,对美国青少年产生了史无前例的影响,直到今天仍以各种版本流行于西方。这套教材成功的秘诀就在,所选编的课文都是名家名篇。"③这体现了对儿童阅读能力和审美能力的不同

---

① 朱自强:《小学语文文学教育》,东北师范大学出版社,2001 年,第 55 页。

② 郭开平:《语文八论》,上海大学出版社,2008 年,第 170—171 页。

③ [美]威廉·麦加菲著,刘双、张利雪译,《美国语文(上卷):美国小学课文经典读本》,天津社会科学出版社,2010 年,前言。

评价。

　　小学初中学习阶段,是人的一生中学习的黄金时代,这十年里,如果切实有效地阅读记诵一定数量的经典作品,将会使人内心充实,长大后学会感受美好的事物,渐渐发展出独立的思考能力,才可能不媚俗,不从众,不被外表花哨实际上空洞无物的东西所迷惑。[①]

　　据有关资料显示,美国的小学和中学的语文教材的丰富程度要超过我们大学中文的专业水平,孩子们学起来特别感兴趣。知难而进是学习的动力,如果所学的内容低于他们的认知水平,学生就会很反感这样的学习。那么如何解决识字的困难、语言学习和学生高水平的审美之间的矛盾呢? 要改变现行的语文教育课程设置,需要把语言学习和文学阅读截然分开,为语文课程减压和负重并举。减压就是把语言学习专设课程,培养学生的语感,中国古典文学是汉语的精华最适合培养学生的语感;增负就是要加大文学内容,初中高中把整部的《红楼梦》、《三国演义》、《汤姆·索亚历险记》、《童年》等世界名著加入到语文教育中,使他们完成整部作品的学习,形成完整的思维和增加人文思想,而不是像现行的语文教材用断章取义的办法,影响学生对名著的兴趣。

　　2.　儿童文学名著改编成课文应注意的问题

　　首先是要忠实原作,能不改的尽量不改。

　　一般地讲,改编本的语言的鲜活生动与原著是无法相比的。作家写文章经常会对使用哪一个词斟酌良久,这样的词被改掉的话,就不能很好地表达作家原本想要表达的意思,哪怕是一个标点符号,有时也很关键,一经删改,含义就大不相同。比如上文分析的老舍的《北京的春节》中,有一段讲到元宵节时,原文中是这样写的:"有名的老铺都要挂出几百盏灯来,……这,在当年,也就是一种广告。""这"与"在当年"之间有个逗号,语气中有个停顿,起强调作用。而在课文里把这个逗号去掉了,课文是:"这在当年,也就是一种广告。"没有了强调,语气完全不一样了。孰好孰坏,一读便知。而有些细节描写在原文中的地位看似闲笔或赘笔,信手拈来,无关紧要,可有可无,但往往是作者精心设置和安排的。因为细节描写是最生动、最有表现力的手法,它往往用极精彩的笔墨将人物的真善美和假丑恶和盘托出,让读者欣赏评价。一篇文章,恰到好处地运用细节描写,能起到烘托环境气氛、刻画人物性格和揭示主题思想的

---

① 叶开:《对抗语文》,复旦大学出版社,2012 年,第 209 页。

作用。

因此，对文学名著，能不改则不改，名著并非一定是需要改编才能进入教材的，有的名篇幅在可接受范围内就不一定要进行删改，比如内地和香港都选入的现代文学作家许地山的散文《落花生》。内地语文教材照例是"为符合规范"而做了删改的，香港的教材则是全文照录，一字不易。适合儿童阅读学习的、篇幅长短也适合进教材的儿童文学名篇非常多，编者要提高儿童文学素养，眼光要放宽，选取名篇原作，能不改尽量不改，给儿童一个原汁原味的文学名作，让孩子自己来品味原作中所蕴含的丰富内涵。如果因某些原因必须进行大部分的改写才能选编入教材，那么，宁可另觅佳作。事实上，教材中也确实有未经改写的名篇选入，尽管数量很少。如四年级上册第11课《去年的树》就是选自日本作家新美南吉的童话，这篇课文没有改写，呈现了作品的原貌，文字中所传递的爱与美的情感像涓涓的细流在孩子的内心流淌，令学生为之感动。情感的感动就是最好的审美教育，也是最好的语文教育。

其次，从严格意义上讲，对一些名著"动手术"也并非绝不可行，"名家名篇不是金口玉言，根据时代的发展进行适当的编辑，并没有什么问题"、"改编其实可理解为编写者为了编好教材，'煞费苦心'"①。然而改编必须把握好最基本的尺度：既要尊重名著，尽量忠实原作，又要尊重学生的阅读背景和审美水平。而有些名著的改编正是背离了上述基本尺度而饱受责难和非议。名著标志着一种高度，这种高度从某种意义上说是不可逾越的。因此，对名著要持敬畏之心，同时，必须兼顾阅读对象的可接受性。

对名著进行改写要做到既要尊重名著忠实原作又要兼顾学生的心理实际，首先一点是，改写者最好是能深谙儿童心理和儿童文学真谛的作家，有着非常高的语文造诣的大家，而非普通的编者就能胜任。并且，改写的态度要严肃认真、小心谨慎，在改写的过程中，改写者要倾尽自己的才华为儿童创作，因为儿童时代接触的读物优良与否，直接影响孩子的阅读和对文学的兴趣，不能因为改写本的枯燥无趣而阻碍了孩子的阅读兴趣。另外还必须注意的是，改写本的语言要符合汉语的思维习惯和儿童接受语言的层级需要，如低、中、高年级学生的语言能力和认知能力差别很大，必须符合他们相应的认知年龄和认知水平，并且略有提升，如果语言过于简单，孩子就无法享受汉语的魅力，过

① 熊丙奇：《改编名家名篇不该"夹带私货"》，《东方早报》，2010年10月19日。

难又无法领会文本的精妙之处,都不利于提高学习兴趣。这样的改写才可能接近儿童读者的心理和文学的原貌,尽量忠实原作。

总之,可改可不改,则不改。可改,但改不好,则宁可不改。如果要改,一定要找到合适的人选并有认真负责的态度,否则,宁可弃而不用,另选合适的选文。这是改编文学作品的底线和原则。

教材中的儿童文学是传播儿童文学作品的重要途径,因为教材是每个适龄儿童每天都必须面对的书本。教材的选文必须真正坚持高标准,必须把经典性和可接受性结合起来,让学生真正领略名著的风采。优秀的儿童文学作品都会在文本中蕴涵不同的表达层面,这些深浅不一的内容或意蕴将在孩子成长的岁月里渐渐释放出来,越是优秀的作品作用于人的时间越长久。如果把经典儿童文学削删成一种似是而非的教材体儿童文学,就会影响孩子对经典儿童文学的欣赏,他们的审美能力也会受到伤害,所以,在改编儿童文学时候一定要认真谨慎地对待,切不可以简单粗暴。只有这样,才能让学生受益终生。

第四章 小学语文教材中儿童 文学的实践图景

儿童文学关注着儿童的生存状态和思维方式,关注着儿童的情调和心态,以文本的时代性、开放性和亲和力,吸引儿童读者的阅读目光。儿童文学的审美特质符合儿童的认知能力,易于作为儿童启蒙时期阅读材料,这一点在前面教材比重的分析中有相应的关照。在对纲领性文件的检视中,也可以看出儿童文学的教育功能已得到了充分的重视。经过进一步的研究发现:我国儿童文学研究多数都站在儿童文学创作者的角度,小学语文教育与儿童文学研究之间还没有形成很好的融合,两者之间缺少必要的沟通,未能形成系统的儿童文学与小学语文教育研究。为此,本章针对如何将儿童文学的特质与语文实践相融合,使其更好的发挥其教育儿童、愉悦儿童身心这一目的,选定小学语文教育为研究范畴,探讨儿童文学与小学语文教育教学实践问题。

第一节 小学儿童文学教学:诗歌教学

诗歌天然地和儿童有着契合关系,儿童的想象方式、表达习惯和认知渠道,都有着诗的品质,初生时母亲柔声细语的摇篮曲,牙牙学语时的童谣儿歌,以及幼儿园小学堂里朗朗上口的童诗,都是儿童认知世界的窗口和道路。诗歌与儿童紧密相连。"儿童不止是诗意地栖居在大地之上,他还诗意地鱼游于历史的长河之中。儿童的游戏、儿童的梦想、儿童的艺术、儿童的思想、儿童的全部生活,都是史诗,都是描绘生命的历史、精神历史的诗篇。"①

儿童诗因其直率明朗的抒情性、流畅而优美的音乐性、天真活泼的趣味性等特性而深得儿童的喜爱,是儿童学习的绝好的媒介,对于他们丰富词汇、陶冶情操、增长见识、开发智力有着不可忽视的重要意义。儿童诗所蕴涵的丰富的情感与精神品质,也将如同涓涓雨露浸润到学生心灵的至深处,使他们对语言文字和世间万物的真、善、美日趋敏感,情思和语言日趋丰妙,对培养诗化的心灵奠定基础。可以毫不夸张地说,儿童诗歌是一种很好的精神滋养载体,一首契合儿童心性的好的儿童诗,可以为一个人的一生抹上色彩,烙上一重烙印,带来一种节奏。

儿童诗歌教学在小学语文教学中是很重要的一个部分,尤其在低年级段占有很大的比重。人教版小学一、二年级的教材中,诗歌教学内容包括儿歌、儿童诗、古诗、谜语歌等,占到了低年级段教材内容的三分之一多。因此,本节选取以低年级段儿童诗歌为研究对象进行教学实践的探讨。

一、儿童诗歌的教学要点

儿童诗歌的最主要特点就是:诗意与童趣。它是诗,它强调诗的意境、诗的味道、诗的节奏、诗的韵律、诗的凝练;它是儿童的,是以儿童为主要阅读对象或是儿童自己写的,诗中更多地包含儿童特有的情感与体验。儿童诗歌这两大特点无疑也应该成为儿童诗歌教学的理论基石。

低年级儿童诗歌教学的教学目标的设定,主要可从以下几个方面着手。

1. 学习知识:识字和语言积累

对低年级的小学生来说,知识与能力学习的重点在于识字和语言的学习,小学语文教材中的儿童诗歌教学同样承载着识字、学词、积累语言等多重学习任务。例如,在教学《雪地里的小画家》时,教学目标可设定为:通过朗读,识记11个生字;认识两个偏旁:刀字头和目字旁;会写"几、用、鱼"3个生字;在语境中理解并积累"一群、梅花、月牙、冬眠"等词语;会用"……的脚印像"的句式说话。在诗歌教学中有意识地让学生进行字、词、句的学习,积累语言。并且,在教学中,教师可以把识字学词与儿童诗的语言特点联系起来,学习语言的运

---

① 刘晓东:《儿童精神哲学》,南京师范大学出版社,1999年,第442页。

用。例如,教学《哪座房子最漂亮》中的"青青的瓦,白白的墙,宽宽的门,大大的窗"时,教师可以让学生进行换词训练,学生语言运用的能力得以提高。

2. 体验情感:朗读与想象

西方浪漫主义诗人认为,诗是源自人的内心感情的。华兹华斯说:"诗是强烈情感的自然流露。"①柯勒律治也说:"诗就是人的全部思想、热情、情绪、语言的花朵和芳香。"②抒情,是诗歌的最主要特点。儿童诗也同样如此,在所有的儿童文学体裁中,儿童诗是最具有抒情性的。它所富有的抒情性、趣味性和韵律感使得它非常适合小学生朗读。朗读是学习儿童诗歌的一种重要方式,不仅有助于学生体验诗歌的情感,也有助于理解诗歌的内容。

儿童诗的抒情性的独特之处在于:它是用具体的形象表达抽象的情感,进而创设出丰富、独特、深远的意境。感知形象、体会意境的最好方式就是想象。教学时,教师应引导学生抓住诗中的重点句和关键词,让学生把想象带进诗境,从抽象的文字符号中再现出有声有色的画面。例如,《四季》中的"四季"对小学生来讲是个比较抽象的概念,而作者用小草、荷叶、稻子、雪人等分别代表了四个季节,把抽象概念转化为具体意象,化无形为有形,使本来抽象的"意"变成了具体的"象"。反之,一首好的儿童诗,也总是借助具体的意象来诠释抽象概念的,才可使儿童通过具体可感的事物去领会诗中的意境。

3. 品味语言:提高表达和欣赏能力

诗是语言的艺术,儿童诗表达直白有趣味,且具有较强的音乐性和节奏感,诗中拟声词、叠词的运用,能直接将客观世界的声音和节奏传达给儿童,拉近诗与儿童的距离,使儿童产生身临其境的真实感和亲切感。品味儿童诗歌凝练而富有音乐性的语言,对提高儿童语言的表达能力和欣赏能力有很好的促进作用。品味语言可以从诗歌的节奏和韵律感入手,感受诗歌语言带来的美感;也可以从语言所蕴含的意味入手,体味诗歌语言的隐喻性、象征性、暗示性等特点;或者从语言的修辞入手,学习诗歌语言自由、随意、新奇的表达方式。

此外,其他方面的能力如思想、品格、理想、毅志力等等的教育培养和锻炼,则可穿插在教学欣赏过程中进行,在学习知识、体验情感、品味语言艺术的

---

① 刘若端编:《十九世纪英国诗人论诗》,人民文学出版社,1984 年,第 22 页。
② 同上。

同时不着痕迹地穿插于其中,给予孩子一种积极向上的正面引导,最终形成真、善、美的美好品格。

二、 儿童诗歌的教学实例评议:以《小小的船》为例

人教版一年级上册第 7 课《小小的船》是我国著名教育家叶圣陶所写的一首经典儿童诗,全诗只有短短的四句:

> 弯的月儿小小的船,
> 小小的船儿两头尖,
> 我在小小的船里坐,
> 只看见闪闪的星星蓝蓝的天。

这是一篇充满儿童情趣和幻想的儿童诗,作者以丰富的想象通过诗歌的形式描写了晴天夜空美丽的景象。诗的韵律和谐,音乐性很强,想象奇特,易于激发儿童朗读的兴趣,驱遣他们的想象。

下面就以江苏省特级教师斯霞老师在 20 世纪后期上的一堂经典的教学观摩课为对象进行儿童诗歌教学实践的研究分析。[①]

教学实录略(详见附录 5)。

《小小的船》是教材中的经典作品,斯霞老师上的这堂教学观摩课也是儿童诗歌教学实录中的经典。虽然时间过去了几十年,但是教学的品质、教育中一些本质的东西是不变的。斯霞老师的这堂课,上得那么生动形象而又质朴平实,并且充满激情和智慧,在今天依然值得我们研究探讨。

斯霞老师的这堂课总的特点是精当简约,注重实效,教学中的师生活动没有刻板的程式和华而不实的教学形式主义,经过归纳整理,可以总结出以下特点:

1. 随文识字

识字教学是小学一、二年级阶段的语文教学重点之一,具体到教学一篇课文,是先教识字,还是先教课文? 课文又怎样进行教学? 课文中的生字新词如

---

① 《小小的船》教学实录选自吴忠豪主编《1978～2005 语文教育研究大系·小学教学卷》,上海教育出版社,2007 年 11 月版,第 397—405 页。

何出现？如何讲解？这都是小学低年级段语文教学中必须面对的问题。斯霞老师从具体课文与学生认知结构以及学科体系关系的实际出发，主张随课文分散识字的方式进行识字教学，意思是指在小学低年级教了拼音，教了一部分独体字以后，采用结合课文教生字的方法进行教学。它的特点是寓识字于阅读之中，生字新词的出现和讲解都在具体的语言环境中进行，学生边阅读边识字，大量的生字新词也是通过阅读得到巩固，学会运用的。

斯霞老师是随课文分散识字的高手，从 1958 年起，她进行了"随课文分散识字"实验，率先向传统的"三五观点"，即每课书只学三五个生字的识字方式进行了挑战，从改编教材和改进教法两方面进行大胆的改革，倡导"字不离词，词不离句，句不离文"的识字原则，"怎样有利于学生接受就怎样教"，目的就是创造一个便于教、便于学的环境，使学生更好地认识和理解、掌握生字词。对汉字教学作出了杰出贡献。在这课《小小的船》的诗歌教学课中，斯霞老师根据教材内容、教学需要、生字词在课文中的地位以及学生的知识基础、生活经验等多方面因素来决定教学步骤，既坚持"字不离词，词不离句"的原则，又注意灵活运用。

一般情况下，斯老师是随课文内容顺序出现生字词的。如"船"这个生字，斯霞老师结合读课题先予教学。课文里生字词的逻辑关系较紧密，老师按照课文内容顺序依次呈现"两、尖、抬、只、闪、蓝"，并且联系课文内容来释义，因此，生字教完，课文的内容也就全清楚了，讲读课文实现了在上位展开，教学时间得到了经济利用。

识字的关键是认清字形，理解字、词、义，在学生头脑里建立音形义一体的联系。斯霞老师在随课文识字教学中讲究出字词出现的方式，在一定程度上也是为了使学生头脑中汉字的第一印象能正确、鲜明地建立起来，提高识字的效率。

2. 教学方式丰富多样、形象直观

小学低年级学生的思维是具体的，注意力不易长时间集中，好变化，爱新异，教学是否形象、直观对教学效果的影响极大。如果采用单一呆板的方式进行教学，他们的学习兴趣、学习的积极性、主动性就调动不起来，当然也就学不快，学不好。为此，斯霞老师总是形象生动地运用各种方法，创设丰富多彩的教学情境。斯霞老师认为形象、直观并非一定要做多少繁难的准备，而是要对教学内容深入思考，精心安排，正确处置。正因为这样，所以她举手投足之际，便会产生许多令学生难忘的教学镜头。例如,教学《小小的船》中的"闪"字,她用动作演示,引导学生意会门里有一个人一闪即"闪"的字形。至于"闪闪的星星",则用事先准备好的幻灯放映出来,一亮一灭,好像天上星星一闪一闪地眨眼睛的样子,将"闪"的意义形象地表示出来。这样生动形象又简约质朴的教例,在斯老师的课上俯拾皆是,不胜枚举。

在斯霞老师的课堂里,教学活动是多种多样、灵活变化的:读拼音、识汉字、书空、阅读课文、听录音、回答问题、口头造句、朗读、背诵、写字、学生自学课文、自学生字……总是尽可能地让学生多动脑、动手、动口,使学生成为学习的主人。学生们在教师的引领下通过自己的语言实践完成了识汉字和学课文的过程。在这一过程中,由于斯老师精心组织,善于引导,学生们始终情绪饱满,兴趣盎然。譬如,教"船"这个生字时,先出现拼音,要求读准,并提醒学生注意"是翘舌音"。然后,看老师板书"船"的字形,边写边重点介绍新偏旁"舟"的笔画和笔顺,板书"舟"字,讲解"舟"的意思,比较"舟"字与"舟字旁"的区别,再让学生调动已有知识经验整体识记"船"的右半边。为了使学生记住这个字形,斯老师让学生边读笔画边书空。为使学生进一步理解词义,加强对字形的印象,斯老师又让学生联系生活实际说说看到过哪些"船"(组词、说话)。学生列举"游船"、"木船"、"帆船"、"轮船"、"宇宙飞船"以后,斯老师要求学生自学课文,各自小声读拼音,学生字,读课文。在学生自学课文的基础上,斯霞老师问"这首儿歌里说的是怎样一只船",引导学生把"船"这个字(词)放到句子中去领会,理解它的比喻义"把月亮当小船"。

3. 因势利导、充分鼓励、师生互动

斯霞老师从不让学生死记硬背,而是在读课文的过程中总是能抓住时机、因势利导,让孩子在学习新知识时注意联系,并且在课文教完后及时复习,巩固以前学的字词。不仅在课中把识字与学习课文内容紧紧结合起来,也注意到了在课文学习中启发学生想象力,如,问到:"看到蓝蓝的天像什么?"学生一个个神驰天外,沉浸在课文诗般美丽的意境里。斯老师因势利导,相机介绍人类航天的有关知识,激起学生的好奇心和求知欲,让学生兴致勃勃地用心学习、认真朗读课文,把理想教育很自然地融在语言训练之中。这样的思想教育丝毫没有板起面孔训人的样子,而是那样质朴自然。同时,斯老师总是热情地表扬、鼓励学生,让学生内心产生一种成功的满足感和愉快的情绪,对学生回答的评价又是恰当、有分寸、实事求是的,在热情鼓励、充分肯定中坚持严格要求,使学生看到自己的不足之处,去努力弥补学习上的缺陷,同时,在精神上也获得了满足和乐趣。……在这一过程中不仅包含了字音、字义、笔画、笔顺、构字规律等汉字基础知识,发展了学生的语言能力和智力,也使学生受到了情感熏陶,获得了思想启迪,享受了审美乐趣。

现代教学观认为,教学过程是师生交往,积极互动的过程,在这个过程中体现了一种人与人之间平等交流。从《小小的船》教学实录中,我们可以看到,斯霞老师的课堂教学中蕴含着丰富的、有价值的教育资源。老师多方引导,学生主动思考,师生间积极互动,有问有答。整整一节课,字不离词、词不离句,语文基础知识与语文基本技能训练,自然地糅合在一起,人文性与工具性紧密结合,了无痕迹,一切都是那么自然流畅。有这样一句话:"教学需要美,美是教育的磁石,这块磁石就掌握在教师的手中,就在我们的备课笔记旁边闪烁着光亮,是拿起,还是放下,教学的效果就大不一样。"

三、 对儿童诗歌教学的思考

斯老师的《小小的船》这堂儿童诗歌的教学在当时是获得了一致的好评的。然而不可否认的是,它依然有所不足,主要体现在教学过程中过于重视知识的习得而在审美能力的培养方面相形见绌,这也与当时语文工具论占主导的教学理念相一致的。

当今《语文课程标准》中第一学段教学目标中有关诗歌教学的内容为:"诵读儿歌、儿童诗和浅近的古诗,展开想象,获得初步的情感体验,感受语言的优美。"[1]新课标从宏观角度确定了第一学段诗歌学习的总要求。而从具体的教学实践角度来看,小学低年级的学生天真烂漫、纯洁无邪,对世界充满了好奇,因此,低年级的诗歌教学首要一点就是要关照学生生动活泼的年龄特点,注重诗歌内容适龄性。其次,儿童对周围世界的关注方式与成人有很大的不同,他们看待事物往往关注其整体性。在他们看来,一切都是融为一体,密不可分的,一切都是有生命有意识的,是可以直接交流的。整体是儿童认识事物的先入形式,越是年纪小的孩子,对某事某物总是只能模糊的评判说很好或不好,

---

① 中华人民共和国教育部制定:《义务教育语文课程标准(2011年版)》,北京师范大学出版社,第8页。

而无法具体分析指认。因此儿童诗教学应当重视诗歌的整体性,应将诗歌的整体意境呈现出来让学生整体感知,而后学生才能进行比较恰当的判断,产生情感认同。

总之,小学语文儿童诗歌的教学:既要突出儿童诗歌的抒情性和意境美,以及音乐性的特点,又要针对不同年龄的学生选择相适应的内容与教学方式,在提高学生知识能力的同时,更应注重对学生审美能力的培养。期待能通过对儿童诗歌教学的研究,找到与之相适应的儿童诗歌教学的新途径。

第二节 小学儿童文学教学:童话教学

"童话是一种非写实的以幻想精神作为主要审美手段的文学品种"。① 童话,作为儿童文学的一种独有的文学样式,是最富儿童特点、最受儿童欢迎的、具有独特价值的传统文学形式。儿童的思维方式就带有童话的特点,他们的游戏也时时显示着童话的色彩。"童话这种古老的文体最天然地保存着人类文化的诗性智慧和艺术幻想力,以其独特而又飘逸的美学气质,天然地承担起了对于诗意和幻想品质的激活和守望的职责,为今天的儿童读者保留、提供了一幅纯净、绚丽的艺术图景。"②

在强调语文教育文学性的当今时代,越来越多的童话作品出现在小学语文课本中。童话,成为了小学语文教学的一种主要的课程资源,在小学语文课堂上给学生以无尽的阅读乐趣,小学语文童话作品的教学因而更显出其重要的地位。如何在具体的教学过程中设计、实施操作策略,最大限度地弥补小学语文课本中童话选取和改编的不足,引领孩子走进童话王国,感受童话的魅力,这是本节所要探讨和思考的问题。

---

① 王泉根:《今日中国之新童话》,《百科知识》,1994 年 07 期。
② 舒伟、丁素萍:《20 世纪美国精神分析学对童话文学的新阐释》,《外国文学研究》,2001 年第 1 期。

一、童话的教学要点

（一）童话的教学目标

童话以其丰富的幻想和生动的故事情节而显示出优美、智慧、充满趣味的特点。小学语文课堂中充分利用童话的这些特点，促进儿童知识、个性与精神的发展，这是个很有价值的课题。在具体教学中要以童话的幻想性、趣味性、科学性为根本，教学目标应着重体现以下几个方面：

1. 展现童趣

儿童文学的首要特点就是充满了儿童情趣，是否具有童趣，是界定一部作品是否是儿童文学作品的一个重要的标准。童话作为儿童文学的特有的文学体裁，更是充满了童趣。在童话作品教学中，尤应以展现童趣为目标。

童话是记叙类文体之一，但它不同于一般的记叙文。童话作品所表达的内容是对现实的幻化，绝不等同于现实。在童话的世界里，动物、植物都会说话，都有思想，拟人化是童话的基本样貌。虽然童话的故事内容是虚拟的，但它所具有的美妙诗意却是真实的，童话中所反映的人们物质和精神生活是真实的，童话中所表达的对生活的希望与美好是真实的，阅读童话在我们灵魂里产生的感动是真实的，从某种意义上说，童话是一种诗意的真实。我们不能过分追求童话与现实生活的相似性，抹杀童话作品中最富诗意和美好的一面，用科学性代替趣味性，用实际代替幻化。因此，在童话作品的教学中，教师就应该以展现童趣为首要目标，怀着一颗童心用孩子们的眼光去解读童话故事，品味其中的神奇趣味，展现童话独特的文学魅力。

2. 积累语言

小学低年级阶段是儿童发展语言能力的一个重要阶段。童话作品往往通过语言来描述生动的故事情节、刻画鲜明的人物形象、体现深刻的情感和独特的艺术风格。童话作品以其简洁、浅近、活泼、生动的独特的语言风格影响儿童语言能力的发展。然而浅近、口语化的童话语言却并不意味着语言的平庸、苍白，而是作家经过艺术提炼和加工，具有通俗、明白、晓畅等特点的，最适合儿童年龄特点。童话的神奇融于生动形象的语言之中，童话语言的独特的艺术美感，使它具有幽默性和模糊性，可以使儿童在感受语言美的同时，给儿童以想象的空间，儿童的想象力和思维力也得以发展。

因此,语言的积累也是童话作品教学的一项重要的教学目标,教师应该通过品读童话带领孩子走进优美的语言之中,体味语言的神奇魅力,丰富学生的语言积累,提高学生的语言素养。

3. 发展想象

想象是创造的基础,没有想象力就没有创造。幻想是童话最基本的特征,童话故事中的幻想是最丰富、最神奇的幻想。在这一点上,童话是最切合儿童特点的一种文学体裁,因为幻想本就是儿童的一种天赋和本能。儿童往往就是靠幻想去填补对客观事物认识的空白,他们几乎可以随时随地进入幻想的意境,而又随时随地再回到现实中来。"在童话的幻想世界中,人获得了一种想象中的胜利感,一种从人的各种局限中超越出来的解放感、自由感,这种超越感、胜利感、解放感、自由感,自然带给人一种审美的愉悦"。①

幻想是人类的一种极为宝贵的品质。幻想力是进入可能的世界的能力。然而,幻想的成长需要正确的引导和培养。事实证明,儿童在成长的过程中是幻想力逐渐走向衰弱的过程。如何保持幻想这一人类的可贵的品质? 这就要靠儿童文学,在这个意义上,童话作品的教学承担着极为重要的责任。教师在教学中要善于利用童话的幻想特点,把现实生活中一些复杂的问题单纯化、严肃的问题轻松化、深奥的问题浅显化,帮助他们了解原本对他们来说比较艰深的道理,让童话作品中的幻想特质给儿童以自由想象的空间,在发展思维能力的同时尽可能地保持着可贵的想象能力。

4. 培养美感

童话是美的,童话中的人物、故事、环境,以及被幻想笼罩着的一切都是美的。当我们诉说一件美好的事情或表达一个美好的愿望时,经常会说:像童话一样美好。童话是美好的代名词。确实,优秀的童话作品往往融形象美、语言美、情感美、意境美于一体,能给儿童感受到以巨大的美的享受。美的陶冶会使人变得纯真而高尚。

童话教学可以培养学生的审美情感。儿童在阅读童话时获得的情感体验能够与他们的生活体验相印证。在童话故事中,他们会随着故事中的人物一起开心,一起伤心,他们体会到了喜欢、悲伤、愤怒、赞赏、厌恶、爱慕等等一系

---

① 孙建龙:《小学语文童话体文章阅读教学简论》,《首都师范大学学报(社会科学版)》,2002 年增刊。

列的情感体验,神奇的童话幻境,让孩子体验到了现实生活中未曾体验的过程,感受到美的体验:幽默的美、抒情的美、粗犷的美、悲伤的美……童话不仅是儿童的真实情感的体验地,更是孩子心灵的栖息所。这些体验可以让儿童获得间接的生活积累,丰富对人生的体验感受,使心灵日渐丰富,审美品位不断提高,对儿童的个性发展起到很好的引导作用。

(二) 童话的教学策略

儿童喜爱童话,童话的幻想性和强烈的游戏精神是最能满足儿童的精神需求的原因。我们可以充分利用童话的幻想性和游戏精神来展开教学。具体的操作策略可从以下几个方面入手:

1. 表演

故事性强是童话的一个显著特点,这一特点使童话极富表演性和趣味性。因此,童话的教学方式理应发挥童话的特殊优势,而最能突出童话特色的表达方式莫过于表演了。一篇童话,就相当于一个童话剧。童话表演,符合儿童喜欢游戏的天性,同时也是一种创造性的课堂实践活动,不仅为每一位学生营造一个表现自我的宽松的氛围,更为重要的是能帮助学生加深对课文的理解,读懂人物形象的内涵,读出趣味,使学生在不知不觉中走进童话世界,融入童话之中,成为童话中的一员,体验到童话形象之美,这种体验是一般的阅读学习活动所不能达到的。许多优秀的语文教师往往能善于利用表演这一教学方式,使学生在课堂上参与积极性高涨。如在教授新美南吉的童话《去年的树》[①]时,有教师在课堂上让孩子们分别扮演不同的角色进行表演,既活跃了课堂气氛,又锻炼了孩子们的综合能力,更重要的是能让孩子们深切地体会到童话所要表达的关于友谊、关于信守诺言等内涵,加深对课文内容的理解。

2. 想象

童话是最富幻想特色的文学作品,童话作品的教学正是小学语文教学活动中有效培养小学生想象力的一个重要手段。想象力是小学生思维世界里最鲜活的能力,是最可贵的生命力,想象力的培养也是开发学生创造性思维的关键。在童话作品教学时教师只要稍加启发、点拨,是很容易让孩子凭借着想象进入童话世界的。如何因势利导,创设情境,引导和发展学生的想象能力,是教师在童话作品教学过程中应予以深入思考的问题。同样以《去年的树》为

---

① 人教版小学语文四年级上册第 11 课。

例,教师可以利用文中所省略的鸟儿的心理活动,为学生创设相关情境,一步步引导学生去想象:当鸟儿第二年春天飞回来寻找她的好朋友树却只见到树根时,他会想些什么? 鸟儿面对着灯火时心里在想些什么? 鸟儿想对成为灯火的树说些什么? 等等。这样的教学设计,学生的想象能力被充分调动起来,思维能力和表达能力也得到了锻炼。并且,在一步步的想象过程中,童话作品所蕴涵的内涵也更能为学生所理解和体会,使得文章的情感表现更加有张力。

3. 朗读

小学语文课文的童话作品大多语言简练、节奏明快。叠词,象声词的运用,以及反复等表现手法,使童话的语言富于音乐美的特色,非常适合朗读。对低年级段的学生来说,发展语言能力,品味童话的魅力,朗读不失为一种尤为有效的手段。在童话课堂教学中,教师可以设计各种各样的形式指导学生进行朗读,如有感情地朗读、分角色朗读、配乐朗读、个别朗读、小组朗读、自由朗读等等。朗读可以激发学生的阅读兴趣,提高学生的语言感受能力,有利于学生的综合能力的培养。抒情性强的童话诗歌或童话美文如《春雨的色彩》、《风娃娃》等,有感情地齐声朗读较为适合。而在很多叙述性强的童话故事中,分角色朗读则更为适用。比如在学习《小蝌蚪找妈妈》[①]一课时,可以指导学生分角色朗读课文。要求学生分别读出小蝌蚪、鲤鱼妈妈、乌龟妈妈、青蛙妈妈等角色的恰当的语调语气。通过结合课文具体语言环境实行多种形式的朗读,可以调动每位学生的阅读积极性,让他们在朗读过程中培养语感,品味童话语言的形式美和情感美,以促成教学目标的达成。

4. 复述

童话是叙述性文体,它的一个突出特点就是它有引人入胜又离奇曲折的情节,故事的发展多按时间顺序进行,故事虽然简单但结构完整,这样的文体特征非常便于儿童复述。教学中,教师首先要做的是指导学生弄清童话故事叙述的是一件什么事情,故事发生在什么地方,故事中有哪些人物,事情的起因、经过、结果怎样。当学生对整个故事有了一个完整认知过程后,再让学生用自己的语言来讲述这个故事,这就是复述。在复述过程中,学生可以融入自己对于故事的理解,加入一些额外的语言和情节,甚至改编故事。复述是提高语言能力和逻辑思维能力,加深对事物的认知的一个非常有效的手段。

---

① 人版小学语文一年级下册第 34 课。

5. 充分利用课后练习

精读课文后都配有练习,课后练习在某种意义上讲就是本课的部分教学目标,有些是课文的教学重难点,因而课后练习不可小视,它往往是对教师教学的一个指引作用。童话教学时,教师也可利用课后练习题以达到事半功倍的效果。如《巨人的花园》的第三题是这样的:课文中的很多地方,读了以后都能够在头脑中浮现画面。例如,写巨人推倒围墙前后的情景。让我们从课文中找一找,互相说说想象到画面,并抄写喜欢的句子。在教学中,教师就要注意这些句子,抓住文中的对比,引导学生想象、感悟进而交流,有感情朗读,摘抄积累等。课后还设计了综合性学习,要求学生去搜集整理童话故事,如果教师忽视了,那么在语文园地三的口语交际和习作时,学生的表达和童话创作也势必会受到影响。再如《去年的树》课后设计了小练笔:我有很多话要对鸟儿说。我先说一说,再写下来。那么教师在课堂教学中,就可以有意识的引导学生展开想象,交流感受,加深对鸟儿与树情意的体会。这样课后练笔时,学生创作的难度相对也降低了。

童话充满了丰富的想象,孩子们常常会被那些鲜活逼真的人物形象所打动,被作品中精彩离奇的故事情节所吸引,对种种如梦如幻的生活场景充满向往,对童话无比的喜爱,所以即使再不爱看书的孩子,家里也会有几本童话书。兴趣是最好的老师,孩子们对童话有兴趣,再加上教师在童话教学中注重策略的运用,相信孩子们爱童话、看童话、编童话不再是童话。

二、 童话的教学实例评议:以《去年的树》为例

《去年的树》是日本作家新美南吉(1913—1943)的作品,全文收入人教版四年级上册第 11 课。这是一篇感人至深的童话故事,故事用朴实的语言讲述了鸟儿和树之间的真挚情谊。这篇童话不长,全文如下:

> 一棵树和一只鸟儿是好朋友。鸟儿站在树枝上,天天给树唱歌。树呢,天天听着鸟儿唱。
>
> 日子一天天过去,寒冷的冬天就要来到了。鸟儿必须离开树,飞到很远很远的地方去。
>
> 树对鸟儿说:"再见了,小鸟! 明年春天请你回来,还唱歌给我听。"

　　鸟儿说:"好的,我明年春天一定回来,给你唱歌。请等着我吧!"鸟儿说完,就向南方飞去了。

　　春天又来了。原野上、森林里的雪都融化了。鸟儿又回到这里,找她的好朋友树来了。

　　可是,树,不见了,只剩下树根留在那里。

　　"立在这儿的那棵树,到什么地方去了呀?"鸟儿问树根。

　　树根回答:"伐木人用斧子把他砍倒,拉到山谷里去了。"

　　鸟儿向山谷里飞去。

　　山谷里有个很大的工厂,锯木头的声音"沙——沙——"地响着。鸟儿落在工厂的大门上。她问大门说:"门先生,我的好朋友树在哪儿,您知道吗?"

　　门回答说:"树么,在厂子里给切成细条条儿,做成火柴,运到那边的村子里卖掉了。"

　　鸟儿向村子里飞去。

　　在一盏煤油灯旁,坐着个小女孩。鸟儿问女孩:"小姑娘,请告诉我,你知道火柴在哪儿吗?"

　　小女孩回答说:"火柴已经用光了。可是,火柴点燃的火,还在这个灯里亮着。"

　　鸟儿睁大眼睛,盯着灯火看了一会儿。

　　接着,她就唱起去年唱过的歌给灯火听。

　　唱完了歌,鸟儿又对着灯火看了一会儿,就飞走了。

教学实录略(详见附录6)。

　　这是一堂非常成功的童话教学课。总体而言,这堂课做到了以童话的体裁特色和课文的内容特点来设计过程,运用了多种教学策略,取得了很好的效果。这堂课所体现的教学特点主要有如下几个方面:

1.　创设情景、体验情感,凸显人文性

《去年的树》是侧重于人文性的课文,在这堂教学实录中,教师突出了课文的人文性特色,以情感体验为主要教学目标,让学生体会诚信、友情等一系列美的品质并深深为之感动。

　　阅读教学是学生、教师、文本之间的一个对话过程。从某种意义上说,教学就是在教师、学生与教材之间的互动中展开的。因此力求通过多种形式的阅读,创设情境,引领学生深入童话中的角色,体会角色的情感世界,把学生真正带入文本的情境中,体会每一个角色的思想感情是作为一堂成功的课堂教学案例必须做到的。在教学过程中,教师充分体现了"以生为本,自主发展"的教学思想,秉承"阅读教学是教师、学生、文本之间的对话过程"这一新课程标准的理念,设定了合理的教学步骤,整堂课的教学步骤脉络清晰,主要可分为三大块:初读课文,整体感知;精读课文,潜心对话;体会道理,拓展延伸。教师始终以情激情,以情带读通过师生互动,促使学生在跟文本对话的过程中品味语言,积淀情感,感受课文所蕴含的语言美、思想美和意境美。随着教学步骤的逐步深入,逐渐把学生带入文本,带入作者的心灵。

在这堂课上,教师以情境教学为主,采用多种形式的教学手段,注重学生的感悟体验,注重提升学生自主学习的能力。如把朗读作为重点,让学生带着忧伤,带着对大树的同情深深的去体会,去感悟;通过配乐朗诵让学生感受童话所展现的美丽意境;能过层层深入地提问让学生注意到课文的细微之处所要表达的含义……学生通过自读感悟、角色对话、演读体验、拓展想象等多样化的教学手段,感受童话故事对高尚友情的赞美,感悟文本中所蕴涵的语言美、思想美、意境美,从而实现学生心灵与文本之间真诚的对话。

2. 在对文本多元解读的基础上把握好教学的主导倾向。

一般我们都会认为《去年的树》是一个关于友谊的故事,然而细细品味,我们会发现这篇童话作品的主旨可以有多重解读:故事从一开始就交待了鸟儿和树的友谊,因此,这是一篇关于友谊的故事这一点是毋容置疑的;然后,故事主线完全落在了鸟儿身上,当鸟儿回来时,树已不在,只留树根;这里,我们看到了另一层含义:对环境保护的呼吁;接着,鸟儿信守诺言,去追寻树的踪迹。执着、不放弃就体现在它一路追寻之中;最后的故事结局让我们心灵震颤——鸟儿找到的已经不是当年枝叶繁茂的大树,而是朋友的躯体点燃的灯火,尽管朋友已不在,但鸟儿还是对灯火唱起了歌……信守诺言、生死不渝的友谊在这里得以最为充分的表现。

在这堂课上,教师和学生经过层层分析、认真解读,从这个童话中读出了小鸟的信守诺言、珍惜友情,读出了大树的自我牺牲、无私奉献,读出了对伐木人乱砍树木的愤慨,读出了对人和自然和谐发展的感悟……通过对文本的多元解读,学生对这篇童话有了比较全面的了解。然而,一篇文章,作者的写作总有他的主导倾向,一篇课文的教学时间有限,不可能对各个方面的感受都进行充分展开,要有所侧重、把握重点,才能有更为深入地理解和感悟,所以,在对作品多元解读时,必须要考虑教学的主导倾向。

那么,这篇课文的教学主导倾向应该在哪一点呢?细细品味《去年的树》,会有一种哀婉动人的心绪萦绕在我们心头挥之不去,究竟是什么打动了人心?原因就在于它非常生动地描绘并歌颂了人与人之间存在的深厚的爱意、纯真忠诚的友谊。小鸟对着灯火歌唱着,树变成火柴,这是有形的,可是当火柴变成火光,就是无形的,小鸟为什么还要歌唱?小鸟对着不可触摸的,已经飘逝的火光唱歌,明明知道它已经不会回答了。这是尽心,这是牵挂,这是深厚的爱意,这是纯真的友谊,这是对自己的爱负责。当友谊超越了生死的界限,就成为感人肺腑的永恒情怀,成为巨大的精神力量。这是这篇童话的人文内涵的主导倾向,它有别于其他歌颂友谊的课文,具有独到的教育价值。

3. 注重拓展学生知识视野、锻炼学生学习能力

语文作为一门基础性学科,知识的包容和拓展性极大,课堂教学可开发潜力极强。课堂教学,不仅是学生学习知识的主渠道,更是开拓视野、锻炼学习能力的重要手段。在课堂教学中,教师如能做到不仅仅把学习局限在课本上,更注重对学生知识面的拓展,注重锻炼学习的能力,不仅能提高学生学习语文的兴趣,对学生学好语文这门学科和将来的发展都大有裨益。在这堂课上,教师非常注重这方面对学生的锻炼,不仅在课文讲解中注意对学生能力的锻炼,如讲述、复述等口语能力,想象能力、写作能力,也注重知识面的拓展,如作者的介绍、作品的风格、其他作品的引申、拓展阅读等等。课堂上学生的表现也非常好,尤其是有能力偏差的学生得到老师的引导鼓励,能够积极参与到自主学习中来,取得了更大的进步。虽然每个学生对知识的掌握具有很大的差异性,对儿童文学作品的阅读兴趣和理解程度也深浅不一,但从课堂效果来看,学生对童话作品的阅读兴趣、口语表达能力均有提高,并且也愿意表达自己的见解,最后部分教师引入作者的另一部作品并引导学生拓展阅读,使学生不仅仅把眼光局限在课本里,使学生开阔了视野增长了知识,自信心也提高了。

三、 对于童话教学的思考

语文教学要抓两头,一头是文本,一头是教法。对于童话作品教学而言,

我们不仅要抓住童话的体裁特点来展开教学,也要对作品本身深入分析研究。

1. 要针对童话的特点展开教学

童话最显著的特点就是幻想。童话故事是"在现实生活的基础上,用符合儿童的想象力的奇特的情节编织成的一种富于幻想色彩的故事"。[①] 想象,可以引发兴趣、导入故事;想象,可以让创设情景、感知故事;想象,可以讲述故事、充实故事;想象,可以融入情感,引发感悟和思考。童话作品教学过程中,教师要充分利用童话的幻想这一特点,把学生的思维带进童话的幻想世界里去,以激发学生学习的兴趣,体会作者的写作意图、思想感情,充分理解童话所蕴涵的生活真谛。童话故事的另一个特点是结构完整,情节多离奇曲折,且大都是按事情发展的顺序叙述的,因此它既有引人入胜的艺术魅力,又符合孩子对事物的认知规律,易为孩子所接受。在教学中,要利用童话的这一特点,指导学生通过提问、朗读、复述等方法来训练学生的说话能力和思维能力,加深对童话内容的理解。

2. 要对文本深入分析

优秀的童话作品能把一些抽象的道理和道德观念讲得具体生动,使儿童乐于接受。"对于天性好动、注意力不易集中的儿童来说,乏味的教训往往收效甚微,而童话却为家长和教师提供了一把打开儿童心灵的钥匙。"[②]童话的教育功能是蕴含在故事中自然而然地融入孩子的心里,潜移默化地影响着他们品格的形成。入选小学语文教材的童话故事表达了各类不同的主题,如《狼和小羊》表达的是善与恶的主题,《小壁虎借尾巴》表达的是科学知识的主题,等等。然而,仔细分析,入选教材的童话有不少篇目是重道德教化、重知识灌输的教材体童话,有学者评价这类童话是"合乎要求的教学文本,结构清晰、语言流畅,但内容、手法雷同,风格如出一辙,运用儿童文学手法也比较机械,完全是教本范式和儿童文学套路的复制,跟真正的儿童文学相去甚远。"[③]如《小白兔和小灰兔》直白地教导孩子要爱劳动,"只有自己种,才有吃不完的菜"。《两只小狮子》则告诉孩子要从小学习生活的本领,……这样的童话作品留给孩子的是一个个教训,缺乏童话应有的幻想性和趣味性。而一些原本优秀的

---

① 蒋风:《儿童文学概论》,湖南少年儿童出版社,1982年,第115页。

② 同上书,第60页。

③ 王泉根、赵静等:《儿童文学与中小学语文教学》,广东教育出版社,2006年,第249页。

童话作品在选入教材时对原作进行了不同程度的删减与改写,削弱了作品的文学性。如安徒生著名的童话《丑小鸭》,原文有六千多字的汉字译文,人教版把它删改成四百多字的课文收入二年级下册。四年级上册中王尔德的童话《巨人的花园》也同样如此,把两千六百多字的原文删改成八百多字的课文,可想而知,故事童话色彩被大大削弱了。不得不说这是文本本身的不足。

3. 要提高教师自身的儿童文学修养

如何弥补教材中童话作品本身的不足,这就需要教师通过自身的文学修养,对选入教材的童话作品要有自己的判断力和鉴赏力,适时补充一些优秀的童话作品到课堂上,或引用原著作为阅读资料,最大程度地弥补课文的先天不足及作品改动所带来的缺失。现实中一些优秀的小学语文教师在面对童话改编造成的缺失所做的教学补救探索值得我们借鉴。如窦桂梅老师在教授《丑小鸭》一课时,将作品原文引入课堂学习,使作品最精彩的部分得到呈现,取得了很好的教学效果。从中我们可以看出,不仅童话本身对于儿童成长具有非凡的力量,教师的引导作用也同样重要,因为教师是教学的直接实施者。

童话教学,不仅要方法多样,要符合童话的特点和小学生的接受心理,更重要的是教师应该保持一颗童心来教学,用孩子的眼光去品味童话,从孩子的角度去解读童话。一位懂童话的好老师会给学生带来受用不尽的财富。教师如果能保持一颗童心和保留一份童真·像儿童般投入生命的感觉去阅读童话,引领孩子去感悟、体验童话的美好,学生的心灵才会产生深深的颤栗和震撼,学生的情感才会被净化和升华。教师以至诚情感的投入给予学生高贵品格的训练,孩子心灵中凝聚了这种天堂般的高贵,才有可能不受现代文明世界各种精神垃圾的滋扰和侵害,在成长过程中不会在纷繁刺激的诱惑中陷入迷茫、空洞和沉沦,为成长为一个真正的人打下精神的底子。

第三节　小学儿童文学教学:寓言教学

“寓言,是一种寄托着教训和哲理的简短故事。”[①]寓言的发展源远流长,

---

① 黄云生主编:《儿童文学教程》,浙江大学出版社,1996年12月版,第81页。

作为一种古老而又独特的文学样式，如同其他民间文学一样，寓言也是儿童文学的源流之一。早期的寓言故事虽然是属于成人文学的一种，不是为儿童所写的，但由于寓言大多以拟人化的动植物作为故事主角，文学形式生动有趣、故事短小精悍、语言充满智慧，并有鲜明的道德训诫意味，因此寓言就成为儿童教育的良好教材，成为儿童文学中不可或缺的重要体裁。对此陈伯吹有过精辟的阐述："它的所以被列入儿童文学的领域中去，就是因为它的简单的朴实无华的语言文字，适当的篇幅，神奇的鸟言兽语，滑稽的禽兽行为，幽默的讽刺情调，都能够吻合儿童对于文学上所企求的新奇、幽默、活泼等等的阅读趣味的缘故。即使其中深藏着的寓意，多数未能让一般小读者心领神会，除了那些表面的肤浅的形象以外，暂时还得不到其中实质性的东西，直到他们成熟年龄到来的时候，然而这是无碍于儿童的文艺欣赏的。"①

寓言教学在语文教学活动中是相对比较有难度的一种教学活动，因为寓言具有寓意性，寓意对儿童的价值引导具有两面性，因此，语文教学应该采取怎样的姿态面对寓言这种文体是相当重要的。在教学中既要做到淡化寓言的训诫意味，不使孩子对此产生反感，又要让孩子通过学习明白其中的道理。现行的小学语文教材中有大量的寓言课文，大多经过艺术加工，删改了结尾处的明确的寓意，淡化了寓言的训诫意味，然而这也对寓言教学提出了新的要求，如何在寓言教学中处理好寓意与本体的关系，在主题上如何引导，在内容上如何取舍，在教学方法上如何设计，等等，这些都是寓言教学所值得探讨的问题。

一、寓言的教学要点

（一）寓言的教学原则

寓言作为小学整个语文阅读教学体系中的一部分，和其他诸如童话、诗歌等儿童文学文体教学一样，存在着共性，但也有其个性，也就是说，寓言教学有着它独特的教学原则，归纳起来，寓言教学应注重以下几个要点：

首先，由于寓言是以故事为载体的，本身具有生动、简洁的故事情节，这正适合儿童爱听故事的特点，在课堂教学中教师要利用寓言的故事性这一特点，因势利导，激发学生的阅读兴趣，并适时点拨，引导学生以读为本，深入理解课

---

① 陈伯吹:《寓言和寓言大师伊索》，载《儿童文学研究》，第二十一辑，1987年。

文,实现学生与文本之间的对话。而有些寓言教学的课堂上往往会出现弱化故事、强化道理的现象,着重于总结概括、挖掘道理:"通过这个故事你明白了什么?""你懂得了什么道理?"一次次的提问和回答,把寓言课上成了说教课,这样的课堂上寓言故事俨然成了灌输道理、束缚个性的"卫道士",这样做只能引起学生的反感。在小学语文的课堂上,我们要做的应该是"放大故事、缩小道理",把道理渗透在故事之中,道理是以故事的方式来呈现的,含而不露,需要学生自我的感悟与体会,只有这样才能提升孩子的学习兴趣,在此基础上,才能引导学生品评精美的语言、巧妙的构思,进而使学生进一步理解寓言内涵、理解文本寓意。寓言的教学离不开故事,教师的目光只有关注着故事,关注着学生,把道理藏在故事之中,才能真正展现寓言的魅力。

其次,要把握好寓言的哲理性这一特点,从故事情节中、从艺术形象中推导出所蕴含的哲理,培养学生的逻辑思维的能力,引导学生思考、归纳,使学生的思维能力的在学习寓言的过程中得以培养和训练。并且,寓言的寓意的解读可以是多种多样的。一个寓言故事,我们可以多方位多角度地来解读,而不应局限于原作的唯一寓意。有的寓言故事耐人寻味,有着多元的寓意,在寓言教学时,教师一定要有发散的思维,从多方面、多角度去想,而不是单一的、一元化地理解文本。作家严文井曾将寓言比作一个魔袋子,袋子很小,却能取出比袋子大得多的东西。一个寓言换个角度思考或许会有不同的发现。如《扁鹊治病》这篇寓言,我们从蔡桓公的身上分析出刚愎自用、太过固执就没有好的结果;还可以读出应该防微杜渐,把"毛病"扼杀在萌芽状态,否则,它会像滚雪球一样,越来越严重。而《守株待兔》寓意则更为丰富,可以有:把偶然性事件当成必然性事件是十分愚蠢的行为;不想努力就希望获得成功的侥幸心理是要不得的;人们不能只是被动等待,只有不断主动争取,成功才属于自己,等等。这种寓意的丰富性,正得力于文本提供的广阔空间。选入教材的寓言经过改编只呈现故事,舍弃了原文中的评论部分,这对小学阶段的教育来说,无疑是正确的,为寓言教学提供了更为自由的空间,而多视角、多方面、多维度地解读寓言故事,这也是教师专业素养的折射。并且,在推导寓言的道理时,要注意的是,不应抽象化、概念化地去揭示,而应从故事出发,让寓意的揭示水到渠成,只有这样的寓意才是孩子眼中的寓意,正如同钱锺书先生所说的"盐化入水中,看不到盐,却尝得到盐味"一样。

第三,寓言是叙事性文学中最简短的一种,寓言故事一般都写得简洁短小，往往是从生活与自然之中截取一个最精彩的片断，并加以概括、提炼，有的只用三言两语即把要阐明的道理或讽刺对象的本质揭示出来，因此，寓言的语言特点非常明显：精练、朴素、概括性强。它没有周密细致的描述，也没有繁琐的议论，用词规范、准确、连贯，是学习语言的一个很好的载体。别林斯基称寓言是"理智的诗"，经过锤炼的寓言的语言如诗一样精粹、凝重。在教学中要注意引导学生在比较中感受寓言语言的准确和凝练，以培养良好的语感。同时，寓言中往往有不少成语、典故，教师要适时开拓学生的知识面，丰富他们的文化积淀，提高学生灵活运用语言的能力。

第四，寓言的表现手法也非常多样，往往借助比喻、讽刺、夸张、象征、拟人等一系列的修辞手法谈古论今，拿小比大，借物喻人等。利用寓言学习修辞手法的多样性，是提高学生语文知识技能的一个有效途径。

总之，寓言的教学，应当以文本为依托，利用寓言故事有趣、人物鲜明、语言精练、寓意深远的特点，让学生尽情地读、演，想象、思考，运用各种方法加深学生对形象的感受，加强语言文字的训练和积累，抓住课文的内在联系分析因果揭示寓意。在教学过程中要尊重学生的自主思考和理解，启迪智慧，放飞思维，让学生从故事走向生活，获得人生的感悟。

（二）寓言的教学策略

寓言，由于其情节简洁而夸张，篇幅短小而故事性强，在小学语文教材中，大多集中在中低年级段。而要让七、八、九岁的孩子懂得一个道理，最好的方式莫过于通过讲故事的形式，让这个道理不着痕迹地隐含在故事里，不让孩子知道这是在教育他，这非常重要。苏霍姆林斯基在他的教育论述中指出："任何一种教育现象，孩子在其中越少感觉到教育者的意图，它的教育效果就越大。"①因此，寓言教学更宜采用"故事类文本"的教学策略——讲故事、听故事、表演故事等一系列方式，尤其是低年级的寓言教学。

1. 复述课文

把复述课文作为一个非常重要的教学策略，是由寓言本身故事性强、情节简单、篇幅短小的特点所决定的。学生复述课文，就是在讲故事，而讲故事、听故事、表演故事，是小学低段的孩子非常喜欢的一项活动。学生在练习复述课文的过程中，学习用自己的话讲一个故事，不仅是对课文的复述，也是学生理

---

① 苏霍姆林斯基著，赵玮等译：《帕夫霍什中学》，教育科学出版社，1983年，前言第14页。

解课文、想象情境、参与创造的过程,如果学生能够完整地、绘声绘色地复述这个故事,就基本上理解了主要情节、把握了人物形象,也就为后来的理解寓意奠定了基础。因此,复述课文是一种非常重要的语文能力,应该引起语文教育作者足够的重视。

2. 创设情境

寓言常常采用夸张、讽刺的手法来塑造人物角色,因而寓言形象非常生动鲜明,教师应充分利用寓言的这一特点,采用生动、形象的教学手法展示给学生,如利用剪贴画、音乐渲染、表演体会、语言描述等等,再现寓体生动的情境,从而吸引学生的注意力,激发学生的兴趣,激活学生的思维,才能由表及里,深入感知寓言形象,体味其中的寓意。

例如李吉林老师在教学《狐狸和乌鸦》时,学生初读课文后,教师开始描述:

这则寓言故事,把我们带到一棵大树下。[出示一棵勾勒得很怪的大树]

乌鸦在大树上做了一个大窝。[添上一个大窝]

大树底下有个洞,狐狸就住在这里。[添上一个洞,在洞里贴上一只有着尖尖的嘴巴、又大又粗尾巴、睐着眼睛的狐狸]

有一天,乌鸦从外面叼回来一块肉,准备给她的孩子吃,此时她正站在这棵大树上。[在大树上贴上一只乌鸦,乌鸦画得黑白分明,眼睛傻乎乎地瞪着,再贴上一片肉]

可是最后肉竟然被狐狸吃掉了,这是怎么回事呢?

通过粘贴剪贴画和教师语言的描述,将故事情境鲜明地展现在学生面前,生动有趣的情境一下子吸引了孩子的注意。然而故事没有展开,而是将故事结果推到学生面前,激发学生思考:故事是怎么发展的呢? 接着,学生通过扮演乌鸦,切身体会"狐狸"的恭维,进一步深入课文描写的情境,加深感知。学生在这样的情境体验中,伴随着形象思考问题,由表及里,在教师的引导下,学生自然而然自己就能揭示出寓言寓意了。"教师在运用图画再现情境时,画面不仅要有'形',还要有'情';教师描述,不仅要有'情',还要有'形'。这样,才能以'形'作用于学生的感官,其'形'又因伴随着感知而作用于儿童的心理,从而达到促进儿童发展的效果。"①

　　3. 聚焦人物

　　揭示寓意是寓言教学中的重点，也是难点，而寓意的揭示需要技巧，"道理"的提炼需要不露痕迹，才能避免直白、生硬地说教。任何故事都是由人物来演绎，寓意往往就蕴含于他的思想认识之中，因而，理解故事中的人物形象，走进人物的内心，体会人物的心理想法，把握其做法背后的心理因素，是理解寓意的重要突破口。而针对小学低年级孩子的年龄特征，我们需要用一种孩子喜闻乐见的方式来帮助他们把握故事中的人物形象。

　　比如，教学《揠苗助长》这则寓言，我们可以引导孩子进行以下思考：

　　　　当那个人把禾苗一棵一棵往上拔的时候，他是怎么想的呢？

　　　　如果你正好从田边走过，看到了这一幕，你会对他说什么呢？

　　　　当那个揠苗助长的人得知他的禾苗都枯死了，他会怎么想、怎么说呢？

　　　　读了这则寓言，你最想对这个揠苗助长的人说些什么呢？

　　再比如，在教学《守株待兔》这则寓言，我们也可以提出类似的问题引导孩子讨论：

　　　　起初，种田人坐在树桩旁等着野兔再来撞死，他是怀着怎样的心情和想法呢？

　　　　后来，再没有野兔跑来撞死，他又是一种怎样的心情和想法呢？

　　　　最后，当他发现他的田地荒芜了，他又是一种怎样的心情和想法呢？

　　　　读了这则寓言，跟这个守株待兔的人说几句话吧！

　　从这些问题入手，引导学生对故事中的人物形象展开讨论，把握人物的心活动，并始终让学生参与到文本创设的故事情境之中，并有机会对人物的做和心理活动发表见解，进行自由地评论。在师生对话、生生对话、师生与文共同对话中，自然而然地揭示了寓意，学生更容易接受和理解。

―――――――――

① 李吉林：《美·智·趣的教学情境（李吉林文集，卷四）》，人民教育出版社，2006年，第145页。

而如果,我们因"寓言是用假托的故事或自然物的拟人手法来说明某个道理或教训的文学作品"①,而把追求"劝诫、教育或讽刺"的寓意作为唯一目的,而忽视对故事中人物的聚焦,寓意就会因没有故事和人物形象的支撑而变得枯燥乏味,到头来只会让学生对寓言生厌。

4.　读写结合

寓言语言简洁、凝练,富有节奏美,是进行朗读教学的合适材料。"朗读就是把书面语言转化为响亮的口头语言。这是一种眼、口、耳、脑等多种生理机能共同参与、协调动作的阅读。"②可以利用各种形式,如齐读、个别读、分角色读、自由读、配乐朗读等等,让学生练习朗读。通过朗读,不仅能提高朗读能力,增强语感,并且能帮助学生品味寓言中的情感美、语言美和形式美,同时,在朗读中引导学生在发现问题、解决问题,加深对寓言的把握、感悟、思索,发展学生的思维。

在读懂课文内容的基础上,还可以利用寓言故事的空白点,让学生对寓言进行改写、扩写、续写,或者,在学习寓言课文后,结合学生的生活实际,引导学生收集、观察社会生活中相关的事例,编写具有一定现实寓意的小故事。这样,不仅能使学生深入地理解课文、体会寓言故事中所蕴藏的寓意,同时也能培养学生细心观察生活、独立思考的能力。

二、 寓言的教学实例评议

《揠苗助长》是人教版小学语文二年级下册《寓言二则》中的一则,江苏省海门市东洲小学特级教师祝禧老师为我们展示了一堂生动有趣的寓言教学课。

教学实例略(详见附录7)。

《揠苗助长》是一则传统寓言,在人教版小学二年级下册的课文中。它展现了一个急于求成而揠苗助长的可笑而滑稽的农夫形象,让学生明白做事不能操之过急,违反规律的道理。

祝禧老师的《揠苗助长》这堂课无疑是一堂精彩的寓言教学课例,从教学

---

① 涂荷盛、郭义泉:《慢品寓言之妙》,《语文教学与研究》2007 年 23 期。

② 周庆元:《语文参教学设计论》,广西教育出版社,1996 年,第 92 页。

效果看,整堂课的教学脉络非常清晰,导入——通读课文——推究原因——感悟——明理——拓展,条理清晰,推进有度,结构紧凑,一气呵成,其间运用多种教学手法,充分调动起学生的学习积极性,学生始终参与在教学活动中,通过一堂课的学习,能很清晰地明白农夫错误的原因,并从中明白故事的道理。

归纳起来,这堂课有以下几个特点:

1. 充分展现了寓言故事的形象性

这堂课上一个突出特点就是充分利用寓体的形象性,引导儿童在深切的感受中领会寓意。教学一开始,老师就让孩子们说说"你们有什么好办法帮助禾苗长大呢?"从学生的日常经验入手,充分激活、调动学生认知结构中的内源因素。接着抓住"巴望、焦急、转来转去、筋疲力尽"等词语想象表演,仔细推敲、着力渲染,突出寓体形象的喜剧性矛盾,以使学生在充分的感受中萌发直观的推论。并且创设情境,引导孩子展开想象:如果你们就是这一棵棵被拔的小禾苗,你们会说什么呢? 为学生进一步分析寓体角色的行为提供正确的参照标准。最后,进行角色表演:如果你就是这个人的孩子,看到禾苗全死了,你会怎么劝你爸爸呢? 通过这一系列的活动,引领学生一步步分析、判断、推论,向寓意逼近,有的从正面阐释禾苗的生长需要阳光、雨露的自然条件,需要拔草、捉虫的辛勤耕作;有的从反面证明禾苗需要慢慢长大,来不得半点性急,急于求成是办不成任何事的。不少学生都尽情挥洒所能,把自己所悟到的、所思、所想,借"儿子"之口都一一表达了出来,在充分的感受中萌动直观的推论。经过这一系列身临其境的感悟、体会、想象,文中寓意不待老师讲,学生便自明了,悟性豁然开朗,心灵逐渐领悟。这就是智慧的操练。

2. 把字词训练融合在情境之中

在教学中,通过朗读、讲述、表演等教学手法,创设了一个个活动情境,把识字、理解词义等字词训练融和在情境之中,让学生在充分感受农夫的可笑而又发人深思的形象的同时语文能力也得以提高。

如老师把最能体现寓意的关键词语以非常形象有趣的方式让学生体会领悟:

师:农夫的样子都被我们看到了,他对禾苗说的话也被我们听到了! 下面看老师写"十分焦急"的"焦",看下面的四点像什么?

生:(恍然大悟)像流下来的汗。

师：像谁干什么去流下的汗？

生：像农夫着急的去看，跑得很快流下的汗。

师：真像，还像什么？

生：还像火。

师：这把火在哪儿烧呢？

生：在这个农夫的心里。

师：对呀，他急得呀，心里火急火燎的。还像什么？

生：还像小禾苗，上半部分好像农夫在田边转来转去。

师：嗯，还像什么呢？

生：还像农夫去看禾苗，他跑得飞快，两只脚都变成四只脚啦。

能把字词的训练如此不着痕迹地融入故事之中，让学生感觉到开拓思维的乐趣，教师的功力非同一般。这样的教学方式，不仅让学生牢牢地记住了这个字，也使学生对故事的理解更为深入，为后面的明理埋下伏笔。

又比如，老师将故事浓缩在了几个词语之中，引导学生品味"巴望"、"天天"、"总觉得"等具有讽刺意味的词语，引导学生联系着去想，去思考，在这个过程中，学生的新奇感中，也隐隐地感悟到了阅读文章的一种方法。原来，可以把文章读成几个相关联的词语，再联系着全文思考，就可以想得更深远。原来，读懂文章是有方法的。祝老师就是这样把知识的传授和能力的培养融和在情境教学之中，使学生的语文能力在不知不觉之中得以提高。

3.　课堂教学充满童趣

现代的语文教育要求教学要适应学生年龄和心理的发展特征，要充分利用儿童活泼好动的天性，创设一种自由、平等、和谐的氛围，在师生的对话、活动、交流中进入真情交融的境界。小学课堂寓言教学尤其应该适应学生的心理和智力发展特征，因为，低年级孩子的思维主要是形象思维，他们的逻辑思维能力不强，对许多寓言的感悟不能达到很透彻的水准，这时候教师的课堂教学的主要任务不是让学生深刻感悟哲理，而是引领学生真切感受这些艺术形象，让故事变得细腻丰满起来，学生才能真正体会寓言的生动有趣，才能真正领悟其蕴含的寓意。并且教师要把童真童趣融入寓言课堂，使寓言教学富有诱惑力，让学生感受到学习的快乐。在这堂课上，祝老师充分利用了小学生活泼好动、想象力丰富、乐于自我表现的特点，通过表演、想象等方式，让孩子们愉快地投入到课文所描绘的情景中去,让整堂课充满了童趣,充分体现了以人为本的教学理念。

例如,课堂中教师围绕着拔苗这个动作引导学生展开充分的想象:

师:他拔禾苗累得筋疲力尽。再来看看被他拔起的小禾苗,现在你们就是这一棵棵小禾苗了,你们会说什么呢?

生:我会说——

师:你就直接说吧。(众笑)

生:哎呀,疼死我啦,赶快把我放到土里去吧。(众笑)

师:这棵小禾苗在伤心的哭呢!

生:农夫呀农夫,你花了这么大的力气把我们拔起来,你会后悔的呀(众笑)再过一年我们就可以丰收啦。(众笑)

师:不用一年的,只要几个月禾苗就会长大,就会有收获啦。可是农夫急得一天都等不及啦。

生:你把我们拔起来,还想不想丰收啦?(众笑)

教师的鼓励和尊重,使学生的思维能跳出书本之外,得到扩展,学生的兴趣得以激发,课堂上充满了欢乐的笑声。

再如,当农夫发现禾苗枯死了之后,回家与儿子的一段对话,老师让两个学生分别扮演农夫和儿子,引导学生自由发挥:“如果你就是农夫的儿子,看到禾苗全枯死了,心里一定有许多想法,回去会怎么开导你爸爸呢?农夫看到禾苗都枯死了,会伤心地说什么呢?听了儿子的话后,又会怎么说呢?同桌想像一下,演一演,看谁最能让爸爸明白自己错在哪里。”

通过课堂表演来体会寓言的意境和感情,有时可以达到事半功倍的效果。在这堂课上,正是经过这段表演之后,学生自然而然地得出了其中的道理。

充满天真童趣的课堂,让孩子们在轻松、和谐、愉快的环境中体会到了学习的乐趣,知识与能力、情感与价值观如同春雨“润物细无声”般地渗透到学生的灵魂深处,成为孩子们生命的力量。这样的课堂上充盈着尊重,这样的课堂教学一定会在学生的记忆中保留得更久。

三、对寓言教学的思考

寓言巧妙的将形象思维与抽象思维结合在一起,借助形象鲜明的故事来寄托抽象的哲理,而小学生的思维发展正处于从形象思维转向逻辑思维的阶段,因此,寓言是培养小学生的思维素质、语言表达能力和审美能力的一种良好载体,是一种重要的语文课程资源。然而,寓言往往在结尾带有一个或几个绝对教训的道理,带有很强的训诫目的,这种高高在上的、教训式的口吻会伤害儿童的自尊心,也会影响他们的思维和想象力。因此,寓言作为教学内容,受到了不少反对将文学作为教训工具的国内外学者的质疑和反对。他们认为,寓言面对复杂问题过于简单的处理方法和纯粹道德的解答,会障碍儿童对世界和自我的认知。卢梭就对寓言持又对态度,认为寓言会把孩子教得复杂了,失去了天真,所以要不得。周作人也对寓言这一文体对儿童是否相宜提出怀疑,认为:"寓言的教训,多是从经验出来,不是评理论,所以尽有顽固或悖谬的话,用时应当注意;又篇末大抵附有训语,可以删去,让儿童自己去想,指定了反妨害他们的活动了。"[①]钱锺书也认为:"小孩子该不该读寓言,全看我们成年人在造成怎么一个世界、怎么一个社会,给小孩子长大了来过活。我认为寓言要不得,因为它把纯朴的小孩教得愈简单,愈幼稚了,以为人世里是非分别、善恶的回报,也像在禽兽中间一样的公平清楚,长大了就处处碰壁上当。"[②]关于寓言是否是一种有益于儿童阅读接受的文学样式,我们这里不作过多的学术探讨。然而,有一点是肯定的:寓言只有经过艺术的加工,改造成适合儿童心灵的艺术,才是有利于儿童成长的文学作品。

寓言教学从某种意义上说是一种有儿童特点的哲学教育。课堂教学的实效表明,在某种程度上,儿童就是小小哲学家,他们不仅有探求哲理的潜在欲望和能力,也能在短时间内,创造出属于自己的寓言故事,只是这种欲望和能力,离不开具体可感的形象支撑,因为寓意的理解不是靠简单的语言分析就能讲透的。因此,帮助儿童学好寓言的最好策略是充分利用寓体的形象性,引导

---

① 周作人:《儿童的文学》,见《儿童文学小论·中国新文学的源流》,北京十月文艺出版社,2011 年,第 49 页。
② 钱锺书:《写在人生边上》,中国社会科学出版社,1990 年,第 48—49 页。

儿童在深切的感受中领会寓意。

在教学中，就应尊重学生的年龄特点，让孩子们在感受形象的基础上说说自己独特的见解，从学生的日常经验入手，充分激活、调动学生认知结构中的内源因素。抓住关键，仔细推敲、着力渲染，突出寓体形象的喜剧性矛盾，以使学生在充分的感受中萌发直观的推论。

著名语文教育家李吉林老师的一句话：要"把孩子教聪明了"。聪明，便是指智慧的悟性。语文教学中就是要启迪儿童的悟性，激发儿童的灵感，在塑造优秀品质，陶冶优雅性情，培养宽广胸襟的过程中，让眼界更为开阔与高远，让心智更为聪颖与灵慧。

结　　语

　　美国现代课程论专家泰勒认为,任何课程都要受到有组织的学科内容、接受课程内容的学生以及社会需求这三个方面因素的制约。因此,理想的课程设计,应当是既有利于知识的学习和掌握,又能顺应社会发展的需要,特别是能够促进儿童个性、活泼、自由的发展,实现三者的有机结合。翻开小学语文教材,无论是儿童文学工作者还是教育工作者,似乎应该感到欣慰与满足,因为就选文内容而言,文学作品已经如人所愿地占据了教材篇目的主体地位,其中儿童文学占了很大的比例。儿童文学是为儿童所写的,能适应儿童心理,富有儿童情趣的文学形式,以儿童文学为教材主体的教材编写模式,显然是最贴近儿童,最能唤起儿童的学习兴趣的。然而,在教学实践中,我们却惊诧地发现,貌似合适的学科内容却并未被接受课程内容的学生所认同,语文教育遭遇的"世纪末的尴尬"便是明证。当前,语文教学效率不高,语文课不受学生欢迎的现象十分普遍,有学者甚至发现学生在语文学习中普遍存在着一种高度的焦虑感,而在这种高焦虑困扰下的学生正在逐渐对语文失去兴趣,语文学习成了外力强制下面进行的一种机械活动,既不能促进智力发展,又不能唤起学习热情。这不禁使我们感到困惑,是什么原因使得儿童在学习母语的初始阶段就丧失了对母语学习的兴趣? 是中国的儿童不喜欢儿童文学吗? 抑或中国缺乏优秀的儿童文学? 答案显然是否定的,儿童阅读的广受欢迎便可说明一切。联想到近年来在北京、天津等地出现的儿童诵读《大学》、《中庸》、《论语》、《弟子规》等的活动以及人们对国学私塾的热捧,这些看似对于传统的返璞归真式的践行中,隐隐地倾诉着对当前语文教育的失望与不满。几乎可以确定的是,当前的语文教育出现了问题,只是这又是一个太过复杂的问题,复杂到甚至让人几乎感受到了难解的绝望。当然,笔者并没有不自量力到试图去破解当前语文教育全部的困局，只是想知道：小学语文教材中的儿童文学怎么了？

我们知道，儿童文学的诞生，其最重要的根基便是"发现"儿童。"发现"儿童在教育发展史上是具有里程碑式的意义的，我们甚至可以毫不夸张地说，"发现"儿童在人类发展的历史进程中也是具有里程碑式的意义的。"发现"儿童，是人类社会进步的重要成就，意味着儿童从此不再是缩小了的成人，儿童从"未来的成人"一跃成为独立的人，这一"发现"对儿童的最大价值，便是儿童个体价值的确立。启蒙运动帮助我们把儿童看作独立的个人，而儿童一旦被认为是独立的人，适于他的儿童文学便应运而生了。明白这一点，是十分重要的，因为这有助于我们明了儿童文学最重要的特性，也就是人们常说的儿童本位。

美国著名教育家杜威认为儿童本位就是："儿童是起点，儿童是中心，而且是目的。儿童的发展，儿童的成长，就是理想的所在。只有儿童提供了标准。"①如果以这个标准来审视当前小学语文教材中的儿童文学，我们可以发现，现有教材尽管从表面看儿童文学作品的数量不少，但真正以儿童为本位，充满了童趣，能引发儿童阅读兴趣的优秀儿童文学作品并不多，却有相当部分是似是而非的"伪儿童文学"，或者说是"教材体儿童文学"。梅子涵教授曾总结了优秀儿童文学作品的特点，认为"世界儿童文学的优秀作品都表现出一个共同的特征：有趣，不论写的是幸福的生活，还是苦难的经历。还有一个共同标准，就是在成人文学中见不到的奇妙的想像力"②，而教材体儿童文学恰恰在"有趣"与"想像力"上的缺失是显而易见的。有人曾对小学语文教材中的儿童形象进行分析，发现"基本上都是不快乐的孩子，要么就是成人化的孩子，总之是非常态的孩子。这些孩子要么在恐惧中成长，比如北师大版中的《花脸》一文；要么被工具化般的蓄养，只有回报父母才是好孩子的唯一标尺，如北师大版中的《三个儿子》。他们被教育要'吃苦'，不断'吃苦'，却不知道为什么要'吃苦'，如人教版和北师大版都有的《小狮子》。他们受到冤屈，无处申辩，母亲总是用似是而非的理由搪塞，比如苏教版的《蘑菇该奖给谁》。"③没有童趣，没有纯真，没有想像的翅膀，没有自然的天性，有的只是老气横秋的小大人，戴

① 赵祥麟、王承旭编译：《杜威教育论著选》，华东师范大学出版社，1981年，第79页。
② 《名家谈儿童文学》，《小学生导刊（高年级）》，2005年第8期。
③ 郭初阳、蔡朝阳、吕栋：《救救孩子：小学语文教材批判》，长江文艺出版社，2010年9月。

着老成持重的面具，演着谨言慎行的角色，如此的儿童文学又怎么能激发出儿童的兴趣，激发出儿童的认知内驱力。周作人在《儿童文学小论》中曾说："儿童应该读文学的作品，不可单读那些商人杜撰的读本，读了读本，虽然说是识字了，却不能读书，因为没有读书的趣味。"①周作人的告诫，实令人有振聋发聩之感，因为教材体儿童文学正像极了"商人杜撰的读本"。为了迎合当前语文教育的工具化语言训练和政治教化的需求，教材体儿童文学或是将经典名著借改编之名割裂得支离破碎，或是将成人的教化灌输仿着低幼的语言说将出来，全然没有自然天成的文学气息，多是些短小轻薄、缺乏文学性、教化气息浓郁、缺乏童趣、无视儿童特点的劣质文本，以至民间有将小学语文教材斥为毒药教材，虽然言词有些偏激，却也颇能感受到这些有识之士对小学语文教材的椎心泣血之痛。

　　造成当前小学语文教材中教材体儿童文学作品泛滥最直接的原因，无疑是社会对儿童本位的漠然。中国的儿童文学在诞生之初即对"发现"儿童的重要性有着清醒的认识，周作人、吴研因、沈百英等人在儿童文学的创作与教学实践中都是儿童本位的践行者，在儿童文学教育领域取得了很高的成就。然而，不幸的是，五四时期"发现"儿童的教育精神在充斥着运动的岁月侵蚀中被迷失了，曾经独立的儿童在冷漠的无视下再次矮化为"缩小的成人"，再没有自我价值，再没有个体解放，有的只是在教化重压下的无助颤栗。这自然是儿童的悲哀，但又何尝不是社会的悲哀！

　　承续五四运动时期"发现"儿童的教育精神，重建儿童本位的教育理念，在语文教育沦为"世纪末的尴尬"的今天，是每一位教育工作者和儿童文学工作者的历史责任。诚然，这责任是沉重而艰难的，因为在传统中国社会里，其实"人"也未曾被"发现"，更不用说"发现"儿童了，而这种传统在当今社会依然延续着，积重难返。但正因为如此，五四时期的"发现"儿童才更显得难能可贵，对于五四精神的承续也更有价值。我们可以坚信的是，"发现"儿童，是中国教育发展的必经之路，是中国社会发展的必经之路。美国心理学家苏珊·恩杰说过，"我们所说的故事和我们所听到的故事，会决定我们是什么样的人。"小学语文教材中的儿童文学，是每一个儿童正在倾听的故事，是决定着每一个儿童将成为什么样的人的故事。其实，影响的又何止是儿童，分明还有民族未来

---

① 周作人：《儿童的文学》，《儿童文学小论》，北京十月文艺出版社，2011年，第41页。

的希望,对每一位教育工作者和儿童文学工作者而言,这才是真正的任重而道远。

最后,我想以梁启超的 20 世纪新世纪到来时的一段话作为本书的结语,算是对于明天的希冀吧,与每一位教育工作者和儿童文学工作者共勉:

> 少年智则国智,少年富则国富,少年强则国强,少年独立则国独立,少年自由则国自由,少年进步则国进步,少年胜于欧洲,则国胜于欧洲,少年雄于地球,则国雄于地球。红日初升,其道大光;河出伏流,一泻汪洋;潜龙腾渊,鳞爪飞扬;乳虎啸谷,百兽震惶;鹰隼试翼,风尘吸张;奇花初胎,矞矞皇皇;干将发硎,有作其芒;天戴其苍,地履其黄;纵有千古,横有八荒;前途似海,来日方长。美哉,我少年中国,与天不老! 壮哉,我中国少年,与国无疆!

参考文献

一、学术著作:

1. 叶圣陶:《叶圣陶语文教育论集》,教育科学出版社,1980 年。
2. 张志公:《语文教学论集》,福建教育出版社,1981 年。
3. 皮亚杰著、傅统先译:《教育科学与儿童心理学》,文化教育出版社,1981 年。
4. 鲁兵:《教育儿童的文学》,少年儿童出版社,1982 年。
5. 蒋风:《儿童文学概论》,湖南少年儿童出版社,1982 年。
6. 李伯棠:《小学语文教材简史》,山东教育出版社 1985 年。
7. 中央教育科学研究所编:《朱自清论语文教育》,河南教育出版社,1985 年。
8. 韦苇编著:《世界儿童文学史概述》,浙江少年儿童出版社,1986 年
9. [英]雅可布·布洛诺夫斯基著,任远等译:《人之上升》,四川人民出版社,1988 年。
10. 课程教材研究所:《课程教材研究十年》,人民教育出版社,1993 年。
11. 林治金主编:《中国小学语文教学史》,山东教育出版社,1996 年。
12. 黄云生主编:《儿童文学教程》,浙江大学出版社,1996 年。
13. 朱自强:《儿童文学的本质》,少年儿童出版社,1997 年。
14. 刘绪源:《儿童文学的三大母题》,少年儿童出版社,1997 年。
15. 王丽:《语文教育忧思录》,教育科学出版社,1998 年。
16. 朱自强:《中国儿童文学与现代化进程》,浙江少年儿童出版社,2000 年。
17. 顾黄初主编:《中国现代语文教育百年事典》,上海教育出版社,2001 年。
18. 叶立群、朱绍禹、庄文中:《国际中小学课程教材比较研究丛书:上篇,分国卷》,人民教育出版社,2001 年。
19. 朱自强:《小学语文文学教育》,东北师范大学出版社,2001 年。
20. 江平、朱松生主编:《小学语文教学论》,上海三联书店,2001 年。
21. 王松泉、王柏勋、王静义主编:《中国语文教育史简编》,社会科学文献出版社,2001 年。
22. 陈黎明、林化君:《二十世纪中国语文教学》,青岛海洋大学出版社,2002 年。
23. 韦苇:《世界童话史》(修订本),福建教育出版社,2002 年。
24. 韩立群:《中国语文现代语文观及其实践》,中央编译出版社,2003 年。
25. 刘晓东:《儿童教育新论》,江苏教育出版社,2003 年。

26. 董蓓菲：《小学语文课程与教学论》，浙江教育出版社，2003年。
27. 余昱：《走向学校语文》，广东教育出版社，2003年。
28. 方卫平、王昆建：《儿童文学教程》，高等教育出版社，2004年。
29. 陈晖：《通向儿童文学之路（中国儿童文学阅读推广计划之老师版）》，新世纪出版社，2005年。
30. 冯建军：《生命与教育》，教育科学出版社，2005年。
31. 方卫平：《中国儿童文化》（第一辑），浙江少年儿童出版社，2005年。
32. 方卫平：《中国儿童文化》（第二辑），浙江少年儿童出版社，2006年。
33. 吴洪成：《中国小学教育史》，山西教育出版社，2006年。
34. 刘晓东：《儿童文化与儿童教育》，教育科学出版社，2006年。
35. 李吉林：《李吉林文集（卷一～卷五）》，人民教育出版社，2006年。
36. 陈太胜：《作品与阐释：文学教学引论》，广东教育出版社，2006年。
37. 陈雪虎：《传统文学教育的现代启示》，广东教育出版社，2006年。
38. 雷玲：《好课是这样炼成的——品读名师经典课堂（语文卷）》，华东师范大学出版社，2006年。
39. 王泉根、赵静等：《儿童文学与中小学语文教学》，广东教育出版社，2006年。
40. 张冰、李建刚：《20世纪俄罗斯文艺学与中小学文学教育》，广东教育出版社，2007年。
41. 王荣生：《听王荣生教授评课》，华东师范大学出版社，2007年。
42. 郭思乐：《教育激扬生命——再论教育走向生本》，人民教育出版社，2007年。
43. 吴其南：《中国童话发展史》，少年儿童出版社，2007年。
44. 王泉根主编：《儿童文学教程》，首都师范大学出版社，2008年。
45. 汪家熔：《民族魂——教科书变迁》，商务印书馆，2008年。
46. 丁海东、杜传坤：《儿童教育的人文解读》，山东教育出版社，2008年。
47. 周晓波：《少年儿童文学》，高等教育出版社，2008年。
48. 梅子涵等：《中国儿童文学5人谈》，新蕾出版社，2008年。
49. 梅子涵等：《中国儿童阅读6人谈》，新蕾出版社，2008年。
50. 闫苹、张雯：《民国时期小学语文教科书评介》，语文出版社，2009年。
51. 傅建明：《内地香港小学语文教科书价值取向比较研究》，广东教育出版社，2009年。
52. 朱自强：《儿童文学概论》，高等教育出版社，2009年。
53. 朱自强：《朱自强小学语文教育与儿童教育讲演录》，长春出版社，2009年。
54. 周益民：《儿童的阅读与为了儿童的阅读》，长春出版社，2009年。
55. 吴忠豪：《外国小学语文教学研究》，上海教育出版社，2009年。
56. 李学斌：《沉潜的水滴：李学斌儿童文学论集》，接力出版社，2009年。
57. 方卫平：《儿童·文学·文化——儿童文学与儿童文化论集》，二十一世纪出版社，2009年。
58. 汤锐：《现代儿童文学本体论》，明天出版社，2009年。
59. 汤锐：《比较儿童文学初探》，明天出版社，2009年。
60. 王晓玉、孟临：《儿童文学引论》，高等教育出版社，2009年。

61. 谢利民、钱朴:《中小学教材比较研究》,中国人民大学出版社,2009年。
62. 朱自强等:《小学语文教材七人谈》,长春出版社,2010年。
63. 陈恩黎:《第六代儿童文学批评家论丛·虚构与真实》,安徽少年儿童出版社,2010年。
64. 叶燕芬:《语文教育的审美视野》,宁波出版社,2010年。
65. 朱自强:《经典这样告诉我们》,明天出版社,2010年。
66. 吴立岗:《语文教育寻踪——吴立岗小学语文教育文集》,人民教育出版社,2010年。
67. 戴前伦:《中美语文教育比较研究》,巴蜀书社,2010年。
68. 郭初阳、蔡朝阳、吕栋:《救救孩子:小学语文教材批判》,长江文艺出版社,2010年。
69. 施平:《中国语文教材经纬》,北京理工大学出版社,2010年。
70. 课程教材研究所:《新中国中小学教材建设史1949—2000研究丛书小学语文卷》,人民教育出版社,2010年。
71. 杨云萍:《语文美育和谐论》,湖南人民出版社,2010年。
72. 教育部基础教育教材审定工作室:《新课程实验教材精粹选评(小学语汇文卷)》,人民教育出版社,2010年。
73. 窦桂梅:《回到教育的原点》,文化艺术出版社,2011年。
74. 徐兰君、[美]琼斯:《儿童的发现——现代中国文学及文化中的儿童问题》,北京大学出版社,2011年。
75. 张心科:《清末民国儿童文学教育发展史论》,北京师范大学出版社,2011年。
76. 周作人:《儿童文学小论·中国新文学的源流》,北京十月文艺出版社,2011年。
77. 郭初阳:《颠狂与谨守——课堂实录》,华东师范大学出版社,2011年。
78. 叶开:《对抗语文》,复旦大学出版社,2012年。
79. 吴其南:《20世纪中国儿童文学的文化阐释》,中国社会科学出版社,2012年。

二、学术论文:

1. 刘御:《关于小学语文教材的几个问题——答吴研因先生对试用课本语文第一册的批评》,《人民教育》,1954年第12期。
2. 方卫平:《童年:儿童文学的逻辑起点》,《浙江师范大学学报(社科版)》,1990年第2期。
3. 姚利民:《中国古代早期教育思想试探》,《湖南大学社会科学学报》,1995年第1期。
4. 虞永平:《论儿童观》,《学前教育研究》,1995年第2期。
5. 冯乐堂:《"儿童本位论"的历史考察与反思》,《四川大学学报(哲学社会科学版)》,1997年第4期。
6. 马智强:《语文,请向人类精神文化靠拢》,《语文教育》,1997年第8期。
7. 刘旭东:《文化视野中课程的价值取向》,《教育评论》,1997年第6期。
8. 胡志运:《谈语文课本中的插图》,《语文教学与研究》,1997年第10期。
9. 雷实:《语文学科目标的再认识》,《教育研究与实验》,1998年第1期。
10. 汪霞:《从文化的变迁看课程的改革与发展》,《外国教育资料》,1999年第3期。
11. 崔峦:《对小学语文文课程与教材的思考》,《课程·教材·教法》,1999年第12期。

12. 周晓虹：《文化反哺：变迁社会中的亲子传承》，《社会学研究》，2000 年第 2 期。

13. 张鸿苓：《二十年来的语文教材建设与理论研究》，《语文教学与研究》，2000 年第 13 期。

14. 钱加清：《20 世纪前期语文教材建设综论》，《宁夏大学学报（人文社会科学版）》，2001 年第 5 期。

15. 黄伟：《现代语文教育的三维建构——〈全日制义务教育语文课程标准（实验稿）〉的一种解读》，《皖西学院学报》，2002 年第 1 期。

16. 曾繁仁：《审美教育：一个关系到未来人类素质和生存质量的重大课题》，《山东大学学报（哲学社会科学版）》，2002 年第 6 期。

17. 张楚廷：《素质教育不是额外的一种教育——兼论素质教育与知识教育的关系》，《中国教育学刊》，2006 年第 6 期。

18. 鱼国超：《我国小学语文教材发展初探》，《探索与实践》，2002 年第 2 期。

19. 李丽华：《语文教科书插图研究》，《宁夏教育》，2002 年第 5 期。

20. 吴其南：《20 世纪中国文学中的儿童形象》，《温州师范学院学报》，2003 年第 6 期。

21. 韩艳梅：《特色·问题·建议——语文新课程实验教科书透视》，《全球教育展望》，2003 年第 9 期。

22. 韩进：《百年中国儿童文学》，《江苏教育学院学报》，2003 年第 9 期。

23. 刘宝莲：《课改视野中语文教材的发展》，《语文建设》，2004 年第 1 期。

24. 楼朝辉：《论新课程标准下的儿童文学阅读》，《内蒙古师范大学学报》，2004 年第 2 期。

25. 陈先云：《从"教本"到"学本"》，《小学语文教学》，2004 年第 3 期。

26. 陈子典：《儿童文学欣赏：成人与儿童的比较》，《教育导刊》，2004 年第 10 期。

27. 马力：《儿童文学的概念是一个模糊集》，《昆明师范高等专科学校学报》，2005 年第 1 期。

28. 刘晓东：《论儿童文化——兼论儿童文化与成人文化的互哺互补关系》，《华东师范大学学报》（教育科学版），2005 年第 2 期。

29. 宋振韶：《教科书插图的认知心理学研究》，《课程·教材·教法》，2005 年 6 月。

30. 谭凤霞：《论中国现代儿童文学发生期的审美困境》，《南京师大学报》，2005 年第 5 期。

31. 郑宇在：《从课文后练习的编排看当代小学语文教育的走向》，《课程·教材·教法》，2006 年 3 月。

32. 佘同生：《童话：儿童成长的精神维生素》，《湖南教育》，2006 年第 2 期。

33. 王向东：《是教材，也是学材——义务教育课程标准实验教材苏教版语文三年级上册介绍》，《云南教育》，2006 年第 8 期。

34. 温立三：《论语文课程教材建设的继承和创新》，《现代语文（教学研究版）》，2006 年第 9 期。

35. 陈滔娜：《语文教材的文化分析》，《湘潭师范学院学报（社会科学版）》，2006 年第 11 期。

36. 倪娟、李广州：《新课程改革：我们究竟要改什么？——是教学论还是教学实践问题》，《教学与管理》，2006 年第 11 期。

37. 王林：《"儿童文学化"：二十世纪二三十年代小学语文教材的主流》，《课程·教材·教法》，2006 年 12 月。

38. 杨爱玲：《基础教育课程改革存在缺憾的原因反思》，《教育学报》，2007 年第 1 期。

39. 李玉鸽：《论儿童文学对素质教育独特功能价值的实现》，《文学教育》，2007 年第 4 期。

40. 王泉根：《新世纪中国儿童文学研究的主要趋向》，《学术界》，2008 年 3 月。

41. 黄声仪：《台湾国语教科书插图的走向》，《小学语文》，2008 年第 3 期。

42. 魏婷婷：《"多"中的"少"：语文教材中的多元文化教育——以人教版和苏教版初中语文教材为例》，《上海教育科研》，2008 年第 3 期。

43. 陈应心：《我国中小学语文教科书插图研究综述》，《现代语文》，2008 年第 8 期。

44. 杨震：《小学语文教师对插图的认识及使用现状的调查研究》，《阜阳师范学院学报（社会科学版）》，2010 年第 2 期。

45. 陈怡：《人教版与苏教版小学语文教材多元文化类型的比较研究》，《教育探索》，2010 年 7 月。

46. 钱彦：《语文教材插图失误举隅》，《教学月刊小学版（语文）》，2010 年 7—8 月。

47. 刘晓东：《论儿童教育的古今中西问题》，《南京师大学报（社会科学版）》，2010 年第 6 期。

48. 李慧娟：《插图——让朴实的课堂同样精彩》，《小学教学参考·语文》，2011 年第 4 期。

49. 周克杰：《经典诗文——培植学生人文素养的沃土》，《现代教育科学（小学教师）》，2011 年 05 期。

50. 黎本武：《小学语文教科书的插图应遵循"三符合"原则》，《新天地（教育版）》，2011 年第 8 期。

三、教材：

1. 《义务教育课程标准实验教科书语文》小学一至六年级，人民教育出版社 2005 年。

2. 《九年义务教育课本（试用本）语文》小学一至五年级，上海教育出版社 2009 年。

3. 《义务教育课程标准实验教科书语文》小学一至六年级，江苏教育出版社 2011 年。

4. 课程教材研究所：《20 世纪中国中小学课程标准教学大纲汇编课程（教学）计划卷》，人民教育出版社，2001 年。

5. 叶圣陶编，丰子恺绘：《开明国语课本》（典藏版），开明出版社，2011 年。

6. 庄俞、沈颐：《老课本精选·商务共和国教科书新国文》，贵州人民出版社，2011 年。

7. 吴研因、庄适、沈圻：《老课本精选·商务新学制国语教科书》，贵州人民出版社，2011 年。

8. 庄俞、沈颐：《初等小学新国文》全八册，商务印书馆，1912 年。

9. 蒋维乔、庄俞：《初等小学最新国文教科书》全十册，商务印书馆，1913 年。

10. 陆费逵、沈颐、戴克敦、华鸿年：《新制中华国文教科书（初等小学校用）》全十二册，中华书局，1912 年。

11. 蒋昂、严会:《新国民国文教科书》全八册,国民书局,1925年。

12. 李步青编:《新小学教科书·国语文学读本》全八册,中华书局,1925年。

13. 王祖廉、黎锦晖、黎明:《新中华国语读本(小学校初级用)》全八册,中华书局,1927年。

14. 朱文叔:《新中华国语读本(小学校高级用)》全四册,中华书局,1928年。

15. 朱文叔、吕伯攸:《小学国语读本》全八册,中华书局,1933年。

16. 吴研因:《国语新读本》全八册世界书局,1936年。

17. 国民政府教育部刊:《国定教科书初小国语》全八册,1940年。

18. 国民政府教育部刊:《国定教科书高小国语》全四册,1940年。

附录 1：人教版小学语文教材中儿童诗歌篇目

课名	作者	体裁	年级	版块
轻轻地	郑春华	儿歌	一上	汉语拼音
猜一猜		儿歌	一上	汉语拼音
在一起	李秀英	儿歌	一上	汉语拼音
"过桥"	邓元杰	儿歌	一上	汉语拼音
欢迎台湾小朋友		儿歌	一上	汉语拼音
小白兔	刘御	儿歌	一上	汉语拼音
有礼貌	李光迪	儿歌	一上	汉语拼音
月儿弯弯	王清秀	儿歌	一上	汉语拼音
登山	蒋文美	儿歌	一上	汉语拼音
彩虹	程逸汝	儿歌	一上	汉语拼音
一去二三里		儿歌	一上	识字
操场上		儿歌	一上	识字
比一比	杨福康	儿歌	一上	识字
菜园里	寒枫	儿歌	一上	识字
日月明		儿歌	一上	识字
小小竹排画中游		儿歌	一上	课文
哪座房子最漂亮	杨霞丹	儿歌	一上	课文

课名	作者	体裁	年级	版块
比尾巴	程宏明	儿歌	一上	课文
雪地里的小画家	程宏明	儿歌	一上	课文
人有两件宝		儿歌	一下	语文园地五
祖国多么广大		儿歌	一下	语文园地六
秋天到		儿歌	二上	语文园地一
我爱祖国	张光昌	儿歌	二上	语文园地三
谁和谁好		儿歌	二上	语文园地六
节气歌		儿歌	二下	语文园地五
秋叶飘飘		儿童诗	一上	汉语拼音
四季	薛卫民	儿童诗	一上	课文
小小的船	叶圣陶	儿童诗	一上	课文
影子	林焕彰	儿童诗	一上	课文
我多想去看看	王宝柱	儿童诗	一上	课文
平平搭积木	田地	儿童诗	一上	课文
柳树醒了	雪兵	儿童诗	一下	课文
看电视	蒲华清	儿童诗	一下	课文
两只鸟蛋		儿童诗	一下	课文
快乐的节日	管桦	儿童诗	一下	课文
植物妈妈有办法		儿童诗	二上	课文
一株紫丁香	滕毓旭	儿童诗	二上	课文
欢庆	郭荣安	儿童诗	二上	课文
假如	白冰	儿童诗	二上	课文
"红领巾"真好		儿童诗	二上	课文
雷锋叔叔,你在哪里		儿童诗	二下	课文
要是你在野外迷了路		儿童诗	二下	课文
听听,秋的声音	毕国瑛	儿童诗	三上	课文
太阳是大家的	薛卫民	儿童诗	三下	课文

续表

课名	作者	体裁	年级	版块
和我们一样享受春天	高洪波	儿童诗	四下	课文
最后一分钟	李小雨	儿童诗	五上	课文
儿童诗两首	高洪波、张继楼	儿童诗	五下	课文
我想	高洪波	儿童诗	五下	课文
童年的水墨画	张继楼	儿童诗	五下	课文
中华少年	李少白	儿童诗	六上	课文
四季的脚步		儿童诗	二上	选读课文
春风吹		儿童诗	一下	选读课文
春的消息	金波	儿童诗	二下	选读课文
看浪花	陈显荣	儿童诗	二下	选读课文
字典公公家里的争吵	金逸铭	儿童诗	三上	选读课文
山城的雾	蒲华清	儿童诗	三下	选读课文
延安，我把你追寻	祁念曾	儿童诗	四上	选读课文
斗笠	王宜振	儿童诗	五上	选读课文
我有一个强大的祖国	叶浪	儿童诗	五下	选读课文
我们的方针	吴珹	儿童诗	六上	选读课文
天上的小白羊		儿童诗	一上	语文园地五
鞋	林武宪	儿童诗	一下	语文园地二
小鸟		儿童诗	一下	语文园地三
走山路	钱德慈	儿童诗	二上	语文园地五
小花鹿	金波	儿童诗	二上	语文园地七
一个石头小姑娘		儿童诗	二下	语文园地六
太阳的话	艾青	儿童诗	六上	第六组综合性学习：轻叩诗歌的大门——与诗同行
我们去看海	金波	儿童诗	六上	
致老鼠	阎妮	儿童诗	六上	
爸爸的鼾声		儿童诗	六上	
同学录		儿童诗	六下	

附录 2：人教版小学语文教材中童话篇目

课名	作者	体裁	年级	版块
雨点儿	金波	童话	一上	课文
自己去吧	李少白	童话	一上	课文
一次比一次有进步	方崇智	童话	一上	课文
小松鼠找花生	嵇鸿	童话	一上	课文
雪孩子	嵇鸿	童话	一上	课文
小熊住山洞	胡木仁	童话	一上	课文
月亮的心愿		童话	一下	课文
松鼠和松果	林颂英	童话	一下	课文
美丽的小路	缪启明	童话	一下	课文
荷叶圆圆	胡木仁	童话	一下	课文
夏夜多美	彭万州	童话	一下	课文
要下雨了	罗亚	童话	一下	课文
小壁虎借尾巴	林颂英	童话	一下	课文
乌鸦喝水		童话	一下	课文
小白兔和小灰兔	嵇鸿	童话	一下	课文
两只小狮子		童话	一下	课文
棉花姑娘		童话	一下	课文

续表

课名	作者	体裁	年级	版块
地球爷爷的手	阳光	童话	一下	课文
小蝌蚪找妈妈	方慧珍、盛璐德	童话	一下	课文
象鼻桥	经绍珍	童话	一下	选读课文
咕咚		童话	一下	选读课文
小猴子下山		童话	一下	选读课文
小雨点儿		童话	一下	语文园地
小柳树和小枣树	孙幼军	童话	二上	课文
风娃娃		童话	二上	课文
酸的和甜的	李学中	童话	二上	课文
称赞	张秋生	童话	二上	课文
纸船和风筝	刘保法	童话	二上	课文
从现在开始	管家琪	童话	二上	课文
回声		童话	二上	课文
小鸟和牵牛花		童话	二上	选读课文
鸡妈妈的新房子	钱欣葆	童话	二上	选读课文
笋芽儿	倪树根	童话	二下	课文
小鹿的玫瑰花	张秋生	童话	二下	课文
泉水		童话	二下	课文
丑小鸭	安徒生	童话	二下	课文
神笔马良	洪汛涛	童话	三上	选读课文
七颗钻石	列夫·托尔斯泰	童话	三下	课文
七色花	卡达耶夫	童话	三下	选读课文
巨人的花园	王尔德	童话	四上	课文
幸福是什么	埃林·彼林	童话	四上	课文
去年的树	新美南吉	童话	四上	课文
小木偶的故事	吕丽娜	童话	四上	课文
卖火柴的小女孩	安徒生	童话	六下	课文

附录3:人教版小学语文教材中改编课文篇目

课名	作者	年级	是否改写
哪座房子最漂亮	杨霞丹	一上	改写
阳光	金波	一上	改写
影子	林焕彰	一上	改写
比尾巴	程宏明	一上	改写
我多想去看看	王宝柱	一上	改写
平平搭积木	田地	一上	改写
自己去吧	李少白	一上	改写
一次比一次有进步	方崇智	一上	改写
小松鼠找花生	嵇鸿	一上	改写
雪地里的小画家	程宏明	一上	改写
借生日	李想	一上	改写
雪孩子	嵇鸿	一上	改写
小熊住山洞	胡木仁	一上	改写
柳树醒了	雪兵	一下	改写
春雨的色彩	娄飞甫	一下	改写
胖乎乎的小手	望安	一下	改写
棉鞋里的阳光	野军	一下	改写

续表

课名	作者	年级	是否改写
松鼠和松果	林颂英	一下	改写
美丽的小路	缪启明	一下	改写
失物招领	胡霜	一下	改写
夏夜多美	彭万州	一下	改写
要下雨了	罗亚	一下	改写
四个太阳	夏辇生	一下	改写
画家乡	冯寿鹤	一下	改写
快乐的节日	管桦	一下	改写
地球爷爷的手	阳光	一下	改写
兰兰过桥	茅以升	一下	改写
小蝌蚪找妈妈	方慧珍、盛璐德	一下	改写
一株紫丁香	滕毓旭	二上	改写
一分钟	鲁兵	二上	改写
欢庆	郭荣安	二上	改写
我要的是葫芦	刘仲元	二上	改写
小柳树和小枣树	孙幼军	二上	改写
酸的和甜的	李学中	二上	改写
称赞	张秋生	二上	改写
蓝色的树叶	瓦·奥谢叶娃	二上	改写
纸船和风筝	刘保法	二上	改写
从现在开始	管家琪	二上	改写
假如	白冰	二上	改写
清澈的湖水	望安	二上	改写
浅水洼里的小鱼	田辉	二上	改写
父亲和鸟	牛汉	二上	改写
找春天	经绍珍	二下	改写
笋芽儿	倪树根	二下	改写

课名	作者	年级	是否改写
小鹿的玫瑰花	张秋生	二下	改写
我不是最弱小的	苏霍姆林斯基	二下	改写
卡罗尔和她的小猫	瓦茨	二下	改写
日月潭	吴壮达	二下	改写
葡萄沟	权宽浮	二下	改写
邮票齿孔的故事	郑柱子	二下	改写
画风	方轶群	二下	改写
充气雨衣	天水	二下	改写
最大的"书"	远舟	二下	改写
画家和牧童	杨学良	二下	改写
我为你骄傲	李荷卿（译）	二下	改写
三个儿子	符·奥谢耶娃	二下	改写
玩具柜台前的孩子	李大同	二下	改写
丑小鸭	安徒生	二下	改写
恐龙的灭绝	沈晨光	二下	改写
我们的民族小学	吴然	三上	改动
金色的草地	普里什文	三上	改动
爬天都峰	黄亦波	三上	改动
槐乡的孩子	尹黎	三上	改动
灰雀	李声权	三上	改动
小摄影师	列·波利索夫	三上	改动
奇怪的大石头	李晓明、刘凤东	三上	改动
我不能失信	牟文正	三上	改动
风筝	贾平凹	三上	改动
秋天的雨	陶金宏	三上	改动
听听，秋的声音	毕国瑛	三上	改动
蜜蜂	法布尔	三上	改动

续表

课名	作者	年级	是否改写
玩出了名堂	朱长超	三上	改动
孔子拜师	孟令永、李顺强	三上	改动
盘古开天地	石宗华、马林、张明华	三上	改动
一幅名扬中外的画	滕明道	三上	改动
矛和盾的集合	黄水清	三上	改动
科利亚的木匣	左琴科	三上	改动
陶罐和铁罐	黄瑞云	三上	改动
狮子和鹿	《伊索寓言》	三上	改动
掌声	董保纲	三上	改动
给予树	郑恩恩	三上	编译
好汉查理	宏巍	三上	编译
燕子	郑振铎	三下	改动
翠鸟	菁莽	三下	改动
燕子专列	昊天	三下	改动
画杨桃	岑桑	三下	改动
检阅	阿·卡明斯基	三下	改动
绝招	傅永健	三下	改动
可贵的沉默	王圣民	三下	改动
我家跨上了"信息高速路"	陈英、石蹊	三下	改动
果园机器人	朱建群	三下	改动
一面五星红旗	李含冰	三下	改动
卖木雕的少年	吴晴	三下	改动
夸父追日	袁珂	三下	改动
观潮	赵宗成、朱明元	四上	改动
鸟的天堂	巴金	四上	改动
火烧云	萧红	四上	改动
巨人的花园	王尔德	四上	改动

课名	作者	年级	是否改写
幸福是什么	埃林·彼林	四上	改动
小木偶的故事	吕丽娜	四上	改动
搭石	刘章	四上	改动
跨越海峡的生命桥	竹林	四上	改动
卡罗纳	亚米契斯	四上	改动
给予是快乐的	丹·克拉克	四上	改动
为中华之崛起而读书	陈沚	四上	改动
那片绿绿的爬山虎	肖复兴	四上	改动
乌塔	汪晓洁	四上	改动
电脑住宅	蒋豫浙	四上	改动
桂林山水	陈淼	四下	改动
七月的天山	碧野	四下	改动
尊严	李雪峰	四下	改动
将心比心	姜桂华	四下	改动
自然之道	伯罗蒙赛尔	四下	改动
和我们一样享受春天	高洪波	四下	改动
触摸春天	吴玉楼	四下	改动
永生的眼睛	琳达·里弗斯	四下	改动
生命生命	杏林子	四下	改动
花的勇气	冯骥才	四下	改动
乡下人家	陈醉云	四下	改动
牧场之国	卡尔·恰彼克	四下	改动
父亲的菜园	王树槐	四下	改动
窃读记	林海音	五上	改动
小苗与大叔的对话	张钫	五上	改动
走遍天下书为侣	尤安·艾肯	五上	改动
我的"长生果"	叶文玲	五上	改动

课名	作者	年级	是否改写
梅花魂	陈慧瑛	五上	改动
桂花雨	琦君	五上	改动
小桥流水人家	谢冰莹	五上	改动
松鼠	布封	五上	改动
落花生	许地山	五上	改动
地震中的父与子	马克·汉林	五上	改动
慈母情深	梁晓声	五上	改动
学会看病	毕淑敏	五上	改动
最后一分钟	李小雨	五上	改动
草原	老舍	五下	改动
丝绸之路	《世界五千年》	五下	改动
白杨	袁鹰	五下	改动
把铁路修到拉萨去	张建魁	五下	改动
冬阳·童年·骆驼队	林海音	五下	改动
祖父的园子	萧红	五下	改动
儿童诗两首	高洪波、张继楼	五下	改动
我想	高洪波	五下	改动
童年的水墨画	张继楼	五下	改动
晏子使楚	《晏子春秋》	五下	改写
半截蜡烛	伖晓晶	五下	改动
打电话	《打电话》	五下	改动
桥	谈歌	五下	改动
梦想的力量	江菲	五下	改动
自己的花是让别人看的	季羡林	五下	改动
威尼斯的小艇	马克·吐温	五下	改动
与象共舞	赵丽宏	五下	改动
彩色的非洲	彭仁	五下	改动

续表

课名	作者	年级	是否改写
山中访友	李汉荣	六上	改动
草虫的村落	郭枫	六上	改动
索溪峪的"野"	曹敬庄	六上	改动
怀念母亲	季羡林	六上	改动
用心灵去倾听	顾周皓	六上	改动
这片土地是神圣的	西雅图	六上	改动
青山不老	梁衡	六上	改动
最后一头战象	沈石溪	六上	改动
我的舞台	吴霜	六上	改动
顶碗少年	赵丽宏	六下	改动
手指	丰子恺	六下	改动
北京的春节	老舍	六下	改动
藏戏	马晨明	六下	改动
和田的维吾尔	权鹏飞	六下	改动
跨越百年的美丽	梁衡	六下	改动
真理诞生于一百个问号后	叶永烈	六下	改动

附录 4：民国时期的小学语文课文摘录

一、儿童诗歌

山中落雨

忽然来了一阵烟雨，

把山团团围住。

只听得树里的风声雨声，

却看不清云里是山是树。

水从山上往下飞流，

顿成了瀑布。

这时候前山后山，

不知有多少樵夫迷了归路。

《新小学教科书国语读本（高小）》第一册第三十二课，黎锦晖、陆费逵编辑，中华书局 1923 年版

早上的太阳

早上看见太阳红，

挂在东方像盏红灯笼。

蝴蝶娘子来采花，

蚂蚁小姐去做工。

公鸡喔喔喔，

蜜峰嗡嗡嗡。

《新主义国语读本》第二册第三十二课，魏冰心、吕伯攸等编，世界书局民国二十年版

二、记叙文

怎么不生长

树秧种在地上,慢慢的长起来了。

小傻子想:"树种在泥里会生长,别的东西种在泥里也会生长罢。"

小傻子拿了一粒冰糖,埋在泥里;过了几天去看看,冰糖没有了。

再拿一只小虾,埋在泥里;过了几天,再去看看,小虾烂了。

再拿一个鸡蛋,埋在泥里;过了几天,再去看看,鸡蛋坏了。

小傻子觉着很奇怪,说道:"咦,我种的东西,怎么都不长呢?"

《新编初小国语读本》第四册第十六课,吕伯攸编辑,朱文叔校定,上海中华书局 1937 年版

和聋子讲话

一个老农夫在麦田里工作。小学生走过来,站定了看。老农夫对他一笑。小学生见那老农夫笑容满面,很是和气,就问他说:"您今年高寿?"老农夫说:"刀豆? 田里种的是麦子,不是刀豆啊!"小学生说:"我问您今年几岁。"老农夫说:"米贵? 米自然比麦子贵些。"小学生摇头说:"不是。我问您多少年纪。"老农夫说:"不错,这是我自己的田地。"小学生很急地说:"您是聋子吗?"老农夫笑着说:"天冷了,哪儿还有虫子呢!"小学生大声说:"我说聋子,不是说虫子。"老农夫铲"喔! 冻死。有许多虫的子还伏在草根里,等下了雪,才会冻死呢。"

小学生不再问了,一面走,一面说:"您听不清楚,算了罢。"老农夫说:"噢,再见。你叫我孙老伯,但是我并不姓孙啊。"

《国语新读本》第五册第十九课,吴研因编辑,世界书局 1933 年版

篮球比赛

本地的两个中学比赛篮球,我们特地跑去看。十个比赛员身体非常灵活,手脚非常敏捷,才冲到这一角来,一会儿又赶到那一角去了,好像一群机警的猎狗。他们无论怎样都可以接球、发球,仰扳着身子也行,旁折着腰肢也行。要接球的时候,跳将起来,冲上前去,球就到手了。要让球的时候,闪过一点,蹲下一点,那就避开了。有时甚至于故意跌倒在地上,也为的要让球通过。

他们双方都有熟练的阵势。看见球在己方手里的时候,就一个一个跑到适当的地位去。那个球将怎样抛出来,将抛到多少远,都似乎料得准的。几个

人专等把球传递过去，投进篮里。看见球在敌方手里的时候，一个人就贴近拿球的人，另外一个人就监视着敌方预备接球的人。他们都想把球抢到自己手里，再抛给己方的同伴。

上面说的只是一霎时的阵势罢了，实际上决不会这么简单。只等球一脱手，局面完全变化了：双方攻守的情形，每人活动的姿势，没有一样不是新的。那个球抛来抛去绝不停歇，场上时时刻刻现出新的局面。那是无论如何描摹不尽的。十个人在场上涌来涌去，好像波浪一样。每一个人的每一个动作，都和全场的形势相呼应。这正像波浪的一冲一激，和全江全海的水互相关联一样。他们差不多忘了一切，忘了自己，仅这么活动着，活动着，合成个活动的集体。

《新编高级小学国语课本》第三册第二十四课，刘松涛等编，华北联合出版社 1949 年 8 月版

三、 故事

循环报复

我国春秋时代，吴王阖闾兴兵去打越国，到了槜李地方，竟被越王勾践迎头痛击，弄得兵败受伤，病得要死。立刻派人回国，立了太子夫差。并且传来遗嘱，叮咛着夫差道："你肯忘记勾践杀了你的父亲吗？"夫差答道："不敢忘记的！"

夫差从此立志报仇，预备了三年的工夫。恰好越兵发动，夫差率领精兵，与越决战，果然在夫椒地方把越兵打败了——这算是报了前次的仇恨。

越王勾践带着残兵，逃到会稽，迫不得已，只好派人求和。送上美女宝物，纳质称臣，受尽屈辱，才邀得吴王夫差的宽恩饶赦。

越王勾践回到国里，找来苦胆放在座前，坐卧的时候，都要看看；饮食的时候，也要尝尝。并且时常地警告自己道："你忘了会稽之耻吗？"这么"苦身焦思"地，誓报国仇。

经过"十年生聚，十年教训"，苦干了二十余年，终把吴国灭掉，竟得报了仇雪了耻。

《复兴说话范本》第二册第十五课，齐铁恨编，商务印书馆民国二十二年版

两个猫洞

牛顿是世界上很有名的科学家,他看见苹果由树上落在地面,便发明了吸引力原理。——这一段故事,幸许诸位都是知道的。

他还闹过一回笑话儿,现在讲给诸位听听:牛顿的书房里养着两只猫儿,——一只大的,一只小的,他爱惜极了,由着他们的性儿整天地跑出跑进。

他亲自开门关门,觉得太麻烦了:于是想了一个方法,叫那两只猫儿可以自由出入。

诸位想想,这一位绝顶聪明的科学家,到底想怎么巧妙的方法来呢?

哈哈!原来是把房门上开两个洞,——也是一个大的,一个小的。在他的意思,以为那大洞给大猫出入,小洞给小猫出入的。按普通常识讲,只开一个大洞,就够他们用的了,何必多开一个小洞呢。

《新主义国语读本》第三册第十五课,魏冰心、吕伯攸等编,世界书局民国二十年版

木兰的故事

女子木兰,平日在家里奉养父母,很是孝敬。全家靠着他辛苦纺织,不愁冻饿。

一天,木兰忽然看见军帖,知道国家遭外人欺侮,要征兵抵抗,他的父亲,也是被征的一个。木兰在这时,好不忧急。因为父亲已经年老,不能出去打仗;自己又没有哥哥,可以代替父亲应征。想来想去,只有改穿了男装,亲自去为国出力。

他告别了亲爱的父母,离开了亲爱的姐弟,加入军队,开到极北的寒苦地方去,奋勇杀敌。

木兰在军队里,度了十三年光阴,打了几百回仗,直到打平敌人的时候,竟没有人知道他是一个女子。

他虽然立了许多功劳,但不愿受国家的奖赏,也不愿做官。仍旧回到家里伴着父母,做那纺织的工作。

《复兴国语教科书》第六册第七课,沈百英、沈秉廉编辑,王云五、何炳松校订,商务印书馆1933年版

四、童话

怕羞的风

风最怕羞,他来往行走,终不愿意给人家看见。有一回,他偷偷摸摸地在水面上掠过,水面上忽然晕起了一层层的波纹,被小孩子们看见。小孩子喊:"风来了!"风听着,羞愧得无地自容,便一声不响地溜走了。

第二回,他轻轻地贴近地面走,不料又吹起一阵灰沙,迷住了小孩子的眼睛。小孩子又喊:"风来了!"风听着,又怕羞起来,赶快刮了过去。

第三回,他从空中经过,小孩子起先没有注意,后来看见树梢向左右摆动;烟囱里冒出来的黑烟,顺着风势,变成一条横拖乱袅的黑带。小孩子又喊:"风来了!"风听着,知道人们还能看得见他,决定下次要在高空中走了。

第四回,他在天上经过空中的云,来来往往,显见得风势很大。小孩子抬头一看不禁大喊:"今天的风不小啊!"风听着,又想另换一条最好的路走。

可是他再找不到僻静的路了,只好溜来溜去,飘忽无定。直到现在,风还是这样:总想不给人家看见,可是始终逃不脱人家的视线。

《复兴国语教科书(初小)》第八册第十六课,沈百英、沈秉廉编辑,商务印书馆1933—1935年出版发行

麻雀的一页日记

今天,雪仍旧积着。满院子一片白,真是玉宇无尘,银花满树,好一幅"积雪图"!可是风景是富人赏玩的;我昨儿已经饿了一天,哪儿还有心思赏雪呢!

我用力轻轻地飞,飞到小芸家的屋檐下,从窗洞口向屋子里望;只见小芸坐在炕边吃饼呢!他一面吃,饼屑一面掉下来,我饿极了,耐不住了,我想:吃些饼屑罢!于是从窗洞里飞了进去。哪知小芸一见了我,就跳起来,嚷着要捉我。我心里一急,赶忙乱飞,原来的窗洞也找不着了,幸而屋檐头还有一个小洞,我就从小洞里逃了出来。不但没有吃到饼屑,反撞伤了我的头!

唉!今儿又只好挨饿了。我不懂有饼吃的小芸,为什么连饼屑也不让人家吃些?他真像富人一样,一点也不知道穷人的苦处!

《国语新读本》第五册第三十课,吴研因编著,世界书局民国二十二年版

自强的闹钟

床前放着一只闹钟,滴答滴答,终夜不停地走动。走到早上,忽然一阵乱

响,惊醒了自强的好梦。自强恼恨地说:"你这闹钟,为什么这样好动,一分一秒也不肯放松?现在又闹得我睡也睡不成功。"

闹钟还是滴答滴答地走动,好像回答说:"劳动!劳动!劳动!做工!做工!做工!我要喊醒偷懒的人们,叫他们快把光阴看重。要是悠悠忽忽把时间白送,到了老年,一事无成,不免要懊悔苦痛。你看东方的太阳,又大又红,农人已下田耕种,工人已出门做工,只有你还睡在床中,好不懵懂!"

自强心里一动,立刻起身,洗脸早餐,走到校中。从此天天早起,上学用功,不敢再把时间白送。

《修正初小国语教科书》第五册第二十课,教育部编审会编辑,1938—1939年版

蚂蚁和喜鹊

小蚂蚁在地上游玩得厌了,它想不如到树上去游玩游玩罢。打定主意,就一步一步的爬上去,一直爬到顶上;望望地上的各种东西,都觉得很微小了。它从来没有到过这样高的地方,此时真快活的不得了,看看一切景致,似乎都格外美丽。它自言自语的说道:"我虽然是一个小小的虫儿,我很能冒险;倘然胆子小一些,焉敢到这样高的地方来?怎能有如此的快乐?"说着,它还显出洋洋得意的神气。忽然一阵大风,把它飘飘荡荡吹了下来,也可算乐极生悲了。它还自己安慰自己道:"不要紧,不要紧,我的身体很轻,就是跌在地上,也不会受伤的。"谁知事出意料之外,恰巧落在河中,于是它也惊慌起来。要想游近岸边,但是哪里能够呢?

正在危险之际,恰巧来了一个救星。这个救星是谁?原来是一只喜鹊。——因为飞得疲惫了,停在河畔的一株树上休息。——蚂蚁看见了,连忙大叫道:"喜鹊哥,快救命呀!"喜鹊回头一看,但见一个小小的蚂蚁,浮在河中挣扎,看它的形状,已万分着急,若不去救,不久就要淹死了。喜鹊是不会游水的,怎样能够救它呢?就想了一个法子,飞到地上,衔了一根草,放在水里,叫蚂蚁爬在上面,再把草衔到地上,就把蚂蚁救起来了。蚂蚁称谢不已,说道:"喜鹊哥!此次假使没有你,我真要死了!"喜鹊说:"不必客气,我们只要以后大家患难相助就是了。"

有一天,蚂蚁在草地上游戏,它的朋友喜鹊躲在树上睡觉;不提防来了一个打猎的,见了喜鹊大喜。蚂蚁见这情形,便焦急万分,大叫:"喜鹊哥!快醒

呀!"喜鹊总是不醒;猎人正在举枪欲击,蚂蚁连忙爬在他的脚上,拼命地咬了一口,猎人痛痒难当,大呼哎呀,用手去抓;蚂蚁早已逃在草丛中,不能看见了。这个当儿,喜鹊被猎人一声惊醒,连忙拍拍翅膀飞去了。猎人去后,喜鹊仍旧回来,拜谢蚂蚁的救命之恩,说道:"亲爱的蚂蚁弟弟,今天假使没有你救我,我的性命早已没有了!"蚂蚁说:"不必客气,这是我应该做的。"

《基本教科书国语》第二册第二十八课,戴洪恒编,商务印书馆民国二十年版

三只小松鼠

(一) 看衣裳

有三只小松鼠,一只叫红尾巴,一只叫蓝眼睛,一只叫黄小毛。他们知道儿童节快到了,商量穿了什么衣裳,到学校里去开会。

红尾巴拿出一件红大衣来,叹口气说:

"我常常穿这红大衣,真是讨厌,我想拣别种颜色。"蓝眼睛拿出一件蓝外套来,也摇摇头说:"这蓝外套我也穿腻了,最好换别的颜色。"

黄小毛拿出一件黄旗袍来,也说:"我也讨厌这黄旗袍,能换别种颜色最好。"

红尾巴说:"我们去问蝴蝶姑娘,他穿的衣裳颜色最好,也许他会告诉我们怎么换颜色的法子。"蓝眼睛黄小毛都说:"很好很好!"他们商量定了,就到蝴蝶家里去找蝴蝶姑娘。

(二) 换颜色

三只松鼠,找到了蝴蝶姑娘,和蝴蝶姑娘商量换颜色的法子。

蝴蝶想了半天,扇着翅膀说:"有啦。树林后面有几个池,你们拿衣裳去洗洗看,也许会变颜色的。"

他们听了,就去找池。找到三个池:一个是黄水池,一个是红水池,一个是蓝水池。

三只松鼠拿自己的衣裳去洗。红尾巴的红大衣,放在黄水池里洗。

蓝眼睛的蓝外套,放在红水池里洗。黄小毛的黄旗袍,放在蓝水池里洗,不满五分钟,他们就把衣裳拿起来绞干。红尾巴一看,跳起来说:

"哦! 真变了,我的红大衣变成橙皮色的大衣了!"蓝眼睛也很奇怪,翘着尾巴说:"看哪,我的蓝外套也变了,是紫颜色,多么美丽啊!"黄小毛看看自己

的旗袍,也说:"你们看,不是也变了么? 这是绿颜色。"

大家看了都很高兴。

(三) 改名字

儿童节那一天,三只小松鼠,穿了美丽的衣裳,到学校里来开会。

红尾巴穿的是橙色大衣,蓝眼睛穿的是紫色外套,黄小毛穿的是绿色旗袍。

小朋友们看见他们,都好像不认识。大家说:"这三位姑娘穿的衣裳真美丽啊!"

聚餐会的时候,三只小松鼠把衣裳变换颜色的事情,告诉小朋友们。

红尾巴还笑着说:"我们现在应当改名字了。你们别叫我红尾巴,我穿了橙色的大衣,该叫我橙姑娘。"蓝眼睛摇摇尾巴说:"我穿的是紫外套,你们该叫我紫罗兰。"黄小毛也说:"那么你们得叫我绿叶儿,因为我的绿旗袍,和春天的绿叶子一样。"

后来,他们的名字真改了,一只叫橙姑娘,一只叫紫罗兰,一只叫绿叶儿。

《国语新读本》第四册(初小二年级下学期用)第十四课,吴研因主编,世界书局 1933 年出版发行

五、寓言

狐狸和螃蟹

有只狐狸同一个螃蟹住在一处,友谊极好。他们共同耕田,共同收获,还共同把所得的三箩谷米收藏到山顶上的一个白木仓里去。

狐狸眼看到粮食全已上仓,便起了点坏心,想把粮食独占。有一天,它同螃蟹说:"兄弟,兄弟,我们合作了一年,收获了那么多粮食,现在来打个赌玩玩怎么样?"

螃蟹就说:"老兄,你想想看,怎么样打赌好呢?"

狐狸便说出它的意见,以为一切玩玩意儿都不如赛跑有趣。大家如今一同跑到山顶上,看谁先跑到,所有的粮食就归谁独占。提到赛跑时,狐狸还带笑说:"兄弟,你有八只脚,我只有四只脚,这个法儿似乎太便宜你了。"螃蟹明白狐狸的坏心眼儿,却满口应承了这伴事情。

赛跑开始了,最先就得上一个陡坡,螃蟹说:"老兄,老兄,对不起,这比赛我们得公平一点才好。你动身时请你用尾巴触我一下,让我知道,好同时

动身。"

狐狸自然很得意的应允了这点要求。在临走时,他用尾巴触了螃蟹那么么一下。

螃蟹张开两只大钳等着,狐狸刚一触它,他就趁势钳住了那毛蓬蓬的大尾巴。这样子开始了一段长而激烈的赛跑。狐狸十分高兴的向前飞跑,跑到目的地时,反过身来朝山下望望,看螃蟹究竟落后了多远。螃蟹却趁这时候,立刻爬上了谷仓,回头喊他的朋友说:

"喂,老兄,怎么你现在才到,我在这里等你许久了。这些粮食全归我了,你怎么这样无用!"狐狸回头一看,本想欺骗同伴,反被同伴欺骗了,气的要命,但已有约在先,只好装成快乐样子说道:"兄弟,我早就知道你八只脚比我四只脚跑得快。"

这不正直的狐狸,同许多不正直的人一样,想用不正当的方法骗人,反而被别人所骗,真是好笑。

《实验国语教科书(高小)》第一册第八课,国立编译馆编辑,商务印书馆等七家出版社联合出版1936年发行

昆虫和蜂蚁

冬天来时,兽隐在穴里,蛙和蛇也都蛰伏在泥土里,睡着长长的觉。有些能在寒气中过冬的昆虫,绝粮时,就投到蜜蜂住宅的门前,现出怪凄的样子,哀求道:'好兄弟,好朋友,给我们一点儿吃吃罢,我们快要饿死了!'

蜜蜂走出门来问道:"春天夏天你们干些什么来?"

他们说:"你问春天夏天吗?提起来才好玩呢!我们住在浓荫的树林里,尽日价玩耍。倦了就到花上草上睡一觉。高兴时,就在月光日光底下唱唱歌儿,娱乐自己,也娱乐过路的人。"

"当真么?"

"难道我同你们说谎不成?"

"果真这样,你们自然该饿死了。过日子不知节俭,不知储蓄,简直没有理由来要求我们的赈济!"

昆虫只恨蜜蜂吝啬,负气走了。又去找蚂蚁。蚂蚁同样的问它们,它们又同样的回答,也同样的被蚂蚁拒绝了。

愚人往往无道理的要求人家周济,聪明人却拒绝他们这种要求。因为总

有一天，世界上只有正义，没有周济的。

《实验国语教科书(高小)》第一册第八课，国立编译馆编辑，商务印书馆等七家出版社联合出版 1936 年发行

附录5:儿童诗《小小的船》教学实录

师 今天我们来学习一首儿歌。请大家把第19课的课题读一遍。

生 (齐读)小小的船

师 先读准这个拼音:chuán。

生 chuán,chuán

师 对,"船"是翘舌音。我们没有学过"船"字,现在看老师写。(板书:船)"船"字的偏旁是新的,这一小撇写短些,这一撇写长一些,叫竖撇。再写横折钩,当中一横有点像一提,但右边不要出头,上下两点,这叫"舟"字旁。

生 "舟"字旁。

师 "舟"字原是这样写的(边说边板书"舟"),当中一横两边出头,但作为偏旁,这一横右边不能写出头,到横折钩这里为止。舟就是船,作为偏旁叫"舟"字旁。大家再读两遍。

生 "舟"字旁、"舟"字旁。

师 "船"字的右半边我们是熟悉的,是哪个字的半边?

生 "船"字右半边是铅笔的"铅"字的半边。

[联系学生已掌握的知识,尽量用大单位记忆法,简化了学生识字的心理过程,有利于提高识字教学的效率。]

师 讲得很好。"船"字比较难写,特别是"舟"字旁,我们大家用手来写一遍、举起手,预备——起。

生 一小撇,竖撇,横折钩……(书"船"字。)

生 能。(精神饱满地又书空一遍。)

师 在你们书空时,我听到一个小朋友把"横折钩"说成是"横竖钩",这里应该是"横折钩"。大家再来书空一遍。

师　这一遍大家写得不错。你们看到过船吗？有哪些船呢？

生　我看到过玄武湖的小游船。

生　我看到过小木船、帆船。

生　我见过大轮船。

生　还有装货的货船。

生　还有装油的船，叫油船。

生　还有宇宙飞船。

（有的学生举着手还想说。）

师　对！小木船、大轮船、宇宙飞船都是这个"船"字。那么，我们今天学的这首儿歌里，讲的是什么样的船呢？请你们翻开第19课，自己先学一学，不认识的字，可以读读拼音。

生　（学生自学，小声地读拼音，学生字。）

师　（稍停片刻）看好的举手。放下。你们已经自己学习了这首儿歌，这首儿歌里说的是怎样一只船呀？

生　是弯弯的一只船。

师　是吗？大家再说说。

生　是把月亮比作一只小船。

生　把弯弯的月儿当作一只小船。

师　对！这只船不是小木船，不是大轮船，不是帆船，也不是宇宙飞船，是把弯弯的月儿当作一只小小的船。（放出幻灯，画面上有一个小朋友，坐在弯弯的月儿上。）大家看，是这样的月儿，弯弯的，这个小朋友坐在月亮上，把月亮当小船。

生　（欣赏幻灯画面。）

师　这只船的两头怎么样？

生　尖的。

师　儿歌里怎么说的？

生　小小的船儿两头尖。

师　（在黑板上画个尖形的 Λ）上面小，下面大，叫"尖"。所以这个字……

生　上面是个"小"字，下面是个"大"字。

师　对了。读读这个拼音。

生　Jiān

师　(指画面上的弯弯的月儿)这头怎样? 那头呢?

生　都是尖的。

师　所以叫"两头尖",这个"两"字我们已经学过了,还记得吗?

生　记得,猜谜语的一课有"两头牛"的"两"字。

师　对! 那课谜语我们提前学了。现在把这两句话连起来读一读。

生　弯弯的月儿小小的船,小小的船儿两头尖。

师　注意,读的时候,不要一字一顿,"弯弯的"、"小小的"要连起来读。弯弯的——月儿——小小的船,小小的船儿——两头尖。

生　(照着老师的要求齐读一遍。)

师　好! 第三句讲什么呢?

生　我坐在船上抬头看。

师　这个"我"指的是谁?

生　这个"我"指的是坐在月亮上的小朋友。

师　对!(指画面上)就是指的这个小朋友。他坐在船上看什么?

生　他坐在月亮上抬头看。

生　他坐在小船上抬头看。

师　"抬头"这两个字在哪儿学过了?

生　在第22课里学过了。

师　第22课的哪一句? 记得吗?

生　第22课第二段第二句:"河边有头小水牛,喝起水来不抬头。"

师　你们记性真好,学过的课文都能记得。这个小朋友抬头看,看到了什么? 看,课文里怎么写?

生　他看到星星。

师　课文里怎么说的?

生　他看到闪闪的星星蓝蓝的天。

师　是呀,他不只看到星星,还看到蓝蓝的天呢! 这个"只"字你们认识吗?

生　在下面第20课里有"一只乌鸦"的"只"字。

生　还有"一只蜻蜓","一只蝴蝶"的"只"字。

师　不错。下面的课文你们都已经自学了,已经认识这个"只"字。但那是一只的"只",读第一声 zhī。今天学的"只"读第三声 zhǐ。

生 zhǐ, zhǐ。

师 对,是翘舌音,要读第三声。"只"是一个多音字,有的时候读第一声,有的时候读第三声,要看上下文,看它用在什么地方。这里是"只看见"的"只"。"只看见"是什么意思? 这里的"只"当什么讲?

生 只有的"只",只看见的"只"。

生 "只"就是光光、单单的意思。就是只看见这个东西,没有看见别的东西。

生 "我只有一道数学题没有做出来。"

师 说得很好。这个小朋友抬头看,只看见……

生 只看见闪闪的星星蓝蓝的天。

师 大家读读这个拼音"shǎn"。

生 shǎn, shǎn。

师 这是翘舌音,读第三声,两个第三声的读法和以前一样,再读一遍。

生 (生读。)

师 "闪"字很好写(板书"闪"。你们怎么记住它?)

生 门里一个"人"字,就是"闪"字,闪闪的星星的"闪"。

师 讲得不错,可惜声音小了一些,请你大声地讲。

生 "门"里面一个"人"字,就是"闪"字。

师 好,这遍讲清楚了,以后讲话就要使大家都能听见。门里有一个人,一闪(动作演示),就是这个"闪"字。什么叫做"闪闪"?

生 闪闪就是……

师 你不知道,请坐下。谁知道"闪闪"是什么意思?

生 "闪闪"就是一下有、一下没有的意思。

师 闪闪的星星呢?

生 闪闪的星星就是一下亮了,一下不亮了。

师 你们看这里。(指幻灯画面上一亮一亮作为闪闪的星星的彩色小灯泡。)这一闪一闪的是什么?

生 是星星在眨眼。

师 这些星星一会儿亮,一会儿不亮,一闪一闪的,好像星星在眨眼睛。你们在晚上的时候看见过这种情景吗?

生　见过。

生　我晚上看见过星星是一亮一亮的。

生　我晚上和奶奶乘凉,看见天上许多一闪一闪的星星,好像在眨眼睛。

师　要在晴天的晚上,才能看得到星星。一闪一闪的就叫"闪闪"。这个小朋友坐在小船上,还看见什么?

生　还看见蓝蓝的天。

师　什么天气能看到蓝蓝的天?

生　要是晴天,天才是蓝的。

师　今天的天怎么样?

生　是晴天,也是蓝蓝的天。

师　白天,我们看到天是蓝色的,但到了晚上,天却是黑色的。这个"蓝"字没有简写,笔画比较多。现在我们先认识这个"蓝"字。要注意"蓝"的读音。"蓝"的声母是什么?

生　声母是"l"。

师　"l"和"n"要区别开来。Lan不要读成 nan。大家读读看。

生　蓝、蓝。

师　读得对。我们南京口音"l"、"n"不分,特别要注意,以后不要读错了。

师　这个小朋友把弯弯的月儿当成小船,他坐在小小的船上,会怎么想呢?

生　(都在动脑筋思考。)

师　(启发学生想象)他坐在小船上,看到蓝蓝的天像什么? 一朵朵的白云又像什么? 船平常是在什么地方航行的?

生　(似有所悟)他坐在小船上,看到蓝蓝的天像大海一样。

生　他看见一朵一朵的白云,在自己的身边飘过,好像海水的波浪一样。

师　对。把蓝天当作海,把白云比作波浪,想得很好。他看到天上有很多很多的星星,大大小小的,一闪一闪的,蓝蓝的天,又很大很大,一眼都看不到边,你们想想这景色美不美?

生　(齐声响亮地答)美。

师　现在世界上已经有人能够飞上天,到月球上去,有的人还能飞到比月球更远更远的星球上去。你们也想上天去吗? 想到月球上去吗?

生　想。(大家兴奋得拍手了。)

师　你们现在好好学习,钻研科学,将来也能飞上天。现在我们把这两句话读一读。读的时候要注意哪几个字应该连起来读,还要注意"只看见"的"只"要读得长而重一些。还有,"闪闪的"、"蓝蓝的",头一个字也应该读得慢而重一些。试试看。

生　(齐读。)

师　现在再把这四句话连起来读一遍。

生　(读。)

师　这首儿歌为什么读起来这样顺口?

生　因为只有四句话。

师　就是因为只有四句话吗?你们念念这第一句、第二句和第四句话的最末一个字:船 chuán、尖 jiān、天 tiān,都是什么韵母?

生　(读)chuán,jiān,tiān,都是 an 的韵母。

师　对了,都是 an 的韵母。这首儿歌第一、二、四句最后一个字都是押 an 韵的,所以读起来顺口。我们再来读一遍。

生　(齐读。)

师　还是读得不怎么好。现在来听一遍录音,听听这个小朋友读得怎么样。(放录音。)

生　(听录音。)

师　她朗读得好吗?

生　好!

师　怎么好法?

生　她读得很清楚、很响亮。

生　他没有读错一个字。

生　她不是一个字一顿地读,而是把弯弯的、小小的、闪闪的、蓝蓝的这几个字连起来读的。

生　她读得很有感情。

师　对,她读出了儿歌的感情。你们也像她这样有感情地读一遍,能吗?

生　能。(读课文。)

师　好!这遍读得比较好。我们已经读了好几遍了,有谁能背呢?

生　(纷纷举手。)

师　请×××,上来背诵。

再请××来背。

大家都想来背。我们把书合起来一起背一遍。

生　（齐背。）

师　很好，我们大家都能背了。这首儿歌里有好几个重叠的字，（出示小黑板）大家读一读。

师　小小的，闪闪的，蓝蓝的，弯弯的。你们想想，为什么要用两个字重叠呢？ 小的，弯的，蓝的，不是也可以吗？"小的船"、"蓝的天"和"小小的船"、"蓝蓝的天"哪个好？

生　"小小的船"、"蓝蓝的天"好。

师　为什么？

生　因为"小小的"比"小的"还要小。

生　"小小的"、"蓝蓝的"，读起来更顺口。

师　对，你们也能用重叠的词说一句话吗？ 例如"红红的"……

生　红红的太阳出来了。

生　玫瑰花是红红的。

师　还能用别的词重叠说一句话吗？

生　白白的墙壁上挂着一张地图。

生　××穿着蓝蓝的衣服。

生　花园里长着青青的小草。

生　我的铅笔削得尖尖的。

生　（许多学生举手都想说。）

师　现在不再说了，以后我们也可以运用重叠的词来造句和写话。今天学了这几个生字，现在再来复习一遍。（用小黑板复习巩固。）

生　船、尖、两、抬、只、闪、蓝。

师　回家把这首儿歌背给家里人听听。现在我们把这几个生字写一写，每个字写三遍。注意拿笔和写字的姿势。

（学生写字，教师来回巡视，纠正姿势。）（下课铃响。）——

师　下课。

附录6：童话《去年的树》教学实录

师： 今天上课的内容叫做？

生： 《去年的树》。

师： 谁能把这个故事讲给大家听听。五个人举手，看来有一定难度，我们准备准备好吗？翻开书读课文，想一想，这篇课文先讲的什么？接着讲的什么？最后讲的什么？

生： （学生自由读书。）

师： 好，轻轻合上书。下面我们就用接龙的方式来讲这个故事，既然是讲故事，就是不改变故事的大致内容，自己组织好语言，我来开个头吧。我们要讲的故事叫做《去年的树》。很久很久以前，有一棵树和一只鸟儿是好朋友。谁来接着讲——

生： 鸟儿天天给树唱歌，树天天听鸟儿唱。

师： 你说得挺好，你要是大方点，会说得更好。

生： 鸟儿天天给树唱歌，树天天听鸟儿唱。

师： 接着讲——

生： 日子一天天过去了，寒冷的冬天就要来到了。树对鸟儿说："再见了，小鸟，明天春天请你回来还唱歌给我听。"小鸟说："好的，我明年春天一定回来给你唱歌，请等着我吧。"

师： 我发现你把这篇课文读得很熟呢，还加上了自己的感情。接着来——

生： 它回来找不着书，就问树根，我的好朋友树在哪儿，你知道吗？树根说：伐木工人把它砍倒，运到山谷里去了。

师： 好的，第一次寻找没有结果，继续——

生: 然后鸟儿飞到山谷里的工厂里,对门先生说:门先生,你知道我的好
朋友树在哪里吗? 门先生说:它在工厂里面切成细条条运到村子里
卖掉了。

师: 我想给它补充一点:切成细条条——

生: 做成火柴,运到村子里卖掉了。

师: 然后讲什么你知道吗?

生: 那个鸟儿向村子里飞去,在一盏煤油灯旁边坐着一个小女孩,它问小
女孩:它知道火柴在哪儿? 女孩说:火柴用光了,火柴点燃的灯火还
在那里亮着。

师: 就剩下灯火了,谁来把故事结尾讲完?

生: 鸟儿盯着灯火看了一会儿,鸟儿唱起去年的歌给灯火听。唱完后又
盯着灯火看了一会儿,就飞走了。

师: 好,真好。刚才呀,讲故事的同学,在不知不觉中已经把自己的感受
融进了故事里。其实呀,不管是讲,是读,是听,这个小故事都感动
了无数人的心。请你们再一次翻开书。默读课文。这次请大家把
那些让你感受深刻,能够引发你思考的内容勾画下来,反复读一读。
想一想,你读懂了什么,感受到了什么,或者还有什么疑问,简单地
记录在卡上。开始。

生: (默读,勾画,记录。)

师: 如果写好了,可以把勾画的内容读一读,觉得差不多了,可以找到你
的朋友交流交流。

师: 到你们朋友那儿去交流一下。

生: (找自己的朋友交流。)

师: 刚才我加入了这个小组的讨论,我觉得很有收获,我带着自己的想法
去,但还没来得及说,同学们在滔滔不绝交流自己的感受。好,通过
刚才的交流还有没有不能解决的疑问,或者你觉得这个疑问很有必
要和大家探讨探讨。来,你说。

生: 为什么鸟儿会对着灯火唱歌呢?

师: 你的意思是灯火不是树,对吗? (边说边板书)还有吗?

生: 鸟儿为什么要先看一会儿灯火,然后再唱去年的歌给灯火听呢?

师: 为什么要看它,也就是它当时心里在想些什么对不对? 还有吗?

生：鸟儿为什么要两次看灯火？

师：两次看灯火你都注意到了，跟刚才提的差不多，看来待会我们要对结尾好好品味一下。（对另一生），来，你说。

生：我想知道就是鸟儿唱完歌，会想些什么？

师：还是对鸟儿看灯火的想法，会想些什么？你来——

生：我觉得树根在回答问题的时候，树根跟树应该是同一个人呀，树根为什么说是它被砍倒，而不是我被砍倒。

师：哦，它说树根跟树是一体的，也许我们把树分成几部分，就像我们在学标点符号的对话一样，把嘴对鼻子说，眼睛对嘴说，它们之间是单独的部分。我的想法啊。还有没有？

生：就是为什么它看了一会灯火不直接飞走呢？

师：同学们，看来主要两个问题在这儿：一个是它为什么要对着灯火唱歌，一个是它对着灯火他想些什么？很好。我们很把问题放一下，看能不能随着交流的深入解决一些，现在，我们就来看一下你读懂了什么？

生：我读懂了一棵树和一只鸟儿是非常要好的朋友。

师：好朋友，我记下来。他读懂了树和鸟儿是好朋友。

生：鸟儿非常珍惜他的好朋友树。

生：我读懂了鸟儿为了给树唱歌这个去年的承诺，不惜一切代价去实现，从这里看出鸟儿很守信。

师：守信，而且提到了一个承诺，诺言是不是。还有吗？

生：伐木人把它砍倒运到山谷里去了，就说明这个人类破坏环境，这个树后来就变成灯火消失了。

师：你对此有什么想法？

生：就是说破坏环境，让很多动物失去了友情。

师：看，以前我们提到伐木都是讲破坏了环境，今天他从这个故事里看到了伐木破坏友情。真好，再说一下。

生：我读懂了鸟儿和树之间的友情很深。

师：它们之间的感情，我们用一个词来说：是友情很深厚是吧。体会到了是友情吗？或者我就写个情，你同意哪一种？还是友情？好。同学们，我相信还有很多很多。你们看，一个小小的故事，我们读懂了这么多的东西,真棒! 我想问一下,还有哪些同学也感受到鸟儿和树之间的友情。这么多,说说看,从哪儿感受到的?

生:我是结合这篇文章,我发现鸟儿飞到很多地方问树在哪儿。

师:它不停地寻找树,你觉得是友情的一种表现对吧。还有,不同的地方都能感受到这一点。

生:就是鸟儿为实现诺言不惜一切代价,立即向山谷飞去……飞到村子里,看出鸟儿为实现诺言不惜一切代价。

师:你谈到诺言,正是有这份友情,它才坚持不懈地寻找。好,再来。

生:我和它的地方是一样的,是两人友情很好,树不见了,鸟儿才不惜一切代价去找。

师:既然说到友情很好,很深厚,相信还有地方能让你感受到。

生:还是那个地方,就是说它见谁问谁,你知道树在哪儿吗? 特别着急,想见到树。还有它两次盯着灯火看,第一次呢,它想,这是我最后给你唱歌,我把我的诺言遵守了,希望你能珍惜这次。第二次它看就是觉得我们俩以后不会再见面了,希望你能珍惜。

师:孩子,你读懂得真多,而且你把刚才有同学提出的一个问题都已经解答了。

生:我从第一自然段感受到,鸟儿天天给树唱歌。如果它们友情不是很深的话,就不会天天给树唱歌,树也不会天天听。

师:发现没有,它强调一个词,什么?

生:天天。

师:这友情是一天天建立起来的,所以我们的友情需要培养。还有哪儿感觉到它们的友情?

生:还有从第五自然段,春天又来了,鸟儿又回到这里,找它的好朋友树来了。如果友情不是很深。它干吗来找树呢?

师:是,你说得很好,是,文章的处处渗透着它们的友情,而且还有一处非常明显,就是它们分手前的那一次对话,我请一对好朋友读这一次对话。

生:(两学生读分手时的对话)

师:它们的对话让你感受到什么? 你说。

生:它们的对话非常真诚。

师：哦,你说到了真诚,有没有一点难舍呀？那我想问树是谁？那我问你啊(问刚才朗读树的孩子)。你看森林里这么多树,你真的相信鸟儿说的话吗？为什么？

生：我相信,因为以前的日子里,鸟儿天天都会给我唱歌,所以我相信鸟儿的话。

师：你说到它们之间的这种信任。再请一对好朋友来读。

生：(一对好朋友读对话。)

师：多么深厚的友情啊,鸟儿说了,它答应树,明年春天一定要回来唱歌给树听,我们把答应别人的话叫诺言,从哪些地方你们感受到了鸟儿它是守信的,是信守诺言的？你来说。

生：我是从第五自然段,春天又来了……鸟儿是信守诺言的,春天刚来,它就到这里来找它的好朋友树。

师：来,继续。

生：还有从第5自然段一直到17自然段都讲的是小鸟找它的好朋友树,最后实现了它的诺言。它找不到树了,它很着急就说明鸟儿特别想承诺自己的诺言。

师：他注意到了鸟儿寻找树的经过,其实刚才那位同学也是这样在谈,而且他还谈到了心情。你们发现了没有,作者在写鸟儿寻找的过程非常巧妙,主要是用了三次对话,第一次是对——

生：树根。

师：第二次——

生：门。

师：第三次——

生：小女孩。

师：现在请你一个人分别扮演这四个角色,读一读这三次对话,看看你能读懂什么。开始吧,可以不读旁白。

生：(读这三次对话。)

师：你读懂了什么？

生：我读懂了每一次小鸟问树在哪里的时候,它都是用焦急的心情和语气来谈的,它在想,它的好朋友树到哪儿去了？

师：她体会到小鸟每一次心情都很焦急。可能我们体会到这心情会有些微妙的变化，每个人的感觉可能不一样，听听他的——

生： 而且，它会每次都比上次更着急。

师： 他说的是下一次比上一次还要焦急，肯定还有区别，来——

生： 我知道为什么，第一次——

师： 咱们现在不说为什么，就说你体会到什么。

生： 它一次比一次着急，最后特别着急伤心。

师： 好，在着急的心情上还多了一个伤心。来，你——

生： 树木做成火柴的时候，它其实已经全忘了，就是想见到那棵树。

师： 说得真好。谁还想说？

生： 我的好朋友树都变成火柴了，我还能给它唱歌吗？非常伤心。

师： 觉得自己心里没着没落的是吗？好了，自己许下的诺言没办法实现，刚才同学们体会到鸟儿的心情微妙的变化，有焦急的心情越来越强烈，有复杂的心情在变化。但是，有一样没有变，大家都知道，你说——

生： 它说过的承诺。

生： 它渴望找到树的决心。

师： 有一样没变，它一定要找到树。刚才同学们都体会得非常好，还有体会到其他吗？假如说，去年的树要拍成动画片，要四个人用声音表达心情，你能吗？就地四个人一组练习练习。

师： 来，我们先请一组，看看他们的声音能不能展现不同角色的不同心情。来，请你们起立，其他同学闭上眼睛，倾听这三次对话，想象鸟儿寻找树的经过。准备——

生： （四位学生分角色读课文。）

师： 同学们，睁开眼睛，他们的声音塑造的角色怎么样？

生： 一点都不着急。

师： 你觉得谁不着急？

生： 鸟儿。

师： 你觉得他这个角色演绎得不好，是吧，要不要跟他挑战一下。谁来挑战。其实，我客观评价一下，这个同学很不错，非常投入，他自己的体验和别人不一样的，应该说很不错的。请坐，谢谢你们。

生： （又一组同学分角色读三次对话。）

师：怎么样，掌声鼓励。

生：树根的对话，它应该伤心一点。

生：门太骄傲了就是。

师：你的意思是门显得有些冷漠，是吧。它见多了，就无所谓了。刚才这一段我们就过去了，同学们用声音表达不同角色时非常好。鸟儿停在了灯火前，刚才有同学问了，鸟儿为什么对灯火唱歌，灯火又不是树，你们有想法吗？

生：灯火是树变成火柴点燃的。

生：灯火是用树的躯体点燃的。

生：树已经消失了，但灯火是火柴点燃的，鸟儿给灯火唱歌，就是为了纪念那棵树。

师：同学们说得都非常好，还有同学想说，请保留你们的想法，随着我的描述，一起走进故事的情境中。（配乐）度过一个漫长的冬天，鸟儿如约而至，来找它的好朋友树，然儿，树不见了。为了寻找到去年的那棵树，鸟儿从森林飞到山谷，从山谷飞到森林，鸟儿不停地寻找，现在，它停在了油灯前，油灯里是火柴点燃的灯火，鸟儿睁大眼睛，唱起去年唱的歌儿给灯火听。唱完了歌，鸟儿又对着灯火看了一会儿就飞走了。同学们，想象一下，看着灯火，鸟儿在想些什么呢？先自己说一说。

生：自己说。

师：好，哪只小鸟把你心中的想法说出来。

生：我睁大眼睛盯着灯火看了一会儿，我想到了，树非常可怜，被烧成了灰烬了，没了。

师：你是树的好朋友吗？我有点怀疑啊。还有谁说？

生：我睁大盯着灯火看了一会儿，觉得树怎么变成火柴了呢？

师：这样说，我睁大眼睛盯着灯火看了一会儿，你真的是树吗？你已经变成了火柴了吗？你在频频点头，我这样说可以吗？来，接着——

生：接着我唱起去年唱的歌给灯火听，然后盯着灯火看了一会儿，就飞走了。

生：我睁大眼睛，盯着灯火看了一会儿，树啊，我知道当你燃烧的时候，这就是你生命的尽头了，这是我最后一次给你唱歌了，你可要认真听，等到化为灰烬的时候,你就什么也听不见了。接着,我就对着灯火唱了一会儿,唱完了歌,我又对着灯火看了一会儿,树啊,我唱的好吗?这可是你最后一次听我唱歌了,我唱得好吗?我就飞走了。(掌声)

师:你真棒!充满了深情。还有同学想说吧。

生:我睁大眼睛,盯着灯火看了一会儿,树啊,我们又见面了,我们要遵守咱们的诺言,接着我就唱起了去年的歌,唱完了歌,我又对着灯火看了一会儿,这是我最后一次给你唱歌了,我就飞走了。虽然我们见不着面了,但是我能遵守诺言,我很高兴。

师:真希望飞走的鸟儿的生活会像以前一样快乐。好了,同学们,看看你们的想法已经有了,这两个问题在同学们的表述中好像已经有了答案,如果你不满意,回家可以和爸爸妈妈朋友们商量。刚才都是你们的感受。你们瞧,作为一个成年人的我,在读到这个童话时,有这样一个发现,鸟儿和树的人称代词是不一样的,树是单人旁的他,鸟儿是女字旁的她,所以啊,我读的时候感受和你们还有些不一样,以后等你们长大了,再读到这个童话,不知道有怎样的感受?好了,我们来看另一篇童话。合上书。

师:想象一下,百蝴蝶会说些什么,一会儿我们听听同学们能编出哪些结尾来?开始。

生:(自编故事结尾。)

师:来,把你们编的结尾与大家分享一下。

生:白蝴蝶跟着红气球一起上到天上,红气球说,好蝴蝶你别跟着我,再上去,你就没有氧气了。可白蝴蝶说,我要永远和你在一起。

师:哦,选择了永远在一起。这是他编的结尾。

生:这个蝴蝶就跟着气球一直往上飞,树上掉下一个东西把气球砸爆了,蝴蝶很伤心。

师:这真是个悲惨的结局。有不一样的结尾吗?

生:白蝴蝶跟着红气球飞上了天空,飞出了地球,看见了无数星星。

师:(学生笑)童话可以想象的,他们看到无数的星星,一起过着快乐的日子。再请个同学来。

生:白蝴蝶和红气球一起往上升,气球被挂在树枝上了,他们永远在一起了。

师： 他选择的比较圆满的。我们来看看作者原本的结尾。白蝴蝶和去年的树有什么相似之处？

生： 它也是要跟着红气球，不管它去哪里。

师： 两个朋友，友情之间永不言弃是吧。

生： 它们两个也是分不开。

生： 白蝴蝶像鸟儿一样，红气球像树，鸟儿在不停地追着树，白蝴蝶也永远跟着红气球。去年的树，鸟儿也是要永远和树在一起。

师： 说得真好。你再说。

生： 蝴蝶和鸟儿一样要遵守诺言。

师： 现在，我们要认识一下这两篇童话的作者了。知道是谁吗？

生： 新美南吉。

师： 新美南吉是日本著名的童话作家。他被称作日本的安徒生。但是这个天才不满三十岁就去世了。他曾经说过这样一句话。我请一个女同学来读：

生： 假如几百年，几千年后，我的作品能都得到人们的认同，那么我就可以从中获得第二次生命，从这一点来说，我是多么幸福啊。

师： 今天我们在这里学习新美南吉的童话，他已经得到了永恒的生命。非常有意思，明天我们就要放元旦假了。如果你们没有别的安排，请走进图书城，上网，走进新美南吉的童话，好吗？这节课就上到这里。下课。

附录7:寓言《揠苗助长》教学实录

师: 小朋友们喜欢寓言故事吗? 你们知道哪些寓言故事呢?

生: 狐狸和乌鸦

生: 狮子和蚊子

生: 狐狸和葡萄

师: 寓言都很简短有趣,又都告诉我们一个深刻的道理。我们书中的第24课有两则寓言。今天我们学习其中一则——

师: 这里的"苗""助""长"分别是什么意思?

生: 苗是禾苗,助是帮助,长就是长大啦。

师: 对。如果你想让自己的禾苗长得快些,有什么好办法呢?

生: 我要给它浇浇水,施施肥。

生: 我还要给它拔拔草呢。

生: 我想我只要把禾苗稍微拔起一点点就行了。

师: 古时候的宋国有一个农夫,他为了让禾苗长大,用的办法和我们刘青松小朋友想的办法是一样的,拔苗。拔苗又叫———

生: 揠苗。

师: 揠苗助长又叫——

生: 拔苗助长。

师: 拔苗真的能让禾苗长大吗? 打开课文,自己轻声读读,读到你觉得很有意思的地方就多读几遍。

师: 谁来读? 你觉得哪儿特别有意思? 读给大家听。

师: 这真是个有意思的故事。农夫费了很大劲去拔禾苗,为什么禾苗都枯死了呢? 那还得从他种了禾苗后说起。谁来朗读第一自然段,看看农夫种了禾苗后是怎样的心情?

生： 他种了禾苗后十分焦急。

生： 我也是这样想的。

师： 自己读读第一自然段,边读边圈画,你们是从哪儿看出他急着想让禾苗长大的?

师： 你们是从哪儿看出他很急的呢?

生： 他"天天"到田边去看禾苗呢。

生： 还有"巴望"也看出他很急。

生： 他觉得禾苗一点也没有长。

师： 是"总觉得"禾苗一点没有长。

生： 还有"十分焦急"中也看出来的。

师： 小朋友们真会读书。读到"巴望"这个词,你好像看到了农夫什么样儿?

生： 我好像看到他在田边转来转去呢。

生： 我也好像看到他弯下腰在一棵禾苗前面眼巴巴的看着。

师： 我们读书就要这样读。读着读着好像看到了书中的人的样儿,这就叫读进书里去了。我们朗读这一段时,就要边读边想像他着急的样儿。

师： 自己再读读这一段,读到哪儿你又好像看到了什么,听到了什么?

生： 读到"他天天到田边去看",我好像看到他天蒙蒙亮就去看禾苗。

师： 今天去了明天去吗? 明天去了后天还去吗? 大后天呢?

生： 去的,都去的。

师： 你们听到他和禾苗说了什么了吗?

生： 他说：禾苗呀禾苗,你怎么长这么慢呀,我都快急死啦。

生： 我听到他在大声说:禾苗呀禾苗,你再不长,我可要采取措施啦。

师： 农夫的样子都被我们看到了,他对禾苗说的话也被我们听到了! 下面看老师写"十分焦急"的"焦",看下面的四点像什么?

生： (恍然大悟)像流下来的汗。

师： 像谁干什么去流下的汗?

生： 像农夫着急的去看,跑得很快流下的汗。

师： 真像,还像什么?

生: 还像火。

师: 这把火在哪儿烧呢?

生: 在这个农夫的心里。

师: 对呀,他急得呀,心里火急火燎的。还像什么?

生: 还像小禾苗,上半部分好像农夫在田边转来转去。

师: 嗯,还像什么呢?

生: 还像农夫去看禾苗,他跑得飞快,两只脚都变成四只脚啦。

师: 咱们祖国的汉字多么形象,能让我们产生许多联想呢。在书上描红写一个"焦"字。注意写好这四点。

师: 我们再来读这一段,看谁能把他焦急的样儿读出来。谁来读?

师: "可他总觉得禾苗一点儿也没有长,心里十分焦急。"这一句读得还不够。禾苗是真的一点也没有长高吗?

生: 不是的,禾苗在长,但是天天去看,是看不见它在长的。

师: 为什么他总觉得禾苗一点儿也没有长高呢?再读读。

师: 这一回好多了。你脸上的表情就告诉了我。咱们一起读。(老师提示)如果你觉得就是这个人,做做动作也可以。

师: 说一个人"急"还有好多成语呢。老师向大家介绍几个(词卡揭示:迫不及待、急于求成、急不可待、操之过急),一起读一读。

师: 农夫是这么的操之过急,觉得禾苗是一点儿也没长大。于是他开始想办法了。他想啊想啊,好不容易想出了一个办法,是什么?

生: 拔苗!

师: 他是怎么拔的,对于这个办法你们有什么看法呢?和同桌说说你的看法。

生: 他是把禾苗一棵一棵往上拔的。我觉得他很傻的,禾苗应该在土里自己长大的呀。

师: 你说得很有道理。

生: 我觉得他的做法是不对的,你想让禾苗长大,只有认真去种呀,比如给它施施肥啦,浇浇水啦。把苗拔起来,禾苗不是吸收不到营养了吗?

师: 刘×,一上课你说也想把禾苗稍微拔一点点的,现在听了大家的话,有什么想法没有?

刘生： 我不想拔啦，拔苗要把苗拔死的。

师： 已经明白啦。可农夫不明白呀，他以为这是个好办法呢。所以一想出办法就急忙跑到田里——，从中午一直忙到天黑，累得——筋疲力尽。

师： 想一想，他累成什么样了？

生： 他累得骨头都散了架了。

生： 他累得腰都酸了。

师： 那叫腰酸背疼。

生： 累得连回家的力气都没有了。

师： 那叫有气无力。

师： 再来看这个"疲"字，是不是很容易记住了？

（老师范写"疲"字。用彩笔标出"病字头"）

生： 哦，对的，他累得好像病了一场，一点力气也没有啦。

师： 他拔禾苗累得筋疲力尽。再来看看被他拔起的小禾苗，现在你们就是这一棵棵小禾苗了，你们会说什么呢？

生： 我会说——

师： 你就直接说吧。

生： 哎呀，疼死我啦，赶快把我放到土里去吧。

师： 这棵小禾苗在伤心的哭呢！

生： 农夫呀农夫，你花了这么大的力气把我们拔起来，你会后悔的呀，再过一年我们就可以丰收啦。

师： 不用一年的，只要几个月禾苗就会长大，就会有收获啦。可是农夫急得一天都等不及啦。

生： 你把我们拔起来，还想不想丰收啦？

师： 这颗小禾苗在气愤地说。他可没听到禾苗的话，还满以为禾苗都长高了呢！回到家，他兴致勃勃地说——，

师： （紧挨着"疲"字范写"勃"字，并用彩笔标出"勃"字右半部分的"力"）刚才农夫还是筋疲力尽的，现在哪来那么大的力气呢？

生： 他一想到禾苗长高了，就特别高兴。

生： 他以为禾苗长大了，力气又来了。

师： 那好，让我们把他兴致勃勃说的话读出来，他说话时一定还在用手比

划着。大家可以做做手势,再兴致勃勃地说——

师: 禾苗真的长高了一大截吗? 他的儿子很纳闷,心中会想什么呢?

生: 真的吗? 一天功夫就会长高一大截吗?

师: 第二天跑到田里一看,所有的禾苗都——枯死了。

师: 如果你就是农夫的儿子,看到禾苗全枯死了,心里一定有许多想法,回去会怎么开导你爸爸呢? 农夫看到禾苗都枯死了,会伤心地说什么呢? 听了儿子的话后,又会怎么说呢? 同桌想像一下,演一演,看谁最能让爸爸明白自己错在哪里。

(反馈表演:指名两生表演。)

师引导: "儿子看到禾苗全都枯死了,就急匆匆地赶回家去——"

"儿子": 爸爸,爸爸,禾苗全都枯死啦。

"农夫": 不会吧,昨天还长高一大截呢。

"儿子": 真的呀,不信,我带你看看去。看,这是不是枯死的禾苗。

"农夫": 哎呀,真的死啦? 怎么会死的呀?

"儿子": 你把禾苗的根拔出来,它吸收不到营养就死啦。

"农夫": 那赶快在禾苗的叶子上浇点水,让它活过来呀。

"儿子": 那可不行呀。

"农夫": 怎么不行? 浇点水它就不会枯啦。

(师见"儿子"愣住了,提醒:快告诉爸爸,禾苗是靠什么吸收水分和营养的。)

"儿子": 爸爸,我告诉你,禾苗是靠根吸收水分和营养的,现在根都死啦,再浇也没有用啦。

"农夫": 那怎么办呢?

"儿子": 下回再种就不能拔苗啦。

师: 听着儿子的话,看着眼前枯死的禾苗,想着自己拔禾苗拔得那么辛苦,农夫好伤心,好难过,他叹了一口气说——

"农夫": 哎呀,早知现在何必当初呀,拔苗是不能让禾苗长大的呀。以后种禾苗我可得吸取教训啦。

师: 是呀,禾苗的生长需要阳光、水分和养料,在土壤中慢慢长大,这是禾苗生长的规律。他急于求成、操之过急,所以坏了事儿。这个寓言告诉我们办其他事情也一样,都急不得。现在这个农夫是懊悔不已呀,

　　他发誓以后再也不拔苗了。到了第二年，农夫又种禾苗了，这回，他吸取了上一次的教训。可是你们知道吗，农夫种的禾苗最后又都死了，禾苗怎么会死的呢？请小朋友们小组合作编一个新的寓言故事。看谁的故事编得棒。

生：第二年，农夫又种禾苗啦，他吸取了教训，不去拔苗。他想，儿子不是说过不能急吗，就让他慢慢长大吧。于是农夫不去管不去问，田里长了许多杂草，禾苗的叶子上都是虫子啦。最后，禾苗又死啦。

师：真棒，你的故事告诉我们什么呢？

生：不能一会儿这样，一会儿那样。

师：明白了，办事情不能太性急，但是也不能走向另一端，为了怕犯错误，就连正常的事情也不去做了。

师：《揠苗助长》这个寓言故事是我国古代一个大学问家孟子写的，离现在已经有两千多年了。孟子的原文只用了短短41个字，可有意思了。听老师吟诵古文。宋人有悯其苗之不长而揠之者，芒芒然归，谓其人曰："今日病矣，予助苗长矣。"其子趋而往视之，苗则槁矣。

师：今天学的寓言就是根据这篇古文来的。自己对照我们今天学的课文读一读，再看看下面的解释。一定能读懂许多。

师：你读懂了哪些呢？

生：我读懂了"宋人有悯其苗之不长而揠之者"，就是我们课文中的第一第二自然段。

生：我读懂了茫茫然归，就是很疲劳地回家了。

师：小朋友的收获真大，不仅读了课文，还读了古文呢。下面我们一起读。读的时候大家还可以晃晃小脑袋。

师：同学们，从远古时代起，许多国家，许多民族中就有了寓言，像我国的古代寓言，古希腊的《伊索寓言》，俄国伟大作家克雷洛夫的《克雷洛夫寓言》，法国寓言诗人拉封丹写的《拉封丹寓言》等等，充满智慧的人民又创造了许多现代寓言故事。（展示书籍）这些优秀的作品充满了智慧的故事和话语。有兴趣的，课后可以多找一些来读。

图书在版编目(CIP)数据

小学语文教材中的儿童文学研究/黄清著. —上海:上海三联
书店,2016.8
ISBN 978-7-5426-5675-9

Ⅰ.①小… Ⅱ.①黄… Ⅲ.①小学语文课-语文教材-研究
②儿童文学-文学研究 Ⅳ.①G623.202②I058

中国版本图书馆 CIP 数据核字(2016)第 194840 号

小学语文教材中的儿童文学研究

著　者／黄　清

责任编辑／黄　韬
装帧设计／鲁继德
监　制／李　敏
责任校对／张大伟

出版发行／上海三联书店
　　　　　(201199)中国上海市都市路4855号2座10楼
网　　址／www.sjpc1932.com
邮购电话／021-22895557
印　　刷／上海肖华印务有限公司

版　次／2016年8月第1版
印　次／2016年8月第1次印刷
开　本／787×1092　1/16
字　数／265千字
印　张／16
书　号／ISBN 978-7-5426-5675-9/G·1438
定　价／42.00元

敬启读者,如发现本书有印装质量问题,请与印刷厂联系　021-66012351